Die Schönheit der Chance

Für meine kleine Familie:
Nina und Senya

Hilmar Bender

DIE SCHÖNHEIT DER CHANCE

Tage mit Tomte auf Tour

Schwarzkopf & Schwarzkopf

ZUALLERERST

Vor zehn Jahren lag ich mit Marcus Wiebusch am Strand von Ventura Beach und habe Henry Rollins' faszinierendes »Get In The Van – On The Road With Black Flag« buchstäblich verschlungen. Das beste Tourtagebuch aller Zeiten.

Fünf Jahre später saß ich bei Thees Uhlmann auf dem Klo und habe »Wir könnten Freunde werden«, seine *Tocotronic*-Tourtagebücher, gelesen.

Anschließend ergab es sich, dass Thees mit *Tomte* auf Tour gehen sollte, und ich bekam die Gelegenheit mitzufahren.

Auch wenn wir die explosive Intensität der 80er nicht mehr unmittelbar erleben konnten, sind wir doch von der Energie beeinflusst, die Bands wie *Black Flag* verströmt haben. Als Kinder der Hardcore-Szene tragen wir einen Restfunken in unserem Jahrzehnt weiter.

»Man muss den Leuten ja auch erklären, warum die Musik gut ist«, sagt Thees, wenn eine Rezension mal wieder schrecklich oberflächlich geblieben ist. Aber das kann nur er selbst, nicht dieses Buch. Schließlich ist er es, der für die Musik lebt.

Ich kann die Leser lediglich einladen – wie auch ich eingeladen wurde. Im Tourbus mitzufahren auf einer Reise, bei der die »Liebe zur Musik« der Motor ist und man nie weiß, was hinter der nächsten Kuppe kommen wird.

Bremen, August 2006   Hilmar Bender

VORWORT VON THEES UHLMANN

Im Inneren des Orkans ist gut Feuermachen, denn es ist ganz windstill dort.

Seit ein paar Tagen ist unsere Band auf den Covern von Musikmagazinen, und Menschen, von denen man selbst nur gelesen hat, interessieren sich plötzlich für uns! Das ist ein gutes, aber auch ein wildes Gefühl.

Sie wollen wissen, wie es ist, und man selbst liegt in Scherben und versucht in fünf Minuten zu erklären, was man seit vielen Jahren macht, ohne zurück- oder vorzuschauen. Vielleicht, weil man schon seit Jahren im Inneren des Orkans lebt. Aber dennoch ist da Wille zu dokumentieren, zu teilen, mitzuteilen, wie es ist. Gerade dann, wenn man nicht alles daran setzt, aus sich – und dem, wofür man lebt – ein Mysterium zu machen. Das haben wir nie, das können wir gar nicht und ehrlich gesagt will das auch keiner. Sie nicht, und wir auch nicht.

Der eher ruhige Timo Bodenstein sagte einmal in einem seiner großen Momente, dass *Tomte* einfach irgendwann aus dem Publikum auf die Bühne gestiegen sind. Das ist beinahe perfekt nahe an dem, wie alles ist. Niemand fühlt sich hier privilegiert, niemand ist etwas Besonderes. Es ist einfach das, was man für sich wählte. Und dennoch umgibt die Sache ein Geist eines 1:100.000-Spiels. *Tomte* ist mein Lotto des Lebens und ich bin am Gewinnen. Es ist ein wunderbares Gefühl.

Das Land hat sich verändert, seit wir es mit Bussen durchfahren, um Musik zu machen. Als wir anfingen, gab es bei Aldi noch keine Computer und höchstens zehn Windräder im Vorbeifahren zu sehen. Globalisierung hieß »Eine-Welt-Laden« und es gab in jedem vierten Ort ein Jugendzentrum, in dem ambitionierte Anfangzwanziger Konzerte mit nichts anderem als Herzblut veranstalteten. Es gab kein Internet und keine CD-Brenner. Hong Kong war noch Britpop und Kohl noch Präsident!

Es war bei weitem nicht besser – es war nur anders. Und wissen Sie was? Es ist schön zu sehen, wie die Zeit vergeht. Nostalgie ist die Vorstufe zum Konservatismus. Es war schön früher, es ist schön heute. Und die vergangene Zeit ist eine gutmütige Decke, die sich über das Schlechte legt. Anders könnte man ja gar nicht leben.

Und jetzt haben wir unser eigenes Bandbuch. Ich habe es noch nicht gelesen. Das macht Sie und mich zu Komplizen. Ich habe dazu gerade nicht die Kraft oder Muße, wie man auf Norddeutsch sagt. Es würde das Fass zum Überlaufen bringen. Denn ich weiß, dass Hilmar Bender uns kennt wie kein Zweiter und dass er seine Umgebung beobachtet wie ein Jäger auf dem Hochsitz. Er ist unter anderem der beste freie Werbetexter ohne Anstellung dieses Landes. Er hat mir mal einen Text über Porzellan einer bestimmten Marke geschickt und nach dem Lesen kam es mir vor, als ob mein Leben ohne dieses Porzellan ärmer wäre. So viel zu seinen Qualitäten.

Aber es geht um viel mehr. Es geht um das unnostalgische Festhalten von Auftritten und den Dingen, die drumherum passierten. Und das haben wir als *Tomte* hiermit in der Hand. Wir werden nicht vergessen.

Vielleicht können Sie in fünf Jahren sagen: »Damals, als ich dieses Buch zum ersten Mal in der Hand hielt, wurde drei Monate später alles gut!« Das wäre nicht das Schlechteste: Einschnitte und die Symbole, an denen man das festmacht. So war das bei mir schon immer. Fünfzig Stellen müsste ich Ihnen in diesem Buch zeigen können.

Thees Uhlmann

P.S.: Wenn Sie dieses Buch zum Geburtstag geschenkt bekommen, möchte Ihnen die Band sagen: Alles Gute zum Geburtstag. Mögen die besten Tage ihres letzten Lebensjahres die schlechtesten ihres neuen sein!

P.P.S.: Wenn Sie dieses Buch zu Weihnachten bekommen, wünschen wir Ihnen – auch wenn das ein hehrer Anspruch ist – ein ruhiges und besinnliches Weihnachtsfest!

P.P.P.S.: Nicht vergessen: Nur wer sich siezt, kann sich später duzen!

DIE PROTAGONISTEN
(nach Gewicht geordnet)

Marcus Wiebusch ist der Größte im Grand Hotel van Cleef. Hat als Erster an *Tomte* geglaubt und zieht seither alle Fäden des Labels im Hintergrund. Wird auf St. Pauli daher auch »der Pate« gerufen.

Gerne Poets hat Kfz-Mechaniker gelernt, danach Polizist, anschließend Punkrock und vor kurzem ein Sozialpädagogikstudium abgeschlossen, ohne jemals ein Buch zu lesen. Misst gefühlte zwei Meter zehn. Musste mit diesen Voraussetzungen Manager von *Tomte* werden.

Timo Bodenstein, zärtlich »Super-Oi« genannt, sagt nie mehr als notwendig, verzichtet sogar auf Haupthaar. Familienvater und Deutschlands bestaussehender Profi-Koch ohne TV-Sendung. Schon immer Schlagzeuger von *Tomte*.

Thees Uhlmann, Großmaul, singt und schreibt die Texte. Dieses Buch ist nichts anderes als eine Liebeserklärung an ihn. Es geht nicht um Schönheit oder Wohlklang, sondern um brillante Auffassungsgabe und positive Energie. Hat jeden Zynismus überwunden und kann deshalb den Menschen so vieles geben.

Dennis Becker, schlagfertige Stimmungskanone mit einfallsreichem Wortwitz. Haut situationsbedingt Dinger raus, da schnallt man ab. Weiß bis heute nicht, von wem er die schlechten Augen geerbt hat. Bester Gitarrist bei *Tomte*.

Olli Koch, wie Dennis aus Rendsburg. Der Mann mit dem mitreißendsten Lachen südlich von Dänemark. Unglaublich liebenswürdiges Kraftpaket. Will tatsächlich zu Ende studieren. Heute Bassist von *Tomte*.

Maxe Schröder, norddeutsch stilles, sensibles fünftes Mitglied der Band. Heißt wie der ehemalige Kanzler, ist aber mehr sexy. Heute für Keyboards und Gitarren bei *Tomte* zuständig. Kann eigentlich jedes Instrument.

Stemmi, *Tomte*-Gründungsmitglied aus Hemmoor, erster Bassist der Band. Ausgestiegen, bevor es richtig losging. Heute Toningenieur bei Radio Hamburg.

BREMEN, 15.05.03

»Bist du eigentlich krankenversichert?«, fragt mich Thees. Wir stehen vor dem Tower in Bremen. »Na klar, ich bin doch arbeitslos«, ist meine überraschte Antwort. Ein Sekundenbruchteil betretenen Innehaltens, zwei stumme Blicke treffen sich. Thees erfasst die Lage wie immer blitzschnell. Mit einem bittersüßen Lächeln schiebt er hinterher: »Wir zahlen mir beim Grand Hotel 300 Euro aus, meine Miete kostet 350.«

Acht Jahre früher treffen wir uns zum ersten Mal. Fanzinetreffen in Neuss am Rhein. Man hat sich geschrieben vorher. Schreiben hieß zu jener Zeit, eine Postkarte oder einen Brief in die Post zu geben. Vielleicht mit einem Tape drin, einer Audiokassette, ganz vielleicht auch mit einem Fanzine, das ein Review von einem dieser Tapes enthält.

Ich komme von der Pommesbude zurück auf das von Grün umgebene Gelände. Die Geschwister Scholl haben der inzwischen ehemaligen Schule ihren Namen gegeben. Unser Punkhumor interpretiert die Vornamen sofort in Ahmed und Mehmet um. Drinnen tagt eine Art Buchmesse für selbst gebastelte Hefte, deren fotokopierter Humor so krude ist wie der der Macher im echten Leben. Die Oberhausener Tapeshow-Legende Franz (eigentlich Frank) Herbst ist der Erste, der mit einem veritablen Schweineschnitzel in der Hand vor dem Stand der Veganer, die in einer Endlosschleife Anti-Schlacht-Videos zeigen, herumkaspert. Die »Szene« muss auch nach innen viel aushalten können.

Eine Halfpipe, in der ich später nächtigen werde, steht schräg vor dem alten, massiven Gebäude, das, wie all diese Gebäude, Ruhe und Sicherheit ausstrahlt und einem eine wohlige Art von Respekt einflößt.

Rechts am Portal stehen zwei Jünglinge, die Köpfe eng zusammengesteckt. Der Größere, mit nackenlangem blonden Haar, wirkt, als ob er gerade mit seinen Alten an der dänischen Küste den Sommerurlaub verbracht hätte. Die Strahlen der Sonne schimmern noch in seinem Haar und scheinen bis hierher ins Rheinland mitgebracht worden zu sein.

Der Kleinere trägt etwas längeres, aber ebenso blondes Haar. Von weitem denke ich: »Ein Mädel«, beim Näherkommen: »Oh, ein Kerl!« Beim Aufeinandertreffen in Sprechweite haben sowohl die beiden Blonden als auch ich das gegenseitige Mustern eingestellt und aufgelöst:

»Hi, du bist bestimmt Thees.« – ›Dann ist Thees Uhlmann wohl schwul‹, denke ich. – »Hi, du bist bestimmt Hillu«, erwidert Thees und denkt: ›Oh, wie süß, der schminkt sich die Augen mit Kajal!‹

Vielleicht nennt er mich auch Hillary, je nachdem, welches meiner Staatschef-Gattinnen-Pseudonyme zu der Zeit gerade aktuell ist. Das ist heute nicht mehr zu ergründen.

»Das ist Stemmi, unser Bassist.«

So stehen wir drei schüchternen Typen in der Sonne bei Ahmed und Mehmet vor der Tür und unterhalten uns über punk-typische Themen.

Meine »geschminkten« Augen kommen nicht zur Sprache, erst viele Jahre später. Und obwohl ich in einer Bergarbeitersiedlung aufgewachsen bin, war ich, im Gegensatz zu dem Großteil meiner Kameraden, nie tatsächlich Bergmann, sondern Sohn aus dem Dorf, nicht aus der »Siedlung«. Und hatte demzufolge nie den schwarzen Schatten aus Kohlenstaub um die Augen, den die »Püttrologen« in der Waschkaue so schwer entfernt bekamen und häufig einfach gewähren ließen, um sich die Augen nicht zu zerreiben. Kosmetisch geschminkt waren meine Augen allerdings auch nie.

»Jaaaaahaa«, sagt Thees in seiner vertrauenerweckenden, lang gezogenen, norddeutschen Art, die er immer auflegt, wenn es um wichtigere Fragestellungen, insbesondere organisatorischer Art, geht: »Das klappt! Wir buchen einfach acht Leute durch, und das geht dann schon.«

›Mach dir keine Sorgen‹ klingt da mit, und man hört der Stimme an, dass sie absolut verlässlich ist. In einer Welt, die grundsätzlich, und einer Szene, die insbesondere auf Laber-Rhabarber und tagtäglichem Beschiss basiert, trifft man nicht mehr viele Typen, denen man instinktiv vertrauen mag.

Irgendwann im Winter war der alte Plan, der nicht viel mehr war als eine Idee, konkreter geworden. Die Mischung aus Jugendtraum und Schnapsidee hatte Kontur angenommen.

In knapp zwanzig Jahren Punk hatte ich schon fast alles einmal mitgemacht: all die Konzerte in Squats, Discos und Abfalleimern.

All die Musiker, die wir in Beschlag genommen, vollgequatscht und denen wir das Backstage-Bier weggetrunken hatten. Gedived, gepogt, gesoffen und eingepennt. Angerotzt, mit Bierbechern – vollen selbstverständlich – geworfen, Stagedivern die Schuhe ausgezogen, all den Blödsinn hatte man sich gegönnt, entfesselt wie einen der jugendliche Wahn manchmal agieren lässt. Man hatte Fanzines gekauft, geschrieben, geklebt und verschickt. Tausende von Tapes, Singles, EPs und LPs gehört, kopiert – nein, aufgenommen sagte man –, getauscht und abgefeiert. Chaostage organisiert und zelebriert, den Staat in seinen Grundfesten erschüttert und die Polizei provoziert. Und sogar selbst einmal auf der Bühne gestanden. Wirklich nicht der Rede wert, aber abgehandelt das Thema, sozusagen. Immerhin.

Nur eine Band, vielleicht sogar Freunde oder besser noch Helden, auf einer Tour zu begleiten, das war bislang ein unerfüllter Jugendtraum geblieben.

Der Schnapsidee-Part der Geschichte war dann ziemlich primitiv. Stefan, genannt StErn, spricht ihn aus in Berlin, kurz vor dem Jahreswechsel 2002/2003. Er selbst war kurz zuvor zusammen mit Marcus Wiebusch und den Kanadiern von *Propagandhi* in Südeuropa unterwegs gewesen. Bands auf Touren begleiten, macht er, im Gegensatz zu früher, heute nur noch sehr sporadisch. Jetzt schreibt er Bücher über amerikanische DDR-Barden oder versucht ein anderes Ersatzmittel für seine früher ziemlich intensive Fanzine- und Comicschreiberei zu finden.

Wir sitzen also in einem dieser edlen Kreuzberger Esslokale, in denen man sich als Wessi immer wie ein feudaler Herr vorkommt, sobald man die Preise auf der Speisekarte wohlwollend registriert hat. Ich komme ins Schwärmen, rede von dem Typen, der die *Tocotronic*-Tourtagebücher geschrieben hat – es ist unser gemeinsamer Freund Thees Uhlmann. Nach der x-ten Berliner Weiße spuckt StErn es in seiner Kreuzberger Herr-Lehmann-Art über den Tisch: »Du bist der Typ, der ein Tourtagebuch schreibt über die Band von dem Typen, der das Tourtagebuch von *Tocotronic* schrieb.«

Ich bin sofort einverstanden. »Jetzt müssen *Tomte* nur noch auf Tour gehen. Meinst du, da geht noch mal was?«

HAMBURG, 21.11.97

»...*But Alive* und *Tomte* spielen heute in Hamburg!«, ruft Szene-Scout Henna durchs Telefon. Seit ich mit ihm und Marcus Wiebusch, damals noch Frontmann von ...*But Alive* zwei Jahre zuvor Kalifornien bereiste, habe ich Marcus nicht mehr gesehen. Wir tingeln also kurz entschlossen von Bremen aus an den Südstrand der Elbe – nach Wilhelmsburg.

Irgendwo, mittendrin in einem riesigen, unwirtlichen Hafen- oder Industriegelände, in das sich nicht einmal mehr die berüchtigte Wilhelmsburger Asi-Szene verirrt, steht die Honigfabrik. Betritt man die ehemalige Insektenmaloche, umgibt einen sofort die wohlige Wärme eines Jugendzentrums. Honig in jeder Form scheint gut für die Seele zu sein. Wir haben Henna und Fobs eingeladen und heute den Oi!-Schalk im Nacken. Bereits nach dem zweiten Lied fangen wir an, lautstark »Oi!Oi!Oi!« zu brüllen, und stören immer wieder die Pausen zwischen den Liedern.

Damals schon wurde, völlig punk-untypisch, von Herrn Uhlmann die Unterbrechung nach dem Ende eines jeden Songs genutzt, um die Gitarre immer wieder aufs Neue zu stimmen. Warum es keine stimmstabilen Gitarren gibt, frage ich mich heute noch. Vielleicht ist dieser Moment aber auch eine geheime Absprache unter Gitarristen, die sich damit ein gewisses Etwas an erhabener Distanz verschaffen.

In der gebeugten Haltung, die dieser wiederkehrende Prozess erfordert, mit also nach unten auf die Anzeige des Stimmgerätes gerichtetem Blick, muss Thees das Gespräch mit dem Publikum erfunden haben.

Heute Abend ist es noch ein Dialog, da Thees unsere dummen Sprüche – Henna ist von dem Rumgeprolle nicht so angetan – parieren und toppen muss. »Mir läuft die Suppe aus dem Kopf«, zitiert er Das Bo von den *Fünf Sternen Deluxe*. Ein bis heute stehender Begriff in Band und Umfeld: die Suppe, die aus dem Kopf läuft. Blut, Rotze, Schwitze – je nach Situation kann sie alles sein.

An diesem Abend hat HipHop-Slang Einzug gehalten in die bandinterne Konversation und ist damit nicht die einzige Reminiszenz an diese Szene geblieben. Man kann sogar sagen, dass *Tomte* schon immer einen ganz eigenen Bezug zum HipHop hatten. Diese nach außen nahezu unsichtbare Erscheinung soll über all die Jahre bestehen bleiben.

Auf den Abend zurückblickend gesteht Stemmi, dass *Tomte* ein ziemlich schlechtes Konzert spielten. Was die Band nicht davon abhält, ihre bis dahin höchste Gage einzustreichen.

Marcus Wiebusch erinnert sich: »Ja, das Konzert in der Honigfabrik, das erste gemeinsame Konzert von ...*But Alive* und *Tomte*, das war nicht wirklich spektakulär, oder ziemlich schlecht sogar, aber ICH WUSSTE, als ich Thees auf der Bühne sah – das klingt jetzt echt ein bisschen prätentiös –, aber ich wusste, dass er für mehr bestimmt ist.«

Ein paar Wochen vorher hatte das Fanzine *Komm Küssen* mit Marcus ein Blinddate gemacht: »Da waren just auch *Tomte* mit ›In Köln und dann in meinem Zimmer‹ dabei. Das ist so ein *Boxhamsters*-artiger Powersong. Es war solch eine Wohltat, diesen Song zu hören – zwischen all diesen Indie-Schrammel-Bands, die den Kopf nach unten hängen lassen. Eindeutig war das die beste Band auf dem Tape. Ich habe mir dann vom *Komm Küssen* die Adresse und Telefonnummer von *Tomte* besorgt, angerufen und denen gesagt: ›Ich bin so begeistert von eurem Song, ich würde euch gerne mal einladen für 'ne Show, damit wir uns mal kennen lernen‹.

Ich wusste schon, als ich den Song gehört habe, dass ich das gerne auf meinem Label B.A. Records hätte.«

Gleich nach dem Auftritt in der Honigfabrik fragt Marcus Wiebusch die Band, ob er das erste *Tomte*-Album veröffentlichen dürfe.

Stemmi freut sich über Marcus' Angebot, muss aber zugeben, dass die Band das Ganze nicht besonders ernst nimmt. Zumindest so lange, bis Marcus wenige Tage später anruft: »Was ist denn nun mit der Platte?« Abermals wenige Tage später stehen *Tomte* bei Christian Mevs, dem Gitarristen der Punklegende *Slime*, im Soundgarden-Studio. In Thees' Erinnerung ist das Konzert in Wilhelmsburg seitdem als »der Abend, an dem Marcus uns gesignt hat« einsortiert.

Der Abend ist nach dem Auftritt von ...*But Alive* noch lange nicht zu Ende. Zunächst geht es nach St. Pauli in den Letzten Pfennig. Die legendäre FC St. Pauli-Fan-Kneipe im Penny-Markt-Layout liegt gleich gegenüber dem Stadion. Draußen ist es ungemütlich kalt, wie selbstverständlich kocht drinnen die Stimmung.

Tür auf, rein in die gute Stube, und schon hat man das Gefühl: »Hurra, wir erleben noch ein weiteres Konzert heute Abend!« Noch eins von diesen herrlichen Winterkonzerten, die die unwirtliche Jahreszeit in Norddeutschland vergessen lassen. Das wohlige Gefühl, das einen sofort umarmt, wenn man einen von Körperwärme erhitzten Schuppen betritt. Sich fühlt wie in Mutters Schoß, oder das, was man dafür halten mag.

Unzählige identisch aussehende schwarze Bomberjacken werden auf den gleichen Haufen neben der Theke geworfen, das nennt sich hier Garderobe. Die Pauliander trinken Sangria-Verschnitt mit langen Ballermann-Trinkhalmen aus einem Plastikeimer, der inmitten des Raums auf einem Barhocker thront und mehrfach nachgefüllt werden muss. In einer Ecke wird ein Schnurrbartträger unter großem Gejohle glattrasiert. Er hat eine Wette verloren, vielleicht aber auch nur im Suff etwas Falsches gesagt.

Die Stimmung erreicht ihren absoluten Höhepunkt, als der DJ die alte HSV-Single »Wer wird deutscher Meister?« auflegt. Ausnahmslos alle Kneipenbesucher können gar nicht anders, als sich der Polonaise anzuschließen. Wie ein brodelnder Suppentopf, der der Choreographie ringförmig lodernder Gasflammen gehorchen muss, pumpt sich der wabernde Körperklumpen durch die kleine Hütte. Kondenswasser und unverdünnte Schwitze laufen an den Scheiben herunter. Völlig ironiefrei brüllt dieses infernalische Tollhaus wie aus einer Kehle die Antwort auf die Frage, die von der Platte schallt: »Wer wird deutscher Meister?« – »Ha, Ha, Ha, Ha Es Vahau.« Der Wahnsinn gastiert heute Abend in der Annenstraße. Bis es kracht.

Merkwürdig kracht. So ein Krachen, wie man es eigentlich nicht kennt und deshalb instinktiv weiß, hier läuft etwas ganz und gar falsch. Die Musik wird ausgeschaltet, jemand brüllt: »Hools!« Und sofort weiß ein jeder wieder ganz genau, was zu tun ist. Raus auf die Straße, den HSV-Hools hinterher, die, nach der Heimniederlage von »Euch Uwes« Club gegen Borussia Dortmund an diesem Abend, den weiten Weg von der Müllverbrennungsanlage bis nach St. Pauli gemacht haben, um im voll besetzten Letzten Pfennig die Scheibe einzuschmeißen. Diesen Mob gilt es mit möglichst üblen Revanche-Fouls umzutreten.

Hinterm Tresen werden Stuhlbeine ausgegeben. Dass die zu bösen Einsätzen kommen, verhindert allein die Tatsache, dass die Eingangstür vom Pfennig einen sehr schmalen trichterartigen Durchlass darstellt.

So gut wie keiner der drängelenden und nicht gerade schmächtigen Paulianer kommt zeitig durch das Nadelöhr. Urplötzlich hat die eben noch ausgelassen tobende Masse ihren Humor vollkommen verloren und würde jetzt allzu gerne körperliche Verweise austeilen.

Die Angreifer allerdings geben reichlich Kniegas und verschwinden auf flotter Sohle in die Nacht. Die ersten Polizeiwagen rollen an. Die Party ist vorbei.

GRAZ, 30.06.03

Endlich ist es so weit. Endlich rein in den Tourbus und das erleben, was DJ Koze vom Hamburger *Fischmob* in einem Interview mit nur einem beeindruckenden Satz auf den Punkt brachte: »Völlig egal, wie intellektuell und gebildet die Mitglieder einer Band sind, im Tourbus herrscht spätestens zehn Minuten nach der Abfahrt ein Proll-Niveau, das weit niedriger ist als in jeder Bundeswehrkaserne.«

Um Mitternacht soll es losgehen. Wir chillen in Hamburg im Grand Hotel. Aus der Fusion von Marcus Wiebuschs und Reimer Bustorffs Plattenfirma B.A. Records mit Thees Uhlmanns Label Hotel van Cleef entstand das, was sich seitdem, so hochtrabend wie auch wohlklingend, Grand Hotel van Cleef nennt. Drei Männer aus zwei Bands tun im Jahre 2002 das, worüber Ale »Sexfeind« Dumbsky, Entdecker der *Absoluten Beginner* und seit 15 Jahren Betreiber des legendären Buback-Labels, sagt: »Ihr seid doch die Wahnsinnigen, die auf die Idee gekommen sind, Ende 2002 ein Label zu gründen?« Seitdem der ehemalige Schlagzeuger der *Goldenen Zitronen* dieses verklausulierte Lob ausgesprochen hat, rangiert das Grand Hotel van Cleef bei den Leserpolls in »Spex« und »Intro« auf Platz 1.

Im allgemeinen Insider-Sprachgebrauch wird das Headquarter des Grand Hotel van Cleef, vis-à-vis vom Bunker Feldstraße gelegen, schlicht Grand Hotel genannt. Man kann sich das Leben so einfach schön machen. Wir können sagen, wir treffen uns im Grand Hotel. Andere Menschen gehen *ins Büro*.

Kurz vor Mitternacht lungern wir im Grand-Hotel-Büro. Vertreiben uns die Zeit mit *Gala*, dem Hochglanz-Society-Fanzine, und portugiesischen Internetseiten, die der Welt lächerlichste, mundgemalte Nazitattoos präsentieren. Wir lachen herzlich über den Unsinn, den Thees da gerade aus dem Netz befördert.

Dann geht es endlich los. Im mickrigen 60er-Jahre-Fahrstuhl runter zum Bus, der gar keiner ist, sondern ein Volvo 40 Kombi. Die beiden Superlangen falten sich vorne in die erste Reihe: Gerne am Steuer und Timo sitzt bei. Hinten, im winzigen Raum zwischen den beiden Riesen und der übervollen Gepäckablage, kauern Maxe, Thees und ich. Was für eine Scheiße, was für ein winziger Kombi, und wie soll hier um 0:10 Uhr die formidable Stimmung aufkommen, die Cozy Koz, alias DJ Koze, heraufbeschworen hatte?

Auf der Fahrt hören wir *Coldplay* und *Buzzcocks*, ich schlafe darüber ein. Und wache wieder auf – bei *Tomte*. Die CD im Player springt fürchterlich.

Jetzt ist die ›Hinter all diesen Fenstern‹ noch relativ neu. Und wird auch von der Band selbst im Bus gern mal gehört.

Zusammengekrümmt, im Halbschlaf, überlege ich, warum genau dieses Album nicht mal mit einem klassischen Orchester eingespielt wird? Doch die wenigsten Halbschlaf-Ideen, unbedeutend, ob sie während einer Autofahrt oder im bequemen Bett geboren werden, sind tatsächlich brauchbar. Es sei denn, man ist *Metallica*. Weil *Metallica* solche Ideen dann auch tatsächlich umsetzen und ein Album in der Philharmonie einspielen. Am Ende heißt die Gosse, in der man landen kann, Smirnoff – die Hölle der Kartoffelschnaps-Komposition. Fragen Sie zum Thema doch einfach mal James Hetfield.

Thees sitzt (mindestens genauso krumm wie ich) neben mir auf der Rückbank. Diese modernen Autos haben im Grunde genommen gar keine Rückbank mehr. In der Mitte des Fahrzeuges hat die Sitzbank immer eine Wulst, eine Erhebung. Als Kind in Vaters Renault R4 hätte man das sicher toll gefunden, um besser mit den Eltern vorne sprechen zu können. Oder hinaussehen auf die Fahrbahn und den Verkehr voraus. Mit drei erwachsenen Kerlen auf der Rückbank allerdings wünscht man sich eins von den durchhängenden Autosofas, aus denen man mit dem Arsch kaum mehr hochkommt.

Laufend versendet der Herr Uhlmann SMS. Ein Phänomen! Wir fahren schon mindestens zwei Stunden Richtung Süden, und der schickt und erhält eine SMS nach der anderen. Permanent blinkt seine alte Funkpeitsche, die er ergonomisch geschickt zwischen die Hände gesteckt hat. Kauernd nach vorne gekrümmt fallen ihm die Haare ein wenig ins Gesicht, bis ich endlich bemerke, dass er schläft. »Oh Mann, der schläft schon die ganze Zeit! Das Telefon blinkt einfach nur, weil es in Betrieb ist … Jesus!«

In diversen Stellungen, in allen Stellungen zu schlafen ist eine Fähigkeit, die man bei der Bundeswehr lernt. Ich selbst war nie in der Armee, weiß aber von meinem Bruder, dass er bei der Marine gelernt hat, selbst auf dem laufenden Schiffsdiesel im Maschinenraum zu schlafen. Mit Geschick kann man diese Fähigkeit auch im Tourbus lernen. Zumindest in den verschiedenen Fahrzeugen dieser Österreich-Tour.

In Bayreuth treffen wir am frühen Morgen am Zielobjekt ein. Timo und Max fallen aus dem Auto direkt auf eine Wiese und bleiben dort liegen.

Eine mittelalte Dame führt ihren kleinen Köter durch das hässliche 70er-Jahre-Universitätsambiente, in das uns die nächtliche Reise gespuckt hat. Baracken, die dauerhafte Einrichtungen zu sein scheinen, und Betongebäude, die mit bunten, an die Fassade montierten Stahlrohrelementen eine architektonische Idee vorschützen sollen, sind die Kulisse, mit der sich Studenten in Bayreuth arrangieren müssen. Und mit mittelalten Damen, die frühmorgens ihre Hunde an der Leine ausführen. An kaum getourten und doch gerädert auf der Wiese liegenden jungen Männern vorbei.

Aus der Baracke um die Ecke kriechen Minuten später ein paar fertige Gestalten. Sind das Studenten oder Dozenten? Die Baracke, die hier als Studentenclub dient, lässt eine üble Mischung aus schalem Bier, kalten Kippen und studentischem Fußgeruch in die Morgenfrische strömen. Die jungen Männer mit der spärlichen Frische im Antlitz sind *Marr*, es sind André Frahm, Jan Elbeshausen, Dennis Becker und Olli Koch.

Dennis Becker und Olli Koch sind neben *Marr* aber auch *Tomte*. Die Schnittmenge aus *Tomte* und *Marr* heißt Olli und Dennis. Dennis und Olli. Becker und Kochwurst. Oder wie Gerne sagt: die Brillos. As in: »Wo sind denn jetzt schon wieder die Brillos?«

Heute Morgen löst sich diese Konstellation wie folgt: Mischer Mauffi, der unausgeschlafene Dennis und der schwer gezeichnete Olli bilden mit der gesamten Volvo-Besatzung die Crew für die nächsten acht Tage. Der Volvo wird aus- und wieder voll gepackt und reist mit Jan und André zurück nach Hamburg.

Der Bus, der *Marr* nach Bayreuth gebracht hat, fährt weiter nach Österreich. Er ist laut Vermieter auf seiner letzten Reise. Schön, wenn man bei so einem Ereignis mit dabei sein darf.

Ein Scheinwerfer des Mietfahrzeuges ist mit Tesafilm geklebt, ein Rücklicht muss mit gezielten Handkantenschlägen reaktiviert werden, und die achtzig Pferdestärken unter der Haube dieses frühen 208er Sprinters sind nicht wirklich ausreichend, um damit die Berge zu erobern.

Schon in Bayern quält sich die alte Krücke mit sechzig Stundenkilometern die Steigungen hoch. Der Ritt nach Graz wird länger dauern als gedacht. Gerne und Timo steuern den Trümmerhaufen. Dann sitzt Timo wieder hinten, auf einer der wahllos in den Bus gewürfelten Rückbänke, die von unterschiedlichen Herstellern zu stammen scheinen. Seine Schwiegermutter hat ihm ein Wunderwerk der Paramedizin beim Homeshopping-TV ergattert: eine Schaumstoff-Nackenkrause mit Vibrationsfunktion. Man legt sich diesen wirbelunterstützenden Kragen um den Hals und verschließt ihn mittels Klettband. Stellt man allerdings die Vibration, in der Produktbeschreibung hieß es garantiert »Massage«, ein, werden einem derart die Gehirnzellen zerwirbelt, dass man auf der Stelle dumm wird. Zum Glück sind nach nicht einmal zwei Stunden die Batterien alle, und die Krause wird fortan ohne Strom getragen. Am besten steht sie Timo, in Kombination mit seiner Frisur gibt sie ein außergewöhnlich gutes Bild ab.

Der Tag wird heiß. Olli rollt sich neben der Schiebetür auf dem Boden zusammen und holt Schlaf nach. Er hatte nur eine halbe Stunde gehabt. Verkehrssicherheitstechnisch vielleicht nicht ideal, aber zumindest für ihn erholsam, liegt er da. Um 14 Uhr nimmt er schließlich sein Frühstück ein. Gestärkt von Almdudler und einem Brötchen berichtet er vom Vorabend. Bevor *Marr* ihre Zugabe spielen, musste Olli schnell von der Bühne aufs Klo rennen, abkotzen, zurück auf die Bühne. Mundabputzen, weitermachen. »Früher, als ich in zwei Hardcore-Bands hintereinander gespielt habe, hatte ich das auch oft.« – »Vor Aufregung?« – »Keine Ahnung, vom Alkohol jedenfalls nicht, da war ich nämlich noch straight edge. War aber super gestern«, urteilt er mit kindlich enthusiastisch aufgerissen Augen und schickt ein entwaffnendes Lächeln hinterher. Ich fange an, diesen Typen zu mögen. Allein wie der aussieht: Übernächtigt, in seinem von Batteriesäure angefressenen braunen Mantel, der vielleicht vor dreißig Jahren mal schick war, lugt er durch eine Stahlrohrbrille aus der Kapuze hervor. Herrlich!

Endlich Graz. Die reine Fahrzeit von Hamburg liegt jetzt bei 13 Stunden. *Tomte* spielen auf den Jugendsportfesten aller Länder der Welt. Oder so ähnlich. Wir steuern das Gelände an, sehr viele junge Leute tummeln sich zwischen Sportplatz und Schwimmbad in dem Festzelt. Die Vorfreude im Bus auf der Fahrt ins Hotel ist groß: »Das glaubt uns heute wieder keiner: Hunderte von jungen Mädchen – mit kaum was an!«

Im Hotelfoyer direkt am Bahnhof spielt sich die mit Nachdruck auf Eindruck machende Rezeptioneuse vor einem großen Foyer-Spiegel in den Haaren herum. In den Sesseln gegenüber lungern wir acht ausgelaugten Deutschen. Das heißt, mindestens zwei von ihnen liegen auf dem dicken Lobby-Teppich herum, weil nicht ausreichend Ledermöbel zur Verfügung stehen. Ein schönes Bild, leider kommen um die Uhrzeit nur wenige andere Gäste durch die Drehtür. Nach zwanzig Minuten ist endlich geklärt, das »Tomdä« doch zwei ganze Nächte lang, die überdies schon bezahlt sind, in diesem Etablissement wohnen dürfen. Eine Klimaanlage gibt es nicht, Ventilatoren werden auf Wunsch im Zimmer aufgestellt.

Im Foyer des Hotels zur Post in Graz folgt eine kurze, aber weittragende Auseinandersetzung zwischen Timo und Thees. Timo sagt bei der Schlüsselvergabe kurz und trocken: »Komm, Max, wir nehmen ein Zimmer.« Das bringt den Uhlmann auf die Palme. Wie eine abgelegte Ehefrau, nach zwanzig Jahren gemeinsamem Ehebett, fällt er aus allen Wolken: »Was soll das denn, Bodo? Das ist ja wohl nicht dein Ernst!«

Wie oft wir die Rezitation dieses Momentes in den nächsten Monaten, sogar Jahren, noch hören sollen! Bei jeder Schlüsselvergabe, in jedem neuen Hotel eigentlich, wird Thees daran erinnert, wie Timo ihn in Graz abserviert hat. Mit nur einem Satz. Und der unfassbar lapidaren Begründung: »Thees, ich hab da kein Bock mehr drauf.«

Nicht lange zuvor war Thees mit einem halben Bier in der Hand im Hotelbett eingeschlafen. Dabei hat sich die Bierflasche langsam und unbemerkt geneigt und schließlich in das gemeinsame Bett der Herren Uhlmann und Bodenstein ergossen. Diese Bierpfütze hat auf ewig einen Keil zwischen die beiden getrieben.

Mein persönlicher Dank geht an dieser Stelle raus an Beck's Bier, den Abfüller der schicksalsbestimmenden grünen Flasche. Von dem Tag an, an dem Timo mit Thees Schluss gemacht hat, wegen Bier, durfte ich nämlich mit Thees das Zimmer teilen. Das Verschütten von Bierflüssigkeit im Bett hat sich übrigens bis heute nicht wiederholt.

Zumindest hier in Graz wäre es auch schwierig geworden, mich im Halbschlaf mit Bier anzufeuchten, sind die beiden Einzelbetten doch weit auseinander, an gegenüberliegende Wände gerückt.

Sollten Österreicher etwa prüde sein? Neben dem Hotel steht ein riesiges Old-School-Pornokino, in dessen Auslage das zwei Meter breite Bild einer nackten Dame zu sehen ist. Zwischen ihren gespreizten Schenkeln, ähnlich der Ritze auf Hamburg St. Pauli, aber nicht gemalt, sondern fotografiert, hat jemand ein großes Loch ausgespart.

Genau dort wurde ein Minifernseher platziert, Bildschirmdiagonale geschätzte 9,8 cm, auf dem ein paar ausgewählte Pornoszenen als immer wiederkehrender Loop abgespielt werden. Ich habe keine Ahnung, wie katholisch man hier ist.

Vielleicht stehen die Betten in unserem Hotelzimmer aber auch nur deshalb so weit auseinander, weil die Zimmer auf »Starmania« gebucht sind. So begrüßt uns das Hotel-Infosystem am Bildschirm – der etwas größere im Hotelzimmer, nicht der kleine im Kinoschaufenster. »Starmania« ist übrigens die Abkürzung für »Österreich sucht den Superstar«.

Ich reiße das Fenster auf für ein bisschen frische Luft in dem stickigen Zimmer in der stickigen Stadt und schaue über den Bahnhofsvorplatz. Sieht merkwürdig leer aus. Thees erklärt mir die drei wichtigsten Tour-Regeln: »Erstens: What's in the bus stays in the bus, da dringt nichts nach draußen!« Das Zweitens habe ich vergessen, und bei Drittens hatte der Schalk die Ernsthaftigkeit des (um Diskretion bemühten) Bandleaders Uhlmann schon wieder überwunden. Mit Blick aus dem Fenster fordert er:

»Drittens: Österreicher verarschen!« Während ich Zweitens ja ohnehin vergessen habe, nehme ich mir fest vor, Erstens zu missachten. Worüber soll ich denn sonst berichten? Ein Tourtagebuch muss doch Innereien preisgeben, Geschichten erzählen und Geheimnisse ausspucken. Da sollte doch etwas passieren, das interessiert doch sonst niemanden. Nachher endet die Geschichte bei 19-Zoll-Gerede, Gitarren-Tabulatoren und irgendwo im Themenspektrum des »Fachblatt Musik Magazin«.

Abends im Zelt ist es immer noch brütend heiß. Es gab kaum lokale Promotion für den Gig, auch sind die meist jugendlichen Sportler schon zurück in ihren dezentral liegenden Unterkünften. Die Stimmung ist dennoch gut, der Auftritt ist okay. Als T-Shirt-Verkäufer werde ich um Autogramme gebeten.

Ui, was für ein Anfang. Es soll in der Folge aber nur noch ein weiteres Mal vorkommen, dass ich nach einer Unterschrift gefragt werde. *Tomte* hat es »total Spaß gemacht. Wir sind 13 Stunden gefahren, nur um für euch zu spielen!« So viel Sportsgeist kommt an. Nach *Tomte* steigen *Angelika Express* aus Köln auf die Bühne. Zu den beiden Feierkönigen vom Vorabend, Dennis und Olli, gesellt sich für die heutige Nacht Maxe Schröder hinzu.

In der Tiefe der tagähnlich warmen Nacht spielt Dennis mit seinem Jutebeutel, vom sportlichen Ambiente inspiriert, Hammerwerfen. Genaueres lässt sich später nicht mehr rekonstruieren. Auf jeden Fall hat Dennis seinen Beutel, gar nicht aus Jute, sondern so ein herkömmlicher Baumwoll-Einkaufssack, weggeschleudert. In hohem Bogen. Inklusive Geldbörse und Hotelschlüssel. Anderthalb Tage später taucht alles wieder auf.

Die klügste Entscheidung des Abends trifft Maxe. Von zahlreichen im Zelt aufgebauten Promotion-Inseln für weiß der Geier welches Produkt entwendet er einen schicken orangefarbenen Stoff-Strandstuhl mit einer ansteckbaren Fußablage.

Unser Dank gilt dem unbekannten Sponsor, der eigentlich im Zelt mit ein bisschen Sand und Palmen und eben diesen orangefarbenen Stühlen eine Relaxo-Atmosphäre schaffen wollte. Aufgrund der langen Finger des Visionärs Schröder landete der Stuhl allerdings in unserem Tourbus, leistete von da an unbeschreibliche Dienste und lehnt bis zum heutigen Tage zusammengeklappt und aufrecht lagernd, aber jederzeit einsatzbereit im Grand Hotel van Cleef. Für den Fall, dass *Tomte* noch einmal einen Uralt-Sprinter erwischen sollten, dessen dritter Sitzplatz vorne total unbrauchbar ist, weil der Schaltknüppel mit langem Schaft aus der frühen Baureihe genau da verankert ist, wo die Füße des neunten Mannes hin sollen ... Dass es solche Autos heute überhaupt noch gibt!

Der nächste Tag in Graz ist das, was man einen Off-Day nennt. Ein unsichtbarer Tag, ein nicht vorhandener Tag. Ein Tag ohne Auftritt halt. Musiker-Wochenende. Samstag gehört Vati uns. Off-

Tage sind wirtschaftlich für Bands nicht gut. Sie mögen willkommen sein, wenn einem eine lange Strecke oder mehrere Tourwochen in den Knochen stecken. Aber selbst dann sind solche unproduktiven Pausen eher ein notwendiges Übel.

Normalerweise wird irgendjemand krank an einem Off-Day. Erkältung oder ähnliche Lästigkeiten treten auf. Man kommt aus dem Rhythmus, lässt die eigenen Disziplinzügel ein wenig schleifen, und schon dankt es einem der Körper mit Ausfallerscheinungen.

Nach nur einem Tag Tour schon einen Off-Day zu haben, ist natürlich nicht ganz so gefährlich. Um uns selbst zu gefährden, gehen Timo und ich in das riesige Freibad und setzen uns, ohne Sonnencreme zu applizieren, auf die Betontribüne. Wie herrlich dieses zum Bersten gefüllte 70er-Jahre-Schwimmbad anmutet. Kindheitserinnerungen an frühere Urlaube werden wach. Wenn man mit den Eltern in der deutschen Provinz war, dort, wo es keine Baggerseen gab, sondern zur Erlösung von der Sommerhitze ein künstliches Freibad.

Millionen von Bikinis tummeln sich um uns herum. Eine famose Geräuschkulisse, steyrische Tätowierkunst für das Auge und klassische Bademeister, die so tun, als würden sie den Überblick im Getümmel behalten.

Die Lichtreflexionen auf dem Wasser im himmelblauen Becken nehmen einem fast das Augenlicht. Ich mag diese Momente, in denen man drogenlos weggeflasht wird. Wir reden stundenlang über das Kochsein und Kochen, Kinderhaben und -kriegen und Timos Standbein für die Zukunft, seine Idee von einem Supreme-Imbiss. Eine Edel-Pommesbude, etwas in der Art. Ich habe nur eine vage Vorstellung, wie das sein könnte, aber es könnte gut werden.

Graz selbst ist in diesem Sommer Kulturhauptstadt Europas, dieser Status schwingt an allen Ecken und Enden mit und hat nicht zuletzt auch uns hierher gebracht. Das merkwürdige Gebäude, der Kunstpalast, ist noch nicht fertig, das schwimmende Gebäude im Fluss dagegen ausgerechnet heute nicht geöffnet. Begnügen wir uns also damit, den herkömmlichen alten Schlossberg, schwitzend wie die Schweine, zu erklimmen. Von hier oben hat man Aussicht auf das Arnold-Schwarzenegger-Stadion. Seit den letzten Hinrichtungen überlegen die Grazer, das Stadion umzubenennen. Es ist heiß. Immer noch.

Alles ist Kunst und Kultur in der Stadt, wirkt aber auch irgendwie aneinander gereiht. Beim Einkauf sind wir mehr oder weniger erfolglos, amüsieren uns aber über spezielle Entdeckungen wie »Po-sitiv denken« und Gummineger.at, ein renommiertes Geschäft aus der Branche der Aufblasartikel. Bei einem Imbisswagen – nicht edel, aber mit *Social Distortion*-Sänger Mike Ness als Verkäufer – gönne ich mir eine von diesen Würsten mit Eiter. Sie schmeckt sehr gut.

Abends auf dem Zimmer lerne ich kennen, was abends auf dem Zimmer bei *Tomte* auf Tour immer passieren soll. Die Hotels unserer Preisklasse haben durchweg keine Hotelbars, also zumindest keine, die zu *Tomte*-Zeiten, das heißt bis weit nach Mitternacht, geöffnet sind. Selbst wenn sie es sind, dann halten sie einen mit völlig abtörnendem Ambiente erfolgreich fern: ein Barkeeper, der bereits demonstrativ die Gläser poliert und mit nach außen gekehrter Miene rechtschaffene Müdigkeit signalisiert. Dazu meist abgedunkeltes Licht, damit ja keine Fliegen, geschweige denn Trinkwütige zu später Stunde auf die Existenz dieses Ausschankes aufmerksam werden. Nichts, aber auch gar nichts von dem, was sich immer so spannend anhört: Das haben Udo Lindenberg und Bruce Springsteen tief in der Nacht an der Hotelbar ausgetüftelt. Völliger Unsinn.

Bei *Tomte* ist wundersamerweise immer ausreichend Bier auf einem ausgewählten Zimmer. Dieses Zimmer ist drolligerweise meist das von Thees und mir (weil bei uns Rauchen erlaubt ist). Und hier findet dann der gesellschaftliche Teil des Abends statt, der sich oft bis zum frühen Morgen hinzieht.

So weit waren die zwei Tage Graz ja ein netter Urlaub. Doch jetzt wär's mal wieder Zeit für eine gehörige Portion Rock and Roll.

WIEN, 02.07.03

Der Weg nach Wien ist warm. Wir werden in der Metropole mit einem veritablen Vier-Spuren-Stau empfangen. Richtig abartige Staus dieser Art sollen selten wieder vorkommen. Der Berufsverkehr für Musiker hat andere Zeiten als derjenige der Büromenschen.

Es geht in den legendären Fürstenhof. Drei Etagen mondänes Hotel von gestern mit einem Fahrstuhl von vorvorgestern. Die Nachtportiers dieses Familienhotels sind bekannt für ihren Durst, und bislang hat noch jede Band ihre CD am Tresen abliefern müssen. Das finden die gut, die Portiers. Und die Bands selbst auch.

Fährt man mit dem Aufzug ganz nach oben, kommt man an die Tür eines mysteriösen »Institut für wissenschaftliche Schicksalsforschung«. Max und ich sind höchst interessiert und wollen gerne erfahren, was sich hinter der Tür verbirgt, allein die Zeit dazu haben wir nicht.

Wir müssen zum Chelsea, der Club liegt einen kurzen Fußweg vom Hotel entfernt. Heute gibt es Brötchen und *Buy-Out* zu essen. Letzteres bedeutet im Rock'n'Roll-Latein, das in erster Linie aus englischen Wörtern besteht, dass es kein Abendessen für die Band gibt. »Hier sind 12 Euro für jeden, kauft euch selbst was an der Ecke!«

Ich entscheide mich abermals für eine »Eitrige«, also eine Käsekrainer, bei der nächstgelegenen, derbe asigen Würstchenbude. Kostet auch nur 3,20 Euro, der Genuss. Dabei ist der Aufpreis für das brötchenähnliche Beistück schon inbegriffen. Auffuttern, der Hunger treibt's hinein, und dann schnell runterspülen mit einem der warmen Biere aus dem Club.

Mein Kumpel Jörg ist schon weit über vierzig Jahre alt und freut sich immer, wenn ihm ein gut temperiertes anstelle eines stark gekühlten Bieres gereicht wird. Vielleicht sollte er in das Bandbegleiter-Business einsteigen, denn da gilt eine Regel: Je wärmer der Tag, desto lauer das Bier. Ich glaube, auf nunmehr über vierzig Konzerten habe ich nie einen Abend erlebt, an dem das zur Verfügung stehende Bier die landesüblich empfohlene Trinktemperatur hatte.

Der eine obligatorische Kühlschrank mit der Glasscheibe, der in jedem Backstage-Raum der Nation (und Österreich natürlich) steht, hat für gewöhnlich nur ein Feature: Er macht Lärm.

Das fünf Minuten vor Ankunft der Band hineingestellte Bier schafft er jedenfalls nie herunterzukühlen. Kann er ja gar nicht schaffen in der kurzen Zeit. Sein unvermeidlicher Lärm passt dann aber wiederum exzellent in das Schöner-Wohnen-Ambiente. Nirgendwo sonst findet man solch ausgewählte Sperrmüll-Sofa-Kollektionen so perfekt ins Neonlicht gesetzt wie in den Backstage-Räumen dieser Welt.

Auf der anderen Seite der Erde und der Biertemperaturskala sind australische Verhältnisse nun aber auch wieder nicht erstrebenswert. Dort wird Bier grundsätzlich in einem Zustand kurz vor der Erfrierungsstarre serviert.

Tomte sind und bleiben eine Bier-Band, da sind solche Themen wichtig. In den nächsten Jahren, bis vielleicht alle über vierzig sind, werden *Tomte* weiterhin das Bier so nehmen, wie es denn kommt, keine Angst, werte Backstage-Beauftragte.

192 Karten sind im Wiener Vorverkauf weggegangen, es gibt gerade noch vierzig Stück an der Abendkasse.

Viele Leute mussten vom Veranstalter abgewiesen werden. Hoher Zuspruch ist erfreulich. Dass der Club unter den Bahnschienen mit seinen drei hintereinander gestaffelten Segmenten dann doch zu klein ist, ist natürlich doof. Der Club wird voll, und es wird heiß wie die letzten Tage in Felix Austria. Keine neue Situation.

Im Innern des Clubs gibt es nach kalifornischem Vorbild eine Kamera, die das Bühnengeschehen auf eine Leinwand im zweiten Segment projiziert. Im dritten Segment hängen über dem Tresen nur mehr Fernseher, auf denen man mitverfolgen kann, was auf der Bühne im ersten Segment und auf der Leinwand im zweiten Segment passiert. Die Bühne sieht man von hier aus nicht mehr. Es wird aus Lärmgründen sogar die Tür zum zweiten Segment geschlossen.

In Amerika, wo ich diese merkwürdige Idee zum ersten Mal im legendären Whiskey a Go-Go auf dem Sunset Boulevard gesehen hatte, hatte ich den Eindruck, das übersättigte Konsumpublikum benutzt diesen Fensterblick, um zu checken, welche der oft vier bis fünf Bands des Abends gerade auf der Bühne steht. Und um derweil in Ruhe an seinem Bud Light mit 1,5 Volumenprozent Alkoholanteil weiterzunuckeln.

Hier in Wien kann ich vom T-Shirt-Stand aus das Konzert am Bildschirm verfolgen, als wäre ich im Whiskey a Go-Go. Zu mir haben sich die austrischen Promoter von *Tomte* gesellt: die Dame und Herren von Wohnzimmer.com. Gemeinsam starten wir eine Leiberl-Offensive. Ich passe mich natürlich dem lokalen Sprachgebrauch auf der Preisliste an. Unvergessen und quasi extra für diesen Moment über Jahre konserviert, habe ich den Spruch aus dem Düsseldorfer »Zosher Magazin« parat. In diesem Fanzine hatte Rüdiger Thomas eine Bandreise durch Österreich beschrieben und die prägnanteste aller außergalaktisch anmutenden Fragen für das westdeutsche Publikum festgehalten: Über »Um wie viel kommt denn so an Leiberl?« haben wir jahrelang so gelacht wie gerätselt. Wie gut die Menschen aus zwei gleichsprachigen Ländern aneinander vorbeireden können.

Auf der Bühne feiert Thees den größten Sohn der Stadt: Falco. Weil Wien ein bisschen so ist wie Falco und weil *Tomte* ein bisschen sind wie er: liberal und morbide. Die Komplimente kommen an. Gutes Benehmen kommt immer an. Vor dem Konzert bekommt Thees ein leeres Büchlein geschenkt. Als Gabe, für neue Ideen. Was heute drinsteht, weiß ich nicht.

Eine Dame in Rot ist als Erste am Konzertort, während sich die Studenten der Stadt noch mit Bier einreiben. Später bedankt sie sich für den Auftritt persönlich. Gut erzogen und mit dem nötigen Respekt wird die Dame von Thees gesiezt. Bei Felix' (*Home of the Lame*) Mutter darf er das nicht mehr. Aufgrund mütterlicher Strafandrohung hat er sie fortan zu duzen.

Ich halte es im T-Shirt-Stand-Exil nicht mehr aus und bin zufällig zur rechten Zeit für zehn Minuten im prallvollen Saal, dem ersten Segment. Das nächste Lied heißt »Endlich einmal« und wird mir persönlich gewidmet. Ich bin gerührt. Thees, der alte Elefant, der Typ, der nichts vergisst, erzählt zu dem Lied auf der Bühne eine kleine wahre Geschichte, die ich schon tief in meiner Erinnerung vergraben hatte. Es geht um Hunde und einen Brief, den ich ihm schrieb. Der Brief endete mit »Welt = doof«.

Welt = doof.

Irgendwann in circa 1997, das monatliche Hardcore-Magazin »ZAP« war gefallen und wollte auch nicht mehr aufstehen, hatten Menschen aus dem »ZAP«-Umfeld ein neues Heft gegründet, das eigentlich »Stylepolice« heißen, dann aber aus Gründen doch »Von Vorne & Von Hinten« gerufen werden sollte.

Als Hamburg-Korrespondenten hatten wir Thees Uhlmann ausgewählt. Seine Beiträge waren erfrischend und gut, seine Liefermoral allerdings musste mit dem einen oder anderen Arschtritt verbessert werden.

»Jetzt gibt's eins in die Szene« war sein Einstieg bei unserem Heft, mit dem wir die Fanzine-Welt aufkrempeln wollten. Vielleicht haben wir das nicht, aber zumindest die Künstlersozialkasse hat es mir fünf Jahre später als Grundstein und Anfang meiner publizistischen Tätigkeit anerkannt. Manche Sachen rentieren sich in Momenten, in denen man sie schon lange vergessen hat.

Bei Thees' Debüt erfuhr man Intimstes aus Hamburg. Zum Beispiel, dass Marcus Wiebusch ein Diddlmauskissen besitzt. Mit seinem Hintern. Immer wenn er an seinem Schreibtisch sitzt. Damals stand der in seinem Schlafzimmer, Hotel-Zeiten sollten erst später kommen.

Und siehe da, Reimer Bustorff taucht als Nächster auf, ebenso Timo und Klausner, ein Herr Peschel und das ganze L'age d'or-Büro. Einfach Thees' kleine feine Welt. Heute hätte die »Mopo« sicher gerne jemanden, der sie aus den Hamburger Schaltzentralen mit Spezialinfos versorgt. Der Bericht endet mit: »Meine Freundin hat einen neuen Hund und ich somit zwangsläufig auch. Er ist männlich und heißt ›Goo‹, wie die *Sonic Youth*-Platte – ›Daydream Nation‹ wäre auch wirklich ein doofer Name gewesen, oder noch doofer ›Experimental Jet Set, Trash and no star‹.«

Nicht viel später hatten meine kleine Familie und ich uns in Bremen auch einen Hund aus dem Tierheim geholt. Oft waren wir vorher mit verschiedenen Kandidaten aus dem Heim spazieren gegangen – zum Kennenlernen und etwaigem Mehr.

Plötzlich, wir kamen mittlerweile fast jedes zweite Wochenende, war da eine schlanke, weiße, junge Hündin. Lebhaft, mit großen, spitz nach oben stehenden Ohren, einer rosa Nase und grauen Sommersprossen im Gesicht. Herzallerliebst. Diesen Hund wollten wir sofort haben und bekamen ihn auch. Er war ziemlich unerzogen, pinkelte vor Freude durch die Bude, ein echter Tollhund, den wir sofort ins Herz geschlossen hatten.

Allein sein konnte Shira gar nicht gut, also war es keine Frage, dass sie mit der ganzen Familie zum großen *Fischmob*-Interview-Termin musste.

In Hamburg sollten wir Sven Francisco von *Fischmob* treffen, als Interviewerin wurde unsere 8-jährige Tochter Senya – im Alter von acht Jahren durchaus mit dem *Fischmob*-Œvre vertraut – ausgewählt. Nicole und Thees und Goo sollten auch dabei sein. Im Kemal-Altun-Park hatten wir einen schönen Sommertag mit Sven, dem Schrecklichen, das Interview der Kleinen lief sehr gut. Goo versuchte permanent, die mindestens doppelt so große Shira zu betören, reichlich Fotos wurden geschossen, und anschließend spielten wir alle gegeneinander journalistisch-investigatives Stadt-Land-Fluss.

Mittendrin brach unser weißer Hund durchs Unterholz, hatte sich ein bisschen rumgetrieben – und auf mysteriöse Weise seine Farbe gewechselt.

Anstatt wie zuvor zartweißrosa war unser Hund jetzt hundekackebraun. Dem Gestank nach kann es auch Menschenkot gewesen sein. Der nahe liegende Bauwagenplatz ließ Schlimmes befürchten. Der Hund jedenfalls hatte ganze Arbeit beim Wälzen geleistet und wollte nun gerne wieder ein wenig Zuneigung.

Anstelle der Leine, die den Abstand zwischen Mensch und Tier durchaus variabel gestalten lässt, wäre jetzt ein fixer Abstandhalter (wie etwa eine Abschleppstange) angebracht gewesen, um Distanz zu wahren und direkten oder gar Vollkontakt zu vermeiden.

Der Termin war beendet. Während alle sich in mein Auto setzten, lief ich mit dem Hund, dessen neue Koloration in der Sonne trocknete, zu jener Wohnung, die Thees und Bodenmüller bei der Kieler Straße bewohnten.

Dort angekommen zog ich mich bis auf die Unterhose aus und nahm Shira unter den interessierten, aber auch ungläubigen Blicken Goos mit in die Duschkabine. Eine halbe Stunde lang musste ich mit bloßen Händen die angetrocknete Scheiße aus dem Fell rubbeln. Eine harte Arbeit.

Das braune Rinnsal zum Abfluss schien kein Ende zu nehmen. Eine absurde Situation: Immer in der Gefahr, auszurutschen, lauwarm mit einem Hund zu duschen, musste ich mir eigentlich doof vorkommen.

Aber das Ganze war kein Witz und würde mich auch nicht umbringen. Diese Erkenntnis ließ mich Anfragen von jenseits der Badezimmertür eher fröhlich als genervt beantworten: »Nein, ich bin noch nicht fertig, ist hartnäckig, die Sache.«

Mit etlichen Handtüchern wird die aus Furcht vor dem Wasser und aus sonstigen Gründen mittlerweile schwer zitternde Shira abgetrocknet und darf mit Goo hinaus in die Sonne, zum Aufwärmen. Wo sie mit ihrem Verehrer rumtollt und so tut, als könne sie kein Wässerchen trüben.

Charmeur Goo sollte seine neue Flamme nicht wiedersehen. Wenige Tage später, zu Hause in Bremen am Osterdeich, tollt Shira mit Hunden auf der großen Wiese am Flussufer umher. Ein großer Hund scheucht sie, ängstlich sucht sie in vollem Lauf Schutz zwischen den parkenden Autos, läuft auf die viel und schnell befahrene Straße, wird von einem Auto erwischt, fliegt durch die Luft.

Als wir bei ihr sind, liegt sie zwanzig Meter weiter auf der anderen Straßenseite, zusammengerollt, nur noch leise fiepend. Äußerlich eigentlich kaum versehrt.

Ein hilfsbereites Ehepaar stoppt sein Coupé, fährt den Hund im Kofferraum zum Tierarzt, der stellt den Tod fest.

Ich hebe ein Loch aus, trage das immer noch zusammengerollte, würdevoll aussehende Tier die Treppe herunter. Wir begraben sie mit ihrem Halsband und zusammen mit ihrem Edelstahlnapf im Garten.

Die Fotos von der großen *Fischmob*-Sitzung im Park sind nichts geworden, die geliehene Kamera hat komplett versagt. All das schreibe ich Thees zusammengefasst in einem Brief. Der Brief endet mit »Welt = doof«.

FELDKIRCH, 03.07.03

Morgens im Hotel macht man erst mal den Fernseher an, habe ich von Thees gelernt. Premiere für mich: das *Madonna*-Video zu »Hollywood«. Großartig die selbstironische Nummer mit den Botox-Spritzen. Das *Madonna*-Album »American Life« war die erste CD, die ich mir nach langer Zeit mal wieder gekauft hatte. Konsumverweigerung ist auch nur eine trotzige Idee ohne Konstanz. »American Life« ist toll.

Etwa zur gleichen Zeit, in der ich die *Madonna*-CD aus dem Geschäft trage, erreichte mich die »Hinter all diesen Fenstern«-CD per Post. Genauso toll. Danach kam 2003 erst mal lange nichts. Zufall oder nicht, es soll bei beiden Bands in etwa den gleichen Zeitraum, nahezu drei Jahre, dauern, bis das nächste Album fertig ist.

Im Fürstenhof hat man uns zweimal an diesem frühen Morgen nach einer wie immer kurzen Nacht bescheinigt, »brav« zu sein. Das muss hier eine andere Bedeutung haben als gewohnt. Vielleicht reagiert Timo deshalb so ungewöhnlich.

Im morgendlichen Stau, der direkt vor dem Hotel am so genannten Neubaugürtel beginnt (das ist doch kein Name für eine Straße, liebes Wien!), bekommen wir Werbeäpfel durchs Autofenster gereicht. Mit voller Wucht schleudert Timo das Zeug wenige Meter weiter wieder aus der Karre. Brüllt irgendwas dazu. Kleiner Spaß am Morgen oder das ungewohnte Alpenrepublikklima.

Wolken hängen über Österreich und dem Inntal. Um ganz nach Westösterreich zu kommen, muss man ein Stück durch Deutschland fahren. An einem malerischen Gasthof auf dem deutschen Abschnitt der Autobahn halten wir für ein Mittagessen an. Das Gulasch mit Nudeln ist teuer, aber gut. Die Pommes pur für Dennis und Olli sind auch sehr teuer, schmecken aber skandalös schlecht.

Zurück im Bus atmen wir uns gegenseitig mit scharfem Bierdunst an. Schlechter Atem kann so unangenehm sein. Im Bus dreht sich ein irrer Circledance von Zeitungen und Zeitschriften. Nichts weniger als »Mickey Mouse«, »Bravo«, »Spiegel«, »Stern«, »Visions«, »Neue Woche« und »Wiener« kursieren, dazu Bücher von Hans Nieswandt, *Depeche Mode* und »Der Traumhüter« von diesem Gladbacher Keeper in England. Ich lese rein und lege zumindest das Fußballbuch sofort wieder weg, gefällt mir nicht. Konzentrieren kann ich mich im Auto ohnehin nur auf Artikel in Magazinlänge. Wenn ich ehrlich bin, ist das zu Hause genauso, hat also gar nichts mit der fahrenden Bierkiste zu tun.

Wir reden über alte Platten, welche man heute noch hören kann – und einigen uns unter anderem auf die *Spermbirds*. Und was man heute überhaupt nicht mehr hören kann, obwohl man früher drauf ausgeflippt ist: *T.S.O.L* werden einstimmig angenommen. Die habe ich sowieso nie gehört. Als Nichtmusiker ist es immer wieder eine Freude, die musikalischen Diskussionen im Bus zu verfolgen. Ein unglaubliches Wissen über Stücke und Stile, Vergleiche und Feinheiten, Personen, Aussagen und Aussehen ist da präsent. Um im nächsten Moment wieder in stumpfe Blödelei umzukippen.

Die lange Fahrt endet endlich am Zielort: Feldkirch. Eine Top-Location im positiven Sinne, ein cooler Ort, ein ehemaliges Schwimmbad/Turnhallengebäude von ehemaligen Mönchen. Mittlerweile haben findige, agile junge Menschen das Gebäude schick eingerichtet und betreiben es den Sommer über als Kulturstätte.

Heute ist der erste Abend zusammen mit den *Sportis*, korrekt: die *Sportpferde Stiller*. Peter, Rüde und Flo. Der vierte Mann im Sattel ist Marc Liebscher. Als Booker für beide, also *Sportfreunde* und *Tomte*, bringt er die Bands, wann immer es geht, gemeinsam unter. Trotzdem, beziehungsweise genau deshalb, besteht Redebedarf mit ihm. Thees und Gerne regeln das, während draußen schwarze Wolken aufziehen.

Die Kasse ist ein Gartenpavillon, der in einem Abstand von circa dreißig Metern vor dem Gebäude auf der Wiese aufgestellt ist. Eine lange Schlange von Menschen endet unter dem weißen Plastikdach, darüber hängen dunkle Wolken und sorgen mit den noch seitlich einfallenden letzten Sonnenstrahlen für ein bizarres Licht. Es wirkt bedrohlich und interessant. Anziehend, obwohl man weiß, dass es Zeit wird, Schutz zu suchen. Aus dem Haus betrachtet, sieht die Szenerie ziemlich surreal aus. Ich hoffe, ihr seid nicht nass geworden.

Neben dem eigenen Merchandise des Clubs – feine Prints auf ausgewählten Gebrauchttextilien – hat der *Sportfreunde*-T-Shirt-

Verkäufer sein Geschäft aufgebaut. Münzen als Wechselgeld sind ihm fremd, kann er gar nichts mit anfangen. Pausenlos feuert er die Scheine in die große Geldkassette hinter sich und hat innerhalb kürzester Zeit einen großen Berg Euro- und auch Frankenscheine angehäuft. Wahnsinn.

Das *Sportfreunde*-Publikum ist ziemlich jung und weiblich. Was Thees auch sagt auf der Bühne, es wird bejubelt. Manchmal habe ich das schale Gefühl, es ist heute Abend völlig egal, was er sagt.

Ich fühle mich komisch, werde krank. Jemand vom Club fährt mich frühzeitig in die merkwürdige Rentnerpension Hotel Büchel. Der Nachtportier ist eine Strippe, an der man ziehen muss. Daraufhin öffnet sich die supermarktartige Glasschiebetür: In einem Körbchen auf dem Empfangstresen liegen griffbereit die Zimmerschlüssel.

Ich verabreiche mir eine extragroße Einreibung mit Salicylsäure, nehme alles ein, was ich sonst noch an Medikamenten in meinem Kulturbeutel finde, und hau mich ziemlich fertig ins Bett. Mein Hals brennt wie Feuer.

Am nächsten Morgen gibt es ein S/M-Frühstück. Wer auf Anmeckern steht, kommt voll auf seine Kosten. Die nächste Aggrofahrt von sieben bis acht Stunden Dauer steht uns bevor. Die Sprüche im Bus werden immer dümmer. Es ist zum Arschkrebs kriegen, das viele Sitzen. Das unkluge Zickzack-Tourbooking über große Distanzen fordert seinen Tribut.

SAARBRÜCKEN, 04.07.03

In Saarbrücken läuft einiges schief. Der Club ist taghell, der Sound ist scheiße, die Stimmung merkwürdig. Rund um das Kyus herum entdecke ich (der um den Häuserblock laufende Depp mit dem aufgeklappten Rechner) drei offene Wireless LANs. Eine schöne Sache, wenn auf Tour ein bisschen private Internetnutzung möglich wird. Ich verschicke vorgefertigte E-Mails.

»Solange noch Gift und Galle in unseren welken Körpern ist, werden wir es dem Leben entgegenspucken, bis es sich verzieht und ein besseres Leben kommt!« Heute sind die Ansagen von der Bühne kämpferischer, es liegt was in der Luft vielleicht. Oder an der nervenden Fahrerei.

Lee Hollis bekommt ein Lied gewidmet: »Ohne die *Spermbirds* hätte es uns nie gegeben, ohne diese Band würden wir hier heute nicht stehen.« So gibt Thees ein bisschen von dem zurück, was andere Bands uns früher gaben. Spielt ja nicht wirklich eine Rolle, dass die *Spermbirds* aus K-Town, aus Kaiserslautern kommen. Wir wissen, dass ein paar von ihnen heute in Saarbrücken leben.

Sascha von Wolverine Records hat es einmal wehmütig in einem Interview auf den Punkt gebracht: »*Spermbirds*, das war für uns die Band, von der man sich ohne zu zögern alle Texte auf den Arm tätowiert hätte.« Wenn ich auch ein paar Jahre älter bin als *Tomte*, unsere Herkunft ist die gleiche, unsere frühen Helden auch. Da ist es immer schön, Ansagen zu hören, die man selbst nicht stimmiger formulieren könnte.

Später treffen wir Lee Hollis im Karate Klub Meier. Das ist der Verein, in dem er mit gezielten Handkantenschlägen Bierflaschen köpft. Abseits einer Bühne ist er immer noch der gleiche Mister Shy & Nice Guy.

Ich teile das Zimmer mit Mauffi, der mich morgens einschließt, während er frühstückt und ich noch döse. Im Karate Klub hat er sich in der Nacht scheinbar noch daneben benommen, wie später durchklingt. Das Ende der Zusammenarbeit ist nicht mehr aufzuhalten.

PFORZHEIM, 05.07.03

Früh rollen wir in Pforzheim ein. Innenstadt, »Fuzo«, Fußgängerzone. Heute gibt's ein Open Air auf dem Stadtfest. Gerne fährt den Sprinter direkt bis vor das Mischpult und pöbelt bei laufendem Motor aus dem geöffneten Fenster den Mischer an: »Eeeey, machst du das auch alles richtig?«

Hinterm Pult lugt Wolle hervor, er ist heute für *Soulmate* tätig, die vor *Tomte* spielen werden. Wolle kuckt erst doof, lacht dann und grüßt, nachdem er Gerne erkannt hat. Bald schon soll Wolle, der nette Kerl aus Köln, einer der *Tomte*-Mischer werden.

Unser »Backstage-Raum«, »Künstlerkabine« genannt, ist das notdürftig freigeräumte Büro der Grünen im Pforzheimer Rathaus. Das Rathaus ist ein massiver Mittsiebziger-Palast, so stelle ich mir Ceausescus administrativ-architektonische Ansage für ganz tief in der Provinz vor.

Ein paar Akten stehen noch im Regal, sie erweisen sich beim Durchlesen als höchst langweilig. Der Blick aus dem riesigen Fenster bietet dagegen eine hervorragende Aussicht von oben auf die große Bühne und das davor versammelte Volk. *Fury in the Slaughterhouse* agitieren von der Bühne mit hilfloser Polemik gegen George Bush. Politisches Sendungsbewusstsein aus der Kanzlerstadt. Puh!

Das Stadtfest selbst bietet einiges fürs Auge. An T-Shirts ziehen heute Abend folgende Motive an meinem Auge vorüber: *Böhse Onkelz*, *Jesus Freaks* und *Punks not dead*. Und das in kürzester Zeit.

Mehr Style haben der ältere Herr im sommerlich weißen Anzug und die aufreizend hübsche Punkbiene, die schon eine halbe Flasche Jägermeister weggezwitschert hat. Beide flippen gemeinsam bei *Tomte* in der ersten Reihe aus. Reißen am Gitter, tanzen wie die Derwische. Der Herr bekommt einen Song gewidmet, wird dabei von Thees selbstverständlich gesiezt.

Die haarige Bärbel bekommt auch noch ein Lied gewidmet. Die Idee, einen Song über einen Hund zu machen, zieht ihre Kreise. Bis heute ein echter Coup. Die Menschen, die sich mit *Tomte* beschäftigen, freuen sich, die Inspirationsquellen von Thees' Texten zu entdecken. Ja, es sind *The Smiths*, die »William, it was really nothing« vorgelegt haben. Und es ist Neil Young, dessen »Rust never sleeps« bei »Yves, wie hältst du das aus« auftaucht. Geniale Textzeilen und Ideen zu übersetzen, um sie in ein neues Umfeld zu pflanzen, schafft neue Kunst aus ihnen. Ohne Inspiration, aus dem luftleeren Raum, gibt es keine Kunst, das weiß jeder.

Vielleicht weiß nicht jeder, dass John K. von den verehrten *Weakerthans* einen Song aus der Sicht einer Katze geschrieben hat. Also schnell mal nachschlagen, welche Inspirationen noch aus Kanada stammen.

Später werden wir zu Fuß durch die halbe Stadt zu einer After-Show-Party geführt. Freicocktails und so. Der »Event« entpuppt sich als eine fade Kneipe, für die zuvor ausgeteilten Gutscheine gibt es nur mit viel Diskutieren und nach Zuzahlung Gin Tonic. Was für ein Witz.

Schnell landen wir zusammen mit *The Coalfield* und den Oldenburgern *Soulmate* im Hotel. Dort werden zeitgleich mehrere böse Rauchgeräte in Brand gesteckt. Nur wenige Minuten später bin ich vollkommen bewegungsunfähig. Trotz guten Zuredens schaffe ich es nicht mehr, mich aus der Mittelritze von Dennis' und Ollis Bett zu erheben. Es geht gar nichts mehr. Die beiden rechtmäßigen Bettbewohner grinsen über meine Haschlähmung und lassen mich gewähren. In dieser Nacht habe ich zu liegen gelernt.

Am nächsten Morgen wird das ganze Ausmaß von Dennis' Genussmittel-Beschaffungsmaßnahmen deutlich. Überall auf dem Teppich und im Bett liegen Chips, Flips und Aschenbecherinhalte verteilt. Diverse Biersorten und edle Weine wurden noch aufgerissen und stehen gelassen. Mit ein bisschen Geschick schafft er es, die eigene Minibar durch Bestände aus anderen Zimmern unbemerkt wieder aufzufüllen.

Pforzheim an einem Sonntag: Off-Day in einem Hotel im Gewerbegebiet. Totales Absumpfen im Hotelbett. Es geht gar nichts. Völlige Apathie, bei okayer Grundstimmung. Thees und ich kucken die dümmsten Sachen, die das Fernsehen zu bieten hat. Selbst Guido Knopps Historien-Schmonzetten im ZDF sind uns heute nicht zu weit unten. Oder reportageähnliche Berichte über den neuen Abschiebehelm, der bei der Abschiebung im Flugzeug dafür sorgen soll, dass die Zwangsmaßnahmen der begleitenden Grenzschützer nicht zum Tod des Flüchtlings führen. Zumindest noch nicht im Flugzeug.

Erstaunlich, dass man beim motivationslosen Zappen immer wieder an den Homeorder-Kanälen hängen bleibt. Weil die Moderatoren da immer alles geben? Und dabei alles so unwirklich ist? Faszinierend die Idee, dass sich auch nur ein Mensch einen Ralf-Schumacher-Helm als 1:10 Modell mit aufgedruckter Unterschrift bestellt. Für weiß der Geier wie viel Geld.

Was mir dann aber wieder total gut gefällt, ist, dass die Entscheidungsschwäche, die einen vollkommen beherrscht, wenn man so im Bett bleiert, im Bus, auf der Bühne und zu allen anderen Zeiten auf der Tour mit diesen Jungs nicht existiert. Klare knappe Worte und kurzfristige Entscheidungen ohne langes Lamentieren prägen das Miteinander von acht erwachsenen Kerlen. Ohne dass die füreinander zusammengesucht wurden, ohne dass sie zusammen irgendwelche Schulungen durchlaufen mussten, funktioniert das Gemeinsam-an-einem-Strang-Ziehen sehr gut. Arbeitet man in einer Firma, Fabrik oder Agentur, ist solch ein Miteinander nur äußerst selten vorzufinden. Vielleicht bin ich aber auch nur übersensibilisiert, weil mir der Alltag nur allzu oft Entscheidungsschwächen und Angst von Entscheidern entgegenschleudert.

Die beiden für die bandinterne Sozialhygiene zuständigen Beauftragten, Oliver Koch und Thees Uhlmann, werden in den folgenden zwölf Monaten noch mehrfach diese Beobachtung in ihren nächtlichen Statusbericht-Konferenzen bestätigen: »So eine geile Truppe hatten wir noch nie zusammen«, wird es heißen, zwischen der sechsundsiebzigsten Zigarette und dem neunzehnten Bier.

FREIBURG, 07.07.03

Aus dem Pforzheimer Sumpf geht es wieder nach Süden. Freiburg im Breisgau lädt in das große Zirkuszelt, das jeden Sommer Konzerte unterschiedlichster Richtungen veranstaltet. Wir treffen die *Sportfreunde* wieder.

Zunächst gibt es Essen für alle in einem kleinen historischen Holzzelt direkt nebenan. Wir speisen zusammen mit einer Gruppe eingeladener Gewerkschaftsfunktionäre. Zur Begleitung macht sich ein Jazzstandard-Trio krumm. Livemusik zum Abendessen für ein paar Prolls – komische Ideen haben die da.

Der große *Tomte*-versus-*Sportfreunde-Stiller*-Bandkrieg. Immer wieder wird dieses Thema aufgegriffen, seit auf www.tomte.de ein Foto von Peter und Thees mit einer Anmerkung versehen ist, die von einem Bandkrieg spricht. Dieser Bandkrieg, den Fans bereitwillig übernommen haben, ist in Wirklichkeit nie einer gewesen. Von einem Bandkrieg zu sprechen ist natürlich drastischer und öffentlichkeitswirksamer, als das zu benennen, um was es wirklich geht: das ewige »würde gerne«. Und das geht so: Thees würde gerne vor so vielen Leuten spielen wie Peter, während Peter gerne so tief greifende Texte schreiben würde wie Thees. Rüde würde gerne im Sitzen orgeln wie Max und dabei die Schuhe anbehalten dürfen. Timo und Flo würden gerne halbieren: Timo würde gerne nur halb so viel labern können wie Flo, während Flo gerne nur halb so viel Glatze bekommen möchte wie Timo. Und ich würde gerne halb so viele T-Shirts verkaufen wie die *Sporties* in einer halben Stunde.

Tatsächlich ist die Stimmung hinter der Bühne heute prächtig. Der Sommer lässt Rüde mit nacktem Oberkörper herumlaufen. Thees kann es sich nicht verkneifen, lupft sein Poloshirt, kneift in seine Speckrolle und tönt: »Hier, Rüde, so sieht Rock'n'Roll aus!« Ein lustiges Wortgefecht entwickelt sich. Es gibt viel zu sticheln und zu lachen für alle.

So geht also Bandkrieg. Das beiläufige und dennoch sehr genaue Beobachten aller mitauftretenden Bands auf Festivals ist ein Indiz für echtes Interesse am Geschehen im Umfeld dieser Bands. Scharfe, harte, faire Beurteilungen von neuen und alten Songs sowie des Auftretens der jeweiligen Mitstreiter sind immer wieder ein Thema in Tourbus und Backstage-Container. Das hat nichts damit zu tun, wie man sich sonst begegnet und gegenübersteht. Ich liebe diese Art der kritischen Auseinandersetzung mit dem, was die »Konkurrenz« so treibt.

Mein Kumpel Schnitzlwirt schafft es, trotz meiner mehrfachen eindringlichen Hinweise, dass *Tomte* exakt von 19 bis 20 Uhr spielen, gerade noch passend zu den letzten Takten von »Schönheit der Chance« mit seinem Juniorchef einzutreffen. Eigentlich immer erfreulich, in der Fremde ein bekanntes Gesicht zu sehen. Willkommene Abwechselung zu den furzenden Gesellen, mit denen man Bus und Bett teilt. Mit Flight 13-Jürgen Schattner von der *Walter Elf* trinken wir ein schnelles Bier, packen ein, was es an Getränken alles noch gibt, und flitzen aus dem heißen Freiburg durch die Nacht zurück nach Hamburg. »Wir sind die langweiligste Band der Welt«, tönt Dennis am Anfang eines Laberflashs, der ihn bis zum Morgengrauen wach halten soll, um gegen seine nächtliche Autobahnangst anzukämpfen. »Nur Geschichten am Erzählen, und unten vertrocknen die Schläuche.«

BINGEN, 18.07.03

»Schüttung!«, schallt es. »Schüttung!«, hallt es sofort aus vier bis fünf Kehlen wider. Ich blicke in aufgehaltene Hände, wie ein Pfarrer bei der Ausgabe der Kommunion in der Kirche. Die Jungs vollführen dabei das, was beim Fußball Rudelbildung heißt. Schüttung bedeutet im Small-Scale-Rock'n'Roll so viel wie Taschengeld-Auszahlung.

Alle, die mit im Bus sitzen, bekommen Schüttung, meistens sind es 20 Euro für jeden, auf Anfrage gibt es auch einen höheren Betrag.

Ehe ich's mich versehen habe, bin ich zum Schüttung verteilenden Tourmanager geworden. Eben noch mitfahrender Band-Dokumentator und T-Shirt-Verkäufer, jetzt derjenige am Steuerrad und mit dem Schlüssel für die Bandkasse.

»Willst du nur mitfahren oder auch was machen?«, hatte Thees mich am Telefon gefragt. »Ist egal, wir buchen ohnehin acht Leute durch.« – »Oh, ich bin schon drin«, denke ich, »das ging einfach, frag doch mal, was man denn machen kann.« – »T-Shirts verkaufen oder mal fahren.« – »Ja, klingt gut, mache ich.«

Auf dem Österreich-Arm der Tour, der englischsprachig »the Austria-Leg« geheißen hätte, war ich also der Merchandiser. Jetzt geht es nach Bingen am Rhein, Gerne nimmt eine Auszeit, und ich finde mich als verantwortlicher Tourmanager am Steuer des schwarzen Über-Sprinters.

Glücklicherweise ist das Fahrzeug in Bremen stationiert und wird vor Ort vom Weser-Label-Chef Fabsi betreut. Wie günstig, dass keiner aus Hamburg den Wagen holen muss, sondern ich ihn einfach mitbringen kann. Dieser Sprinter ist mit allem ausgerüstet, was man sich vorstellt. Dazu lässt er sich fast mit dem dicken Zeh steuern. Wenn man sich auf Festivals in den Backstage-Bereichen umsieht, denkt man oft: »Wer ist eigentlich die Volkswagen Soundfoundation mit ihren Caravellen? Ich sehe hier ausnahmslos Mercedes Sprinter.« Auf genuine Mercedes-Benz-Technik haben damals erstaunlicherweise schon die Hippies gesetzt. Wem ist nicht aufgefallen, dass diese langhaarigen Biester auf alles geschissen haben, was in irgendeiner Weise etabliert war – nur nicht auf den guten Strich-Achter oder die Null-Achter-Posttransporter. Sitzt man heute in einem Sprinter-

Topmodell, weiß man, dass die Hippies right waren. Oder zumindest wussten, warum.

Heute gibt es 130 PS für neun Leute, ein Navigationssystem, einen DVD-Spieler mit Dolbysurround-Ballerboxen, eine verstärkte Fahrgastzelle, 220-V-Bordstrom, und hinten ist auch noch Platz für das gesamte Equipment. Ist das zu viel Luxus und Bequemlichkeit? Sind nicht früher die Bands in gammeligen VW-Bullis durch die Nacht gescheppert? Haben die unvergessenen *Subterranean Kids* aus Barcelona mit der Veröffentlichung ihres mehr als abenteuerlichen Tourberichtes im »ZAP« nicht Fanzinegeschichte geschrieben? Und überlebt? Natürlich haben sie. Aber ich werde schnell lernen, dass das, was nach außen hin bei *Tomte* wie eine Art Sicherheitsdenken wirkt, eine Form von Verantwortung Einzelner für das Ganze ist. Ein Selbstverständnis, von sich aus für die anderen zu sorgen. Mütterliche Fürsorge, ohne sich dafür in die Hände eines Managers zu geben oder eines Kindermädchens. Wenn im Bus das Handy des Fahrers klingelt, ist es immer der Beifahrer, der sofort das Gespräch annimmt: »Das mache ich, ich geh ran!« Man bekommt Getränke gereicht, Snacks, und darf die Musik wählen. Maximum Komfort, damit man sich auf die Straße konzentrieren kann. For the sake of all Insassen.

Trotz Fabsis eindringlicher Warnung schlage ich mir als Allererstes den Kopf an der harten Holzkonstruktion, die über den beiden Frontrow-Sitzen montiert ist und den Fernseher trägt. Es soll nicht das letzte Mal bleiben. So kachel ich mit Höchstgeschwindigkeit und einer Beule am Kopf über die Bahn nach Hamburg, um die Jungs einzuladen. Wolle ist als Mixer mit dabei. Das olle Equipment muss natürlich auch wieder geschleppt werden. Aus dem Proberaum die Treppen runter und logistisch klug nach permanent sich ändernden Schemen hinten rein.

Die Fahrt nach Bingen verläuft problemlos. Wir müssen den ganzen verfluchten Rochusberg hoch, der genau die Ecke bildet, an der die Nahe in den Rhein mündet. Mitten zwischen den Weinstöcken liegt eine trockenheiße, etwas staubige Wiese, die das Gelände dieses Hippiefestes bildet. Zum Glück müssen wir nicht zu Fuß hier hochkraxeln. Wir sind früh und können die im Kreis arrangierten, höchst seltsamen Verkaufsbuden inspizieren. City-Döner logiert neben Wurst-Walter, gleich daneben der »Sekt-der-schmeckt-Stand«. Die Patschuli-, Birkenstock-, Batikrock-Händler will ich mal außer Acht lassen. Hier gibt es also alles, was der Festivalbesucher braucht. Kippen kosten 5 Euro. Thees ist kurz davor, die Ordnungshüter anzurufen, als er diese Wucherpreise entdeckt.

Auf der Gästeliste steht, neben den *Boxhamsters*, die Bettie Page von Gießen. Die Sonne scheint, und die Laune ist exzellent. Durch die vielen anwesenden Freunde wird aus den Backstage-Bierbänken mit den Sonnenschirmen eine schöne Festwiese. Wir trinken wie entfesselt Bier aus großen Krügen und spanischen Sekt aus der Flasche. Timo kommt mit dem Zug hinterher gefahren, weil er, wie so oft, freitags noch arbeiten muss bis Mittag. Er ist ein bisschen derangiert und muss erst mal eine Stunde telefonieren. Smells like hometrouble.

Auf der kleinen Bühne gegenüber spielt eine *Trio*-Revival Band namens *Ab dafür*. Bis ins kleinste Detail wird die Bühnenpräsenz der drei Norddeutschen nachgestellt. Eine lustige Sache, die aber zu diesem frühen Zeitpunkt noch nicht die ausreichende Menge an Zuschauern verbuchen kann, die sie eigentlich verdient hätte. Wir lünkern durch den imaginären Vorhang der großen Bühne, und in einem seltenen, emotionalen Ausfall meint der doch sonst so stille Maxe: »Eins kann ich ja echt überhaupt nicht verstehen, wenn Jungs in Halbsocken rumlaufen«, und zeigt dabei auf den Sänger der Vorband. Wir müssen sehr lachen.

Auf der Bühne stehen ein paar junge Burschen, die ihre Hardcore-Hausaufgaben gemacht und das nötige Bewegungsrepertoire einstudiert haben. Musikalisch noch nicht ganz ausgreift, aber mit dem nötigen Selbstbewusstsein.

Dass Timo nicht hundertprozentig gut drauf ist, zeigt sich dann auf der Bühne. Heute Abend hat er einige Verspieler dabei. Bei *Tomte* ist das kein Grund, auf die Mitspieler böse zu sein. Dennis reagiert heute mit Lachen auf Timos Fehler. Die Jungs von der HC-Truppe bemerken dies und müssen erstaunt und belustigt nun selbst darüber lachen, dass Dennis über Timos Verspieler lacht. Das Leben kann so einfach sein.

Später verkaufen wir stapelweise Poster. Unmengen von Autogrammen und Widmungen werden gewünscht. »Ja, was soll ich denn drauf schreiben?«, höre ich so oft, dass ich anfange, den Jungs Stichworte einzuflüstern. Es tut mir aufrichtig leid, wenn das manchmal Unsinn war und gerade auf deiner *Tomte*-LP nun eine verunglückte Zeichnung zu einem bekloppten Thema gelandet ist.

Andererseits, welchen persönlichen Wert hätte ein Autogramm aus dem Steffi-Graf-Unterschriften-Roboter für dich? Autogramme-malen-nach-Zahlen ist ja ohnehin ein kontroverses Thema, das man ambivalenter nicht diskutieren könnte. Also geschieht es einfach. Punkt.

Wie wir es vom Berg herunter geschafft haben, weiß ich nicht mehr. Ich glaube, Wolle hat das übernommen. Timo war vorrübergehend verschollen, ich lege mich schon mal ab, während die anderen am Rhein noch was losmachen wollen. Einen Schoppen trinken, oder was man in diesem Landstrich so tut. Stunden später sehe ich Timo wieder. Er und Thees und noch jemand stolpern in mein Zimmer, grunzen giggelnd: »Öohh, da liegt ja einer ...«, und poltern weiter in das Zimmer nebenan, wo schon Wolle und Philipp Boxhamster liegen. Solche Situationen lösen sich dann meistens von selbst. In dieser Nacht muss Timo wohl mit dem Boden vorlieb nehmen, was ihm eigentlich nichts ausmacht, dieses Mal allerdings seinen zarten Nacken zerrödert.

HOYERSWERDA, 19.07.03

Den nächsten Morgen bringt der leicht neurotische Frühstückskellner unnötig durcheinander. Seine größte Sorge ist anscheinend, dass Thees die Telefonrechnung nicht bezahlt. Der Typ, der so aussieht, als hätte John Cleese ihn für Monty Python gecastet, kommt zum Bus gedackelt, während Thees, wie immer als Letzter noch ins Duschtuch gewickelt, auf dem Zimmer trödelt.

Ohne Gerne schleifen die Zügel ein bisschen, bis dann endlich die Vollbesetzung an Bord ist. Als Gäste sind Ollis Freundin Ju und Philipp Boxhamster eingestiegen.

Einmal im Jahr fährt Philipp ein paar Termine mit *Tomte* mit. Das ist so ein Arrangement. Der ältere Herr, Bassist bei einer Deutschpunk-Legende, setzt sich ein paar Tage bei den jungen Leuten aus Hamburg mit in den Bus. Einfach nur so. Das finde ich toll. Zumal Philipp nicht nur der bestaussehende Punk Deutschlands ist – wie Thees meint –, sondern auch ein höchst angenehmer Zeitgenosse – wie ich meine. Und er hat sehr eindrucksvolle Tätowierungen in allen Blautönen, die es gibt.

An den ehemaligen DDR-Grenzanlagen machen wir Rast. Nicht nur das Ambiente und die Facilitys sind hier merkwürdig, nein, ziemlich schnell entdeckt Dennis aus dem Auto heraus ein besonderes Amüsement, spontan »Svenni« genannt.

Von Dennis' Gegacker aufmerksam geworden, hängen in kürzester Zeit alle an der linken Busscheibe, die von außen geschwärzt ist und keinen Einblick in den Bus zulässt. Svenni scheint einer der wenigen Vorzeige-Ostler zu sein, die sich ihren 89er-Style bis heute bewahrt haben. Er trägt unfassbar hässliche Shorts, dazu ein hellblaues Trägerhemdchen mit dunkelblauer Paspelierung, eine pimpend weite Halskette und eine NVA-Pilotenbrille. Das aschblonde Haar hat er lässig nach hinten gestrichen, es bleibt dort. Entweder wegen Gels oder naturbelassenen Fettgehaltes, man weiß es nicht. Dennis' Aufmerksamkeit wurde anfänglich allerdings von Svennis anderem Körperende erregt: An den etwas storchigen Beinen trägt Svenni graue Socken mit jeweils einem gut sichtbar eingravierten »S«. »S« wie Svenni. Die besockten Füße wiederum hat Svenni in mittelbraunen Mokassins stecken.

Als wolle er seinen frisch gewonnenen Ruhm genießen, stellt Svenni jetzt noch lässiger einen Fuß auf die Kofferraumkante seiner koreanischen Limousine. Unentwegt packt er Lebensmittel aus dem geöffneten Kofferraum und offeriert sie seiner Schwiegermutter, seiner Tochter, seiner Frau, die alle mit ihm reisen und alle seinen Style fahren. Außer einer Capri-Sonne will die Tochter im bauchfreien T-Shirt aber nichts, und so isst Svenni die gegrillten Würste von gestern selbst, direkt aus der Alufolie.

Wir müssen weiter, die Fahrt wird sehr lang. An DVDs geht heute einiges durch den Player. Während ich am Steuer sitze, läuft zunächst ein beknackter Italo-Western mit Rita Pavone, der reinste Klamauk, in dem die Bösen erst minutenlang verprügelt werden und dann erschossen. Die Dame fängt dann auch noch an zu singen, die Handlung ist hanebüchen, die Dialoge zum Schreien. Echter Trash-Humor für 4,99 vom Grabbeltisch. Die sich aber lohnen, weil Olli zusehends Gefallen an dem Unsinn findet und schallend laut lacht und jauchzt, dass es eine Freude ist. Und wer Olli Koch einmal hat lachen sehen oder hören, der muss unmittelbar mitlachen. Olli Koch hat vielleicht die ansteckendste Lache der Welt.

Der nächste Film ist der beste, den *Herr-der-Ringe*-Regisseur Peter Jackson je gemacht hat: *Braindead*. Auf der DVD von Dennis' Bruder nennt sich der Film *Dead Alive*, weil, wie der Vorspann beweist, einfach jemand eine Kopie von einer Laserdisc gezogen hat. Wer kann sich noch an das unglaublich teure, 12 Inch große Filmformat erinnern? Das war genauso ein Flop wie digitales Radio, das es in den 80ern auch schon gab.

Am Anfang des Films ist ja alles noch nett, und die absurden Szenen brechen die zarte Liebesgeschichte nur punktuell. Das schallende Lachen dringt immer wieder von hinten aus dem Bus. Es wird seltener, je mehr das Gemetzel in dem Film zunimmt. Mit jedem Hektoliter Blut werden Olli und Ju stummer, bis sie gegen Ende gar nicht mehr hinsehen mögen.

Zugegeben, man muss schon Spaß an diesem schwarzen Humor haben und Durchhaltevermögen.

Als Nächstes kommt einer der *Star-Wars*-Kracher. Diese Art Hollywood-Produktionen ist ja schon voll auf Dolby 5.1 ausgelegt und nutzt die Technik aus. Vom Fahrersitz aus kann man nur die Straße sehen und hört die Dialoge nicht. Alles, was man lernt, ist, zu unterscheiden – zwischen hohen, schnellen Zischlauten und sehr tiefen Bumskrach-Lauten. Meistens folgt ein tiefer

Bums auf ein fürchterliches Zisch. Unter Dennis' Hintern finge der Subwoover an zu tanzen, wäre er nicht festgeschraubt.

Bei einer Pinkelpause verschwindet Thees hinter einer Tankstelle, kommt wieder und meint: »Ich konnte das Gewitter bis hinters Gebäude hören, Wahnsinn!« Ein schön dekadenter Spaß ist das.

Bevor ich fast einschlafe, übernimmt Wolle das Steuerrad. Ich kann mich nur noch an das schemenhaft vorbeifliegende Dresden erinnern, danach geht es runter von der Autobahn auf eine Landstraße, die sich malerisch durch einen Wald schlägt. Auf diesen vielleicht dreißig Kilometern zerschellen Millionen von Insekten an der großen Frontscheibe, sodass die bald so schwarz ist wie die restlichen, bereits getönten Scheiben unseres Busses.

Endlich erreichen wir das Festivalgelände in Hoyerswerda, einem der bekannteren Ost-Orte, einst Ausgangspunkt der »Bewegung deutscher Hass«, zwischenzeitlich Synonym für den gesamtdeutschen Umgang mit Menschen, heute Gastgeber für ein kleines, feines Festival mit dem Charme von Selbstorganisation und Jugendclub.

Direkt an einen ehemaligen Kinderheim-Plattenbau lehnt sich die Festivalwiese. Die Nebenräume sind deshalb nicht aus Zelt, sondern aus Beton. Aus dem Souterrain-Speisesaal kann man von schräg unten auf die Bühne sehen. Eine ungewohnte Perspektive. Den Boys steckt noch die Lähmung der langen Fahrt in den Knochen. Geistige Unterforderung verschwindet nicht von allein aus den Köpfen, etwas körperliche Ertüchtigung muss her.

Schnell hat man sich auf Armdrücken geeinigt. Olli Koch, an Körperlänge der Kürzeste in der Band, nimmt es auf mit Timo, der ihn bekanntlich um einige Köpfe überragt und das auch ohne nach oben gestyltes Haar. Was man Olli nicht ansieht, steckt in seinen Armen. Ohne Mühe drückt er Timo weg, auch die Revanche entscheidet er für sich. Ruckzuck ist eine Bomben-Wirtshausstimmung im Backstage, Olli, genannt Sly, führt eine Neuverfilmung von *Over the top* auf. Großkotzig und herzlich lachend werden neue Kandidaten gesucht, keiner kann an diesem Abend Olli besiegen, herrlich.

Jemand fängt an, mit Edding eine Strichliste auf die Leinentischdecke zu malen. Jetzt, wo das Tuch schon bekritzelt ist, krakelt auf einmal die ganze Band drauf rum. Das schönste Motiv ist eine lebensgroße, barbusige Meerjungfrau, hamburgisch hübsch natürlich, die einen Hoyerswerda-Schal schwingt. Gedacht als Hommage an dieses nette Festival.

»Hillu, nimm das mit und versteiger das bei eBay, da werden doch auch schon Autogramme von uns versteigert«, meint Timo. – »Jau, mach ich«, also klemme ich mir die Jungfrau von Hoyerswerda unter den Arm und nehme sie mit. Versteigert habe ich sie allerdings bis heute noch nicht.

Thees trifft seine allererste Freundin draußen auf dem Gelände. Warum gerade hier, weiß ich nicht, vielleicht arbeitet sie in Dresden?

Tomte spielen zum Untergang der Sonne, ein dicker, gelber Ball senkt sich während des Auftritts und sorgt für eine sehr schöne Stimmung.

Thees verweist von der Bühne auf meinen T-Shirt-Stand mit den Worten: »T-Shirts und Poster von uns verkauft Hillu, das ist die Frau ohne Haare da drüben.« Ich glaube, ausnahmslos alle Zuschauer folgen Thees' Fingerzeig und schauen in meine Richtung. Das wollen die Leute also sehen, Frauen ohne Haare.

Das Publikum in Hoyerswerda glänzt durch eine Vielzahl individueller, selbst gebastelter *Tomte*-T-Shirts, -Aufnäher und -Buttons. Dennis dankt es den Leuten mit neuen Varianten seines berüchtigten Kackvogels. Reichlich Poster wollen heute wieder signiert werden.

Einige Biere später merke ich, dass mir der Tag doch arg in den Knochen steckt, und ich lasse mich von einer netten Shuttle-Kapitänin ins Hotel Weltall chauffieren. Um 11 Uhr soll es Sonntagmorgen losgehen, und ich bin heute der Tourmanager. Das heißt: Gage kassieren, überprüfen, dass keiner abhanden kommt, und morgens zum Zählappell alle vollständig am Bus haben.

Die Jungs wollen ihre Getränkebons bei der After-Show-Party einlösen und bleiben noch.

Ich stehe früh auf und marschiere mit bräsigem Kopf an der schwarzen Elster längs zum Festivalgelände, um den Bus einzusammeln, den gestern keiner mehr bewegen mochte und der deshalb direkt hinter der Bühne übernachtet hat. Equipment rein und gut.

So ein Hochsommer im Kontinentalklima der Lausitz kann ja morgens schon ziemlich drückend und anstrengend für den Kreislauf sein. Besonders, wenn der mit gestern Abend und vorgestern Abend zu kämpfen hat. Endlich am Gelände angekommen, ist noch keine wache Menschenseele auszumachen. Selbst der Security-Mann, der für die Bühne zuständig war, kriecht gerade erst verschlafen aus seinem Igluzelt.

Ich gehe zum Bus und stelle fest, dass alle Türen unverriegelt sind. Schock! Von einem Moment auf den anderen bin ich wach. Reiße hinten die Flügeltüren auf: Meterhoch stapeln sich die Kisten und Cases, das heißt, der Kofferraum ist voll, das heißt, da scheint nichts zu fehlen.

Ich überlege kurz. »Ach du Kacke, die Kohle!«, rast es durch meinen Kopf, ich flitze zum Bus-internen Versteck, atme tief durch, puh, alles noch da.

Um nicht mit einem dicken Bündel Geld auf einem Konzert saufend rumzulaufen oder in einem Hotel komatös abzuschnarchen, versteckt man größere Beträge Bargeld lieber. Und weil es keine anderen Verstecke gibt, nimmt man den Bus. Gute 3500 Euro Bargeld sind immer noch da, wo ich sie gestern gebunkert habe. Mit ein paar kalten Schweißperlen auf der Stirn fahre ich zurück ins Hotel und fange an, auf den Abreisetermin hinzuweisen. Ju und Olli sitzen frisch geduscht beim Frühstück, ebenso Wolle, den man auch »The Discipline« ruft. Tut man gar nicht wirklich, aber durch Ausfälle macht der Mann jedenfalls nicht von sich reden. Dennis ist schon oder noch wach, und weil ihm das ganze Getue zu lange dauert, überbrückt er die Wartezeit mit einem Gläschen Sekt vom Frühstücksbuffet.

Das Einsammeln von *Tomte* an einem zwangfreien Morgen ist ein elendes Geschäft. Zumindest, wenn man weder über die Strenge noch die Autorität eines Gerne Poets verfügt. Man muss wissen, dieser Typ hat die Polizeischule Niedersachsen absolviert – um dann straight away zu kündigen und Punk zu sein. Zu bleiben. Ein Umstand, der ihm im Grand Hotel den Firmennamen Ex-Cop-Management eingebracht hat. Irgendjemand hat ihm das sogar als fies animierten Bildschirmschoner auf das Windows-Laptop, das ihn überallhin begleitet, gebastelt. Ex-Cop-Management sieht man dann, in Pseudo-3D-Optik sich um diverse Achsen drehend, über das Display kriechen.

Vice versa wird Gernes Abwesenheit gerne genutzt, um extra über die Stränge zu schlagen. Jeder kennt das Phänomen aus dem Kindergarten und aus der Schule.

Wir liefern Ju in Berlin ab und knallen von der Hauptstadt in den nächsten Sonnenuntergang, um spät, erschöpft, aber glücklich in Hamburg anzukommen. Nicht ohne vorher noch das elende Equipment die Treppen hoch in den Proberaum geschleppt zu haben.

DORTMUND, 26.07.03

»Komm mal mit nach Dortmund, das wird bestimmt gut«, sagt Thees zu mir, »da brauchst du keine T-Shirts verkaufen, komm einfach mit, das wird was.«

Nichts tun, nur dabei sein, Bier trinken, warum nicht. Es geht früh in Hamburg los, und wann immer es auf der A1 Richtung Westen geht, steige ich in Bremen zu. »Ihr nehmt die Abfahrt Hemelingen, ich warte dann beim Bauhaus auf dem Parkplatz.«

Der blaue Leih-Sprinter ist fast leer, kein Schlagzeug, keine Verstärker, nur ein paar Gitarren und Maxes Orgel, ein paar kleine Köfferchen mit Kabeln und Accessoires. So unprätentiös kann Rock'n'Roll sein – wenn man nur will.

Um 11 Uhr sind wir in Dortmund, kreiseln ein bisschen durch den Stadtteil, bis wir die ersten Leute mit Würstchenhaaren sehen. »Aaah, Maccaroni-Haare, lass mich von dir kosten!«, brüllt Dennis dem Dreadlockträger durchs geschlossene Fenster entgegen, während die anderen sich über Ketchup und weitere vegetarische Zutaten amüsieren. Rauf auf das schwer bewachte Gelände, um Punkt 12 Uhr stehen *Tomte* auf der Bühne. Das Wetter ist gut, die Besucherzahlen auch, um Viertel vor eins sind *Tomte* fertig mit ihrem Gig. Hinter der Bühne wechseln die Jungs ihre Hemdchen, rollern sich ein bisschen Deodorant in die Achselhöhlen und sind bereit für den Rest des Festivals.

Nach ein paar Getränken lassen wir uns um 15 Uhr erst einmal ins Hotel chauffieren, oder muss man shutteln sagen? Kurz nach 16 Uhr laufen die Fernseher in allen Hotelzimmern. Mit Bernd aus Münster, dem gern gesehenen *Tomte*-Freund mit den Riesenbrillen, führe ich parallel zum TV über die Hotelleitung eine Telefonkonferenz: Es läuft das entscheidende Zeitfahren bei der Tour de France. Die neunzehnte Etappe geht von Pornic nach Nantes. Jan Ullrich frisst Sekunde um Sekunde den Vorsprung des unsympathischen, hodenlosen Amerikaners Lance Armstrong.

Wir steigern uns am Telefon in die Fernsehbilder rein. Endlich, wo Ullrich nicht mehr in diesen allgegenwärtig lästigen Telekomfarben startet, kann ich ihn nicht nur gutheißen, sondern auch mit ihm mitfiebern. Und wie gut ihm das blasstürkisfarbene Trikot in den Bianchi-Farben steht.

Ullrich ackert sich auf den 49 Kilometern, die ja nicht auf der Strecke, sondern nur im Fernsehen ein nachvollziehbarer Wettkampf sind, weil man dort in Echtzeit mit der Stoppuhr versorgt wird, immer weiter ran. Wenn er das hält, gewinnt er Zeitfahren und damit die Tour.

»Daa…« –
»Was?« –
»Nein, das gibt's doch nicht!« –
»Unfassbar!« –
»Scheiße, nein, ich glaub's nicht!« –
»Mann, so'n Mist, ey! Pöh, lass uns mal den Shuttle rufen, wir fahren zurück zum Festival …«

In bester Position ist Ullrich auf der regennassen Straße bei einer Geschwindigkeit von 50 km/h auf die Schnauze geflogen. Klar, er hat die Etappe noch zu Ende gefahren, aber die letzte Chance auf den Gesamtsieg ist damit futsch.

Blöd, dass die beim Franzosen nicht das gleiche Wetter haben wie im Ruhrgebiet an diesem Tag.

Um halb sechs finden sich die vier Herren von *Tomte* zur gemeinsamen Autogrammstunde ein. Und um das einmal klarzustellen: Maxe Schröder ist volles Mitglied von *Tomte* und nicht nur der so genannte Tour-Keyboarder. Er verzichtet allerdings darauf, Unterschriften zu verteilen. Mag er nicht, that's all.

Anschließend findet ein großes Meet and Greet statt. Nicht so ein organisiertes, das man im Radio gewinnen kann, sondern das Aufeinandertreffen von vielen alten und neuen Bekannten.

Die Veranstalter des Visions Westend sind gleichzeitig feste Mitglieder der von Thees gegründeten *Oasis*-Ultras, einer speziellen *Oasis*-Fangruppierung mit Hang zum Hooliganismus. Musikhooliganismus allerdings, ohne den Drang, sich zu hauen.

Olli Schulz taucht auf, er ist heute Fahrer der *Weakerthans*. Für die Flugtickets und ein bisschen Gage kommen die mal eben aus Kanada rüber. Mit ihrem skurrilen Humor sorgen sie für gute Stimmung hinter der Bühne.

Auf einmal gelten neue Regeln, und jeder, der etwas konsumieren möchte, muss neben dem grünen Getränkebändsel nun auch ein blaues Essensbändsel haben. Der Caterer hat sich beschwert, es wurde zu viel von seinem angelieferten Essen gegessen.

Später habe ich mal von seinem Zeug probiert, und das war richtig mies. Bäh. Da waren die leckeren Brötchen, die die Damen vorher und nachher permanent geschmiert haben, eine Wucht dagegen. Konnte er froh sein, dass er seine Pfannen nicht voll wieder zurückfahren musste.

Diese Festivalbändchen enthalten ein weltraumgetestetes Klebeband, das man sich ums Handgelenk kleben soll. Bei mir kommen dabei immer Armhaare mit an die Klebefläche, deren Klebkraft das Vielfache eines handelsüblichen Pflasters beträgt. Immer wieder ein schmerzhaftes Erlebnis. Alternativ schlingt man sich das Bändchen durch eine Gürtelschlaufe in der Hose. Das wird für gewöhnlich akzeptiert, da die Wahrscheinlichkeit, dass man seine Jeans über den Zaun zu dort postierten Freunden wirft, um diese in das Backstage-Land von kostenlos fließender Milch und Honig zu schmuggeln, als sehr gering eingestuft wird. Nicht heute in Dortmund, wo ein Security-Depp die ganze Zeit neben uns an den Biertischen stehen bleibt, um auf jedes Handgelenk, das einen Bierbecher hebt, zu starren, ob denn auch das richtigfarbene Bändchen dran ist.

Jason Tate, Schlagzeuger der *Weakerthans* lässt es drauf ankommen. Er soll die Bändchen am Handgelenk tragen, nicht an der Jeans. »No way, I never do that«, ist seine Begründung. »I never did, and I won't do today!«

Aber das ginge nicht und er müsse das tun, versucht ihm der herbeigeholte Ober-Security-Depp zu erläutern.

Ohne ihn anzusehen, sagt Jason: »Somebody tell him I won't fucking put it 'round my wrist.«

Alle schauen gespannt, was passieren wird.

»I won't fucking play if I have to.«

Mit ein bisschen Verzögerung schnallen es auch die Aufpasser und dackeln unverrichteter Dinge wieder ab.

Rasmus »Bierbeben« Engler ist mit dabei, wir verabreden, dass ich was für sein »Die tobende Mumie«-Fanzine mache. Ich schicke ihm irgendeinen Quatsch und habe seitdem nichts mehr von ihm gehört. Komisch.

Wie immer, wenn man früh am Mittag mit dem Biertrinken anfängt, entzieht sich der Erinnerung, was spät am Abend noch passiert ist. Allein die Tatsache, dass das Hotel statt Minibars über einen Getränkeautomaten auf jedem Flur verfügte und mitten in der Nacht der Schacht mit dem König Pilsener komplett leer war, lässt gewisse Rückschlüsse zu. So ein Automat, den man mitten in der Nacht mit Scheinen füttern kann, ist übrigens eine sehr gute Sache. Das sollten sich die anderen Hotels von Deutschland mal hinter die Ohren schreiben. Vergesst eure Pseudo-Sauberkeit, hört auf, morgens ins Zimmer zu trampeln, und stellt gut gefüllte Bierautomaten auf eure Flure.

Sonntagmorgen wollen Bernd und ich früh raus, *Muff Potter* kucken. Die müssen um 10 Uhr anfangen und haben satte 25 Minuten Zeit zum Rocken. Wir schaffen es pünktlich, aber als *Muff Potter* anfangen, ist kein Mensch vor der Bühne. Während des ersten Liedes kommen plötzlich ein paar Leute angerannt, auf einmal gefolgt von einer großen Meute. Innerhalb des ersten Stückes hat sich der Platz vor der Bühne gut gefüllt. Was wie eine dramatische Inszenierung wirkte und auch Nagel ziemlich gut gefallen hat, wie er nachher zugeben muss, lag einfach daran, dass die so genannten Ordner die Tore zum Gelände nicht, wie vereinbart, um 9:30 Uhr geöffnet haben, sondern später. Jeder einzelne Besucher musste dann auch noch abgetastet werden. So ein Festival ist ja nicht zum Spaß da.

Muff Potter haben kein Problem damit, sonntagmorgens zu rocken, während die meisten Menschen um diese Zeit in die heilige Messe gehen. »Das ist mir total egal, um welche Uhrzeit ich spiele«, meint Nagel, und dementsprechend gut war die Bühnenshow von Deutschlands sexyster Band.

Später beim Bier, zu Frühschoppenzeiten, plaudert Brami, der einzige Rheiner – Entschuldigung, wie heißen denn die Bewohner von Rheine, bitte? – mit Afro, zumindest der einzige weiße Rheiner mit Afro, über seinen neuen Job als Fensterputzer – und das, obwohl er doch gar nicht schwindelfrei ist.

Außerdem berichtet er davon, wie ihn der Schlagzeugkollege von der anderen Band ausgefragt hat, nach den Becken, die er spielt, und welche Einstellungen er an der Snare vornehmen würde.

»Ich wusste gar nicht, was ich dem erzählen soll. Ich interessiere mich nicht für so einen Kram. Ich habe gar keine Ahnung von meinem Schlagzeug.«

Und schon tauchen die nächsten Spaßvögel auf: die *Kettcar*-Crew, kaum sind sie da, suchen sie zielstrebig den Weg zum Bierhahn.

Reimer muss gleich mal ein paar Backstage-Kaspereien abliefern. Dieses Mal keine, die er sich selbst ausgedacht hat, sondern alles auf Geheiß der Veranstalter. Er möge sich doch fotografieren lassen, und schon stellt er sich dafür an einem Baum astartig in Pose.

Er möge doch seine Band zeichnen. Oh, das könne er nicht, aber mit geschlossenen Augen eine Giraffe malen, das ginge. »Soll ich das machen, ich mach das mal!« Das Ergebnis ist, na ja, wie man sich in Hamburg eine Giraffe so vorstellt.

Während ich mir *Kettcar* ansehe, wird mir klar, wie unterschiedlich doch Thees und Marcus auf der Bühne agieren. Zumindest der eine hat unglaublich zugelegt in den letzten Jahren.

REMSCHEID, 22.08.03

Das nächste Kilometerfresser-Wochenende steht an: Hamburg–Remscheid–Rügen–Hamburg. Der Veranstaltungsort in Remscheid ist ein Holzzelt, das in einem Park steht. Vor der nach vorne geöffneten Dreieckskonstruktion sind wie bei einer Kurkonzerthalle fest installierte Holzbänke montiert.

Dass diese Örtlichkeit sonst vorwiegend kirchlich genutzt wird, zeigt sich spätestens in dem zwei Quadratmeter großen Backstage-Raum. Neben ein paar Schokoriegeln, belegten Brötchen und zwei Kisten Bier für vier auftretende Bands sind Kirchengesangbücher aufgestapelt. Jedes einzelne trägt einen Aufkleber in Sonderpreis-Orange mit der Botschaft: »Bitte nicht mitnehmen!« Da das hölzerne Kreuz zu viel Platz beansprucht, muss es vorübergehend hinter dem Gebäude stehen. Jemand hat seine Jacke drangehängt. Die uns zustehende warme Mahlzeit besteht aus Gutscheinen für eine Grillwurst. Die Vegetarier sind begeistert und essen stattdessen ein Bier.

Von dem Auftritt selbst weiß ich nichts mehr, weil ich mich die ganze Zeit mit meinem Bruder unterhalten habe, der extra aus Duisburg rübergekommen ist.

Biertrinkend ziehen wir in die Herberge ein. Kurz darauf, es ist noch nicht mal Mitternacht, klopft es böse an die Tür. Nicht, dass wir übermäßigen Lärm veranstaltet hätten, und nicht, dass sich ein Gast belästigt fühlte, nein, die Mutti vom Hotel selbst weist uns in die Schranken. Dabei haben wir uns nur bei laufendem Fernseher zu dritt unterhalten, wie immer. Den Hinweis, sie müsse am nächsten Morgen früh aus dem Bett, quittiert Timo mit einem: »Da kann ich doch auch nichts für ...«, und schiebt schnell ein wohlerzogenes: »... wir sind ja jetzt leise!« hinterher.

Um halb sieben ist die Nacht tatsächlich zu Ende. Direkt unter dem Fenster entlädt ein Liefer-Lkw, alles andere als Lärm vermeidend rücksichtsvoll, seine in Plastik abgepackten Backwaren. Schönen guten Tag.

Als Dankeschön für die nächtliche Erziehungsmaßnahme greift sich Thees zwei Flaschen Wein aus dem unglaublich hässlichen Flur-Dekorations-Arrangement.

Bloß weg hier jetzt. Bei Licht betrachtet erweist sich der Wein als ungenießbar – allein vom Etikett her beurteilt.

RÜGEN, 23.08.03

Wir müssen nach Prora in das Bad der Hunderttausende, das der Führer für sein nervenstarkes Volk bauen ließ. 8000 Zimmer mit Seeblick als Standard-Zweipersonenzellen, 2,20 Meter breit, 4,75 Meter tief. 1937 gab es für das Modell die Goldmedaille im internationalen Salon in Paris. Kein Club mit Bar, sondern eher eine Art Architekten-Charts. 1938 wurde das Fundament gelegt. 1939 wurde der Bau gestoppt – die Produktion von Wunderwaffen war wichtiger geworden. Wir sind gespannt, welche Wunderwaffe uns heute erwartet.

Die Fahrt ist eine der härteren. Es ist heiß, und an allen neuralgischen Punkten sind die Verkehrswege verstopft. Es fängt um Hamburg herum an, dann folgt das Nadelöhr bei Lübeck, wo fünf Kilometer Autobahn fehlen, der Verkehr sich in einem Waldstück, immerhin im Schatten, staut, dann das Übersetzen nach Rügen.

Fabsi hat uns den guten Rat gegeben, die Südstrecke durch Mecklenburg-Vorpommern zu nehmen und dann mit der Fähre überzusetzen. Wir kommen gut durch, folgen der Beschilderung zur Fähre über den Bodden, bis, ja, bis 500 Meter vor der Stichstraße zum Anleger das Hinweisschild mit einer Plane überhängt ist: »Heute kein Fährbetrieb.«

Was? Das kann doch nicht angehen. Es ist Hochsaison und ein landesweit angekündigtes Festival auf der Insel, und die Spacken schalten die Fähre ab?

Wohl oder übel reihen wir uns in die Schlange vor dem Rügendamm ein. Wegen eines Unfalls geht es auch noch extra langsam voran. Wir senden Fußtrupps aus, um die Lage zu sondieren, denn langsam wird die Zeit für uns knapp.

Mit der Nebenstraßen-Funktion des Navigationssystems tricksen wir uns an der Schlange vorbei und sind nach zehn Stunden Fahrt endlich auf der Insel. Auf das Festivalgelände kommen wir deshalb noch lange nicht. Zwei pitbullartige Sicherheitsweibchen verlangen unsere Durchfahrtspässe, die wir allerdings erst auf dem Gelände in Empfang nehmen wollen. Dort kommen wir ohne Pässe allerdings nicht hinauf. Catch 22.

Normalerweise lösen sich solche Fälle dadurch, dass der Veranstalter mit den Wachhabenden telefoniert oder notfalls das benötigte Ausweismaterial vorbeibringt. Meist handelt es sich dabei um Halsketten, farbige Bändchen, an denen laminierte Pappkärtchen baumeln, eventuell zusätzlich noch schwer entfernbare Armbändchen. Das klappt heute nicht.

Zu Fuß will keiner von uns die fünf Kilometer an Proras Prachtbau längs marschieren, um das Material im Festivalbüro zu besorgen. Die Einzeller an der Straßensperre zeigen sich uneinsichtig, selbst auf unseren Hinweis hin, dass wir heute engagiert wären, auftretende Künstler und knapp in der Zeit. Dazu den Wagen bis oben mit Musikinstrumenten gefüllt hätten und nicht mit Landminen. »Herrgottnochmal, dann ruf doch deinen Chef an!« – »Das geht nicht.« – »Du hast doch da ein Funkgerät!« – »Kann ich nicht machen.«

Auf einmal wird die Lage noch angespannter. »Thierse kommt, Thierse kommt ...« Eine schwarze Limo kommt angerast, passiert uns und biegt direkt hinter uns auf ein Gelände.

Bundestagspräsident Thierse (bei den »Roten Strolchen« in der »Titanic« hatte er seinen bis heute gültigen Namen »Ossi-Bär« abbekommen) steigt aus und in den großen klapprigen Luftwaffe-Hubschrauber ein. Von einem neuen Audi in einen 60er-Jahre-Hubschrauber umsteigen sieht komisch aus. Laut setzt sich der Hubschrauber unter unseren skeptischen Blicken in Bewegung.

»Sieht vielleicht nicht so toll aus, ist aber bestimmt so zuverlässig wie ein alter Unimog«, denke ich, »die von der Regierung werden schon wissen, was sie tun!«

Die von der mecklenburgischen Landesregierung haben sich schließlich auch das Festival in Prora ausgedacht. Etwas tun für die jungen Leute, gegen Jugendarbeitslosigkeit und dagegen, dass der Nachwuchs das Land flieht und versucht, sich anderswo in der Republik durchzuschlagen. 15.000 Menschen sind gekommen. Man hat den Eindruck, dass mindestens 12.000 von ihnen freiwillige Helfer oder sonst auf die eine oder andere Art involviert sind. Als besonderes Schmankerl hat man sich für die Abende gute Musik aus Deutschland eingeladen.

Unsere Durchfahrtsrechte haben sich ein paar Telefonate später geklärt, und wir können den Bus in den Ostsee-Sand hinter der Bühne stellen. Marine-Rekruten müssen als »Hands« dienen und haben in kürzester Zeit das Equipment entladen.

Schon geht die Hektik weiter. Der lokale Veranstalter, ein komischer Kerl aus Hamburg, bedrängt mich als amtierenden Tourmanager sofort mit einer zu treffenden Entscheidung: *Three Minute Poetry* aus Köln, die eigentlich vor *Tomte* spielen sollen, sind noch nicht auf der Insel, stecken im Stau, ob man nicht Slots tauschen wolle, also eigentlich geht es gar nicht anders, wir müssen tauschen.

»Moment mal, Junge, ich frag mal nach.« Slots tauschen bedeutet im Rock'n'Roll, die Reihenfolge tauschen. Erst *Tomte*, dann *Three Minute Poetry*, dann *Massive Töne*. »Nöö«, sagt der unnachgiebige Timo, »wir standen auch im Stau, wir haben alles versucht, pünktlich zu sein, und es wie immer geschafft. Wir tauschen nicht.«

Thees offeriert einen Kompromiss: »Wir verzichten auf Soundcheck und geben den Kölnern noch eine Viertelstunde von unserer Zeit ab, mehr geht nicht. Und jetzt hätten wir gerne etwas zu essen und zu trinken, wir waren lange unterwegs!«

Dieses an sich mehr als großzügige Angebot gefällt dem Veranstaltungs-Heini nur mittelgut, obernervös lässt er sich die ganze Zeit die Positionsangaben der Kölner am Mobiltelefon durchgeben. Wir inspizieren derweil das Gelände. Alle Jugendfeuerwehren Mecklenburg-Vorpommerns sind vor Ort, ebenso alles, was beim Technischen Hilfswerk engagiert ist und in anderen Einrichtungen dieser Art, die auf dem Dorf jene stilbildenden Jugendbewegungen sind, von denen man gerne ein Teil sein möchte.

Als Sender richten sich Informations-Lkws der Marine, des Heeres, der Luftwaffe sowie ein paar Gewerkschafter und Ich-AGenten an die Empfänger, die soon-to-be-arbeitslos Youth-of-today.

Um dazu zu animieren, den Schritt in die Selbstständigkeit zu wagen, sind die unzerstörbaren Betonruinen von Führers Prachtbau, deren fensterglaslose Fassade einen anstarrt wie ein hohlwangiger Junkie aus seinen farblosen Augenhöhlen, mit Spruchbändern behangen:

»Durchboxen lohnt sich«
»Gehen Sie in den Ring«
»Arbeit zum Selbermachen«
»Wer keinen Boss will«
und »Fighten Sie mit«.

Da lacht der Werbetexter. Einen Riesenknüller erlaubt sich auch der Landwirtschaftsminister von MV: texanisch frivol, mit Stetson und Halstuch ausstaffiert, wirbt Bill Tackhaus alias Till Backhaus auf eigens angefertigten Plakaten für:
»Treckerfahren mit Bill Tackhaus«.

Dabei macht Bill alias Till die einzige Pose, die auf Fotos grundsätzlich verboten ist: Er streckt seinen erhobenen Daumen dem Betrachter entgegen und grinst sich eins.

Drei Minuten vor ihrem Auftritt kommen *Three Minute Poetry* angerauscht. Anderthalb Minuten später haben die Bundeswehr-Rekruten das Equipment auf die Bühne gestellt. Alles wird gut. Die und ich verkaufen T-Shirts und Tonträger im Graben direkt vor der PA, den Lautsprechern. Wir unterhalten uns trotz Lautstärke prächtig, die Jungs sind sehr nett, Rheinländer halt.

Der nächste Witz, den der Veranstalter sich ausgedacht hat, ist, dass die Bands des Abends »geheim« sind und erst durch Jungschauspieler Ralf Bauer auf der Bühne mit einem Ringelnatz'schen Vierzeiler verraten und angesagt werden. Um die Hoffnung zu wahren, dass vielleicht doch die Onkelz spielen könnten? Es bleibt ungeklärt, was hinter dieser Geheimnistuerei steckt.

Freunde in ausreichender Zahl waren über die *Tomte*-Homepage informiert und hatten sich aufgemacht. Thees findet auf der Bühne die richtigen Worte zum großen Thema des Tages.

Spät nachts essen wir noch mit dem Veranstalter und Ralf Bauer im Hotel-Restaurant – die Küche war vorgewarnt. Timo bricht fast zusammen, als er mitbekommt, dass wir alle verschiedene Gerichte von der Karte ordern. Aus Solidarität bietet er seinem Kollegen in der Küche an, bei der Zubereitung mitzuhelfen. Das Angebot wird dankend abgelehnt. Ralf Bauer ist sichtlich irritiert von so viel Bodenständigkeit. Ansonsten ist er ziemlich still, entweder ist er müde oder ein Langweiler. Vielleicht auch ein müder Langweiler.

Am nächsten Morgen bei Tageslicht stellen wir fest, dass das Hotel direkt am Strand von Binz liegt. Der Sonntagmorgen-Frühstückssaal ist proppenvoll mit dicken Deutschen auf Sommerurlaub, die sich ohne Unterlass an dem Sekt »Hausmarke« bedienen, der direkt neben unserem Tisch aufgebaut ist.

»Wo ihr Urlaub macht, will ich nicht mal sterben«, geht es mir durch den Kopf. Und ich erinnere mich an den dummen Spruch, den mein Bruder von einem Kameraden bei der Marine mitgebracht hat: »Drei Worte genügen: Runter von Rügen!«

Dabei ist die Landschaft einmalig schön. Die Vormittagssonne schafft ein wildes Lichtgeflatter, als wir über die Alleen Richtung Festland rasen. Die zahllosen Bäume werfen Schatten, dazwischen gleißt die Sonne. Von der erhöhten Warte des Fahrersitzes aus betrachtet haben die schnellen Hell-Dunkel-Wechsel bei Tempo achtzig eine fast hypnotische Wirkung. Jetzt bloß die Ruhe bewahren und den Bus sorgsam nach Hause steuern.

Wir nehmen auf der Rückfahrt die Fähre, die heute wieder verkehrt. Gestern konnte sie nicht fahren, weil die Wellen circa anderthalb Fuß hoch waren, also hochgefährliche 45 Zentimeter. Heute verdoppelt sich zum Ausgleich die Wartezeit, weil statt der üblichen zwei nur ein Boot im Einsatz ist. Das andere ist heute kaputt.

KIEL, 01.10.03

Hamburgs dümmste Erfindung, der Elbtunnel, der immer dann nicht funktioniert, also verstopft ist, wenn man ihn mal braucht, wird im Radio mal wieder als unbrauchbar angekündigt.

Also doch durch Harburg und über die Elbbrücken, die mich noch nie im Stich gelassen haben. Der Herbst glänzt mit Kaiserwetter, ich habe das *Bear Quartet* im Kassettenspieler. Endlich geht es auf große Tour. Kurz vor den Elbbrücken heißt es Runterbremsen auf 60 km/h. Dort stehen zwei Blitzautomaten, die einen zum Verlangsamen anhalten, es sei denn, man möchte ein teures Foto von sich machen lassen. Immer, wenn ich an diesen Apparaten runterbremse, muss ich an Innensenator Ronald Barnabas Schill denken.

Kaum hatten die Hamburger diesen Taugenichts gewählt, machte der Kamerad Politik für das Titelblatt. Als eine der ersten Amtshandlungen ließ er sich für die Mopo dabei fotografieren, wie er besagten Blitzautomaten blaue Mülltüten überstülpte. Schluss mit der Tempowillkür gegen Autofahrer. Jawoll! Freie Fahrt für freie Hamburger. Die Aktion war natürlich genauso hohl wie alles andere, was mit Schill in Zusammenhang stand. Nach kurzer Zeit waren die Müllsäcke wieder weg und die Apparate wieder in Betrieb.

Hassliebe Hamburg. Jetzt erst, nach sehr langer Durststrecke, kann man Hamburg wieder gerne haben. Man hält zwar noch fest an Oi!-Birne von Boist, aber Schill ist endlich weg. In der Zeitung stand, er wohne jetzt in Rio de Janeiro bei einem Puff. Peinlicher als »Euch Uwe« und der HSV. Mindestens so peinlich wie die Tatsache, dass 1930 in Hagenbecks Tierpark tatsächlich ein ganzer »Neger-Stamm« eingepfercht und ausgestellt war. Und wie peinlich lange das gedauert hat. Immerhin, es ist überstanden.

Als Erstes hole ich, wie immer, Dennis und seinen Verstärker am Holstenplatz ab.

Sein Hab und Gut für die nächsten Wochen, seinen persönlichen Hausstand, transportiert er in einem großen Seesack, bekleidet ist er mit einer Puma-Kapuzenjacke. Wir fahren die wenigen hundert Meter rüber zum Grand Hotel. Zum allerersten Mal steht Felix Gebhard vor mir. Ein großer Kerl mit Vollbart und Skijacke, Typ nordischer Ski-Langlauf-Experte.

»Das ist ein Bursche, der ist genauso wie wir. Der könnte auch einer von *Tomte* sein. Der passt sehr gut in den Tourbus!«, war Thees' knappe Beschreibung auf meine Frage, wer denn eigentlich die Support-Band sei und ob die die ganze Zeit dabei sein würde.

Langsam füllt sich der Parkplatz. Timo taucht in einem grauen Puma-Kapuzenpulli auf. »Moment«, denke ich und frage halb interessiert, halb lästerlich: »Watt denn jetzt? Puma-Endorsement, oder was?« Eine jogginghosengraue Ahnung kommt in mir auf. Felix, in rotblaue Secondhandware gehüllt, brummt mir als Antwort ein lapidares: »Ich sach dazu jetzt mal nichts!« entgegen und bestärkt meinen Verdacht. Ich lege den Gedanken beiseite, weil wir erst mal anderes zu tun haben. Wir verstauen Unmengen von T-Shirt-Kartons hinten im Auto und noch mehr CD- und Vinyl-Kartons unter allen Sitzen im Fahrgastraum. Jeder sich bietende Stauraum wird ausgenutzt. Die Karre ist pickepackevoll. Ich habe zu Hause im Keller noch eine Palette Grafenwalder Bier, das böse nach Kopfschmerzen aussieht, gefunden und eingeladen, man weiß ja nie. Die Flasche Roséwein aus Remscheid ist auch noch unangetastet. Weil die zu Hause niemand zu schätzen weiß, geht sie ganz generös in Simons Besitz über. Eine Flasche reist durchs Land, das hat sie gar nicht verdient.

Nach den ersten, schweigend gefahrenen Minuten, noch vor dem Erreichen von Guitar-Village in der Talstraße, dreht sich Thees vom Beifahrersitz zu uns nach hinten um und fragt: »Sag mal, stinken eure Füße auch so in den Puma-Schuhen? Ich krieg da drin tierische Schweißfüße!« – Leicht betretenes Schweigen. Jetzt ist es also raus, die Kleidung mit dem Katzentier haben die Jungs nicht von einem gemeinschaftlichen Besuch bei einem Sportbekleidungsgeschäft.

Bei Guitar-Village werden Saiten, Felle und Ohrenstöpsel eingekauft, und es geht los nach Kiel.

Noch nichts los vor Ort, also erst einmal Abendessen. Es gibt eine veritable Fischplatte, im Backstage findet sich sogar die »taz«, genau wie auf der Catering-Liste gewünscht. Es soll der erste und letzte Veranstaltungsort bleiben, der eine Zeitung bereitlegt. Als ob die zum Vertrag gehörende Liste nur einen empfehlenden Charakter hätte.

Der Standort für den T-Shirt-Stand liegt heute leider außerhalb des Konzertsaales. Ich bekomme also nichts mit von dem Geschehen auf der Bühne. Ärgerlich, denn ich erwarte Ansagen, die das Erlebte der letzten Wochen komprimiert ausspucken.

Also nutze ich die Zeit, während die Band auf der Bühne steht, um die 15 Riesenkartons zu sichten, die Gerne hat einladen lassen. Eine Arbeit für Blödmannsgehilfen, alles auszupacken, umzusortieren und Hemden, die von der Druckerei in fünf Würsten zu je zwanzig Stück in Kartons verpackt wurden, zu entwursten und verkaufsgerecht zu falten. Bei vier Größen und zwei Motiven in drei möglichen Farben muss man vorarbeiten und logistisches Gespür walten lassen, um zu den Hauptsstoßzeiten des Verkaufs direkt nach Konzertende für den Ansturm gewappnet zu sein. Hat man vorher nicht gefaltet und gestapelt, kommt man in Textilfachverkäufers, sprich Teufels Küche.

Olli verschwindet nach dem Konzert ins Kieler Nachtleben, um mit alten Freunden aus der Heimatregion zu feiern. Stunden später, der Rest der Band sitzt immer noch in angeregter Unterhaltung im gemütlichen Vorraum herum, kommt Olli zur Tür herein. Er wählt einen Stuhl, setzt sich, zündet sich eine Kippe an und fällt unmittelbar und ohne einen zweiten Zug in einen Sekundenschlaf. Er wacht nach ein paar Minuten wieder auf und steigt sofort lebhaft in die Diskussion mit ein, als hätte er nur mal kurz nachgedacht. Die nächsten Scherze gehen selbstverständlich auf seine Kosten.

Übernachtet wird heute direkt auf dem Hansa-Gelände in so genannten Künstlerwohnungen. Darunter versteht man größtenteils Zimmer, die die Bewohner des Geländes für diese Nacht geräumt haben. Von Hotelzimmern unterscheiden sich Künstlerwohnungen dadurch, dass sie meist wohnlich-sympathischer erscheinen und dass die Betten mit bunten Bezügen ausgestattet sind. Das Interessanteste ist, in solchen Künstlerwohnungen den Inhalt des Bücherregals zu inspizieren. Um Rückschlüsse auf den Besitzer zu ziehen und sich auszumalen, wie der oder diejenige wohl tickt. Wilde Spekulationen löst das untereinander aus, und die Wahrheit wird man nie erfahren. Die altbewährte unzweideutige Maßeinheit zur Charakterisierung einer Person, die Schallplattensammlung nebst ihrer Sortierung, sieht man leider in kaum einem Regal mehr stehen, heutzutage.

Morgens gibt es dort, wo wir in der Nacht noch gesessen haben, ein üppiges Frühstück, und wir scherzen über Felix, über Elche, über Schweden und über Nutella. Nicht alle Witze werden von den mitessenden Hausbewohnern der ehemals besetzten Hansa-Brauerei goutiert. Der ein oder andere verständnislose Blick begegnet uns fidelen Großstadttypen. Der Humor ist hier tatsächlich wie das Land, nämlich anders.

An riesigen Schiffen im Hafen vorbei geht es raus aus der Stadt auf die Autobahn, die den Weg nach Süden durch diesige Felder schneidet. Nach Süden hört sich für uns immer gut an, der Sonne entgegen, den herbstlichen Nebelfetzen entkommen, zurück nach Hamburg. Thees steckt die *Olli Schulz & der Hund Marie*-CD, das Debütalbum, das noch gar nicht erschienen ist und nur bei solch privilegierten Vorabhörern wie uns kursiert, in den Player. Den zweiten Song »Unten mit dem King« dreht er unaufgefordert lauter. Unter den hochgeschobenen Ärmeln meines Space-Invaders-Kapuzenpullovers, den gestern noch jemand für das Merchandise einer Band gehalten hatte – »Von welcher Band ist denn der Pullover?« – »Och, von keiner, das war ja nur mal eins der bedeutendsten Video-Games seiner Zeit, mein lieber Mario Brother ...« –, bildet sich eine schwere, lang anhaltende Gänsehaut. »Eins-Sieben-Null, so schnell war er noch nie, ich hör ›Down with King‹ von *Run DMC* ...«, singt Schulz. Es gibt wirklich keinen schöneren Autobahn-Vollgas-Song als dieses Meisterwerk von *Olli Schulz & der Hund Marie*. Völlig egal, ob man gerade einen alten Renault mit 34 PS über den Highway prügelt oder einen Turbodiesel-Einspritzer mit weiß der Geier wie viel Leistung und Topspeed. Völlig unerheblich, dass der voll gepackte Sprinter nur Eins-Fünf-Null auf dem Tacho schafft.

In Hamburg steigt Gerne Poets zu und übernimmt das Steuer, die Regie und die Regentschaft. Von jetzt ab gilt wieder: Maul halten und tun, was der Chef sagt. Wir laden die neu angefertigte Merchandise-Wand ein. Das ist ein Tapeziertisch mit Fingereinklemm-Mechanismus, nur viermal so groß und mit royal-rotem Filz bespannt. Aufrecht hingestellt soll sie die erhältlichen Plattencover und T-Shirts, die wie Jesus am Kreuz an ihr festgetackert sind, präsentieren.

»Wie viel hat das Ding gekostet?« Timo, Verwalter der Bandkasse, schüttelt verständnislos den Kopf. Mit Mühe bekommen wir den Trum noch im Laderaum unter.

Anschließend kaufen wir in einer Musikalienfachhandlung noch einen Keyboardständer, damit Maxe seine Orgel nicht auf den Knien balancieren muss. Jetzt aber raus aus Hamburg.

Die Plätze im Bus sind jetzt so verteilt: am Steuer Gerne, daneben wie immer Thees. In der zweiten Reihe Dennis am Fenster und Michi daneben. Man darf Michi nicht Michi nennen, also nennen wir ihn von hier ab Micha. Micha ist ein feiner Kerl aus Berlin, den Gerne bei *Element of Crime* abgeworben hat. Er ist engagiert, um am Mischpult die Knöpfe zu drehen. Tourmischer lautet seine offizielle, temporäre Berufsbezeichnung. Im rollenden Musikgeschäft muss jeder seine zugewiesene Funktion am jeweiligen Veranstaltungsort mit einer eindeutigen Bezeichnung ausweisen können. Als Schlagzeuger hat man es da einfach, wohingegen ich mich innerlich sträube, der Merchandiser zu sein. Wie sich das schon anhört. Um das M-Wort kommt man allerdings nicht herum. Allgemein gut verstanden wird auch die dümmlich klingende Erklärung: »Ich mache Merch.«

Die dritte Sitzreihe wird belegt von Olli und Timo, auf der Flegelbank ganz hinten sitzen Maxe zu meiner Linken und Felix zu meiner Rechten. Der Komfort ist bei dieser Sitzanordnung ausreichend gut, es gibt sogar Dreipunkt-Sicherheitsgurte, die man, ehrlich gestanden, aber nur sporadisch anlegt, je nach Straßenverhältnissen und aktuellem persönlichen Sicherheitsbedürfnis. Ein Unfall mit einem Tourbus ist ein Szenario, das sich niemand auszumalen wagt. Es wird zumindest nie offen darüber gesprochen.

Wer am Lenkrad sitzt, trägt Verantwortung, und an der nötigen Sorgfalt mangelt es nie. Dennoch ist jedem klar, dass die Konstellation aus voll gepacktem Sprinter, permanentem Termindruck und häufig vorkommender Übernächtigung eigentlich ein blutrünstiges Thema für den »7. Sinn« wäre.

Ich fühle mich spontan beschützt, weil ich mich da hinten im Bus an die Schulter eines Hünen lehnen darf. Ein Bild von einem Mann, groß gewachsen, mit rotem Vollbart, besonnen, skandinavisch ruhig: Felix, genannt »Home of the Lame«, ist mein Sitznachbar. Was ihn unterbewusst noch häuslich-fürsorglicher erscheinen lässt, ist, dass wir ihn »Home« rufen!

Entschuldigung, wie geil ist das denn? Drei Wochen unterwegs zu sein und dabei neben einem Kerl zu sitzen, der Home, Heimat, Zuhause heißt?

Home ist aber in Wirklichkeit gar kein Skandinavier. Obwohl er seit einigen Jahren an Schwedens Südküste in Malmö wohnt, stammt er ursprünglich aus Hannover.

Zu Studienzeiten war die viel bespöttelte Kanzlerstadt für einige Jahre mein Zuhause, eine Stadt, die lebenswerter sein kann, als die meisten Unwissenden denken.

Schnell finden wir heraus, dass wir uns in »Hardcorehausen«, ohne uns zu kennen, öfter mal über den Weg gelaufen sein müssen. Schon Ende der 80er Jahre hatte Hannover in einer lebendigen Szene schnell den Ruf einer bedeutenden Hardcore-Hochburg errungen und es als solche sogar auf das »Spex«-Cover gebracht. Die Ironie der Bezeichnung muss ich nicht erklären, oder? Denn hier gilt, wie immer für den oftmals derben Szenehumor: Ein erklärter Witz ist kein Witz mehr – und dabei soll es bleiben.

Schnell haben Felix und ich ausgetüftelt, auf welchen Konzerten in der Korn und vor allem der Glocksee wir uns begegnet sein müssen, ohne Notiz voneinander zu nehmen. Außerdem stelle ich fest, sogar noch ein frühes musikalisches Werk von ihm zu besitzen: die CD, die er mit seiner damaligen Band *Numbfire* als Gitarrist eingespielt hat.

Als Support-Act für *Tomte* begleitet Felix jetzt die ganze Tour.

Besonders lieb gewonnen habe ich die Momente, wenn er mit seiner Akustikgitarre auf die Bühne kommt, ein wenig abwartet, bis sich der Geräuschpegel senkt, um mit seiner tiefen, wunderbaren Stimme das Publikum zu begrüßen: »Hallo, mein Name ist Felix. Meine Band heißt *Home of the Lame*.« Dabei steht er ganz allein auf der Bühne, trägt eine Kappe und hat seine Skijacke noch an.

Nach dem furchtbarsten Tourtag ever (von allen Mitreisenden als solcher eingestuft), nämlich einem Aufenthalt im nordrheinwestfälischen Hagen, war Felix voll bekleidet ins Bett gegangen.

»Felix, warum bist du denn mit Klamotten pennen gegangen?« – »Ich wollte Hagen möglichst nicht an meinen Körper lassen!«

Bei der Herbsttour spielt *Home of the Lame* drei Songs solo, dann kommt Olli mit seinem Bass dazu, und die letzten drei Songs begleitet Maxe die beiden zusätzlich am Schlagzeug.

Mit Hilfe eines Grand-Hotel-Kredits hat Felix kurz vor der Tour eine 4-Song-EP eingespielt. 400 Exemplare von den 1000 hergestellten Stück muss er verkaufen, um dem Grand Hotel die Produktionskosten erstatten zu können. Zu Beginn der Tour ist er deshalb ziemlich nervös. Am Ende der Tour soll er das Ziel locker übertroffen haben.

Nicht nur Felix' finanzielle Situation ist nicht gut. Außer Timo Bodenstein hat keiner bei *Tomte* einen regulären Job. Rücklagen sowieso nicht, woher denn auch? Alles, was die Jungs haben und können, werfen sie in die Waagschale, die da Band heißt, ohne zu wissen, ob sich das eines Tages auszahlt. Alleine vom Gefühl getragen, das einzig Richtige zu tun. Das zu tun, was man am besten kann. Auch wenn man sich dabei at the edge bewegt.

Die Tage, an denen die New Economy selbst Halbidioten wie uns ausreichend Scheine in die Tasche spülte, sind längst vorbei. Für uns waren es ohnehin eher Stunden als Tage.

»Damals als du Scheine hattest, hast du immer kräftig damit rumgewedelt, Thees«, erinnert sich Dennis. »Wir standen so vorm Molotow, oben auf dem Spielbudenplatz, und wenn das Bier alle war, hast du den nächsten Schein gezückt, damit irgendjemand neues Bier hochholt.«

Die gemeinsamen Erinnerungen zaubern den Jungs breite Grinsefalten auf die Gesichter. Kein bitteres Grinsen, eher wohlig verklärt. Gesichtsausdrücke, in denen sich die Gemeinsamkeiten widerspiegeln. Wo es doch sonst immer den Anschein hat, als balle sich das Gefüge *Tomte* immer nur auf der Bühne zu der wahren Legierung zusammen. Davor und danach brauchen die einzelnen Elemente viel Bewegungsfreiheit. Jeder für sich. Gemeinsam aber ziehen sie wie selbstverständlich an einem Strang und haben auch Verhaltensweisen instinktiv untereinander angeglichen. Es gibt keine Diven, es gibt keine Spleens, es gibt manchmal verschiedene, eigene Wege, aber die treffen spätestens abends auf der Bühne wieder zusammen.

LINGEN, 02.10.03

»Ihr wollt doch immer wissen, wie Hamburg funktioniert? Hamburger Schule, wie ist denn das da so? Ich erzähl euch jetzt eine Hamburger-Schule-Anekdote:

Ich spiele jeden Dienstagabend neun Uhr mit Bernd Begemann X-Box oder Sega Dreamcast, und Bernd schreibt immer SMS: ›Thees, sollen wir heute Abend einen ansetzen?‹ – ›Klar Bernd, ich bin solo, ich bin alkoholkrank, lass uns einen ansetzen.‹

Neulich, mir ging's nicht gut, da habe ich Bernd angerufen: ›Sollen wir einen ansetzen?‹ – ›Thees, mein kleiner Nachäffer, es geht nicht, ich bin gerade auf Tour, aber wenn ich wiederkomme, da würde ich gerne was Kulturelles erleben. Am besten auf einem fremden Planeten mit einer riesigen Plasmawumme in meiner Hand.‹

Das ist halt so unser X-Box-Humor.

Mein Gott, besauft euch, dann lacht ihr auch über meine Witze!«

Das Emsland macht es sich selbst heute nicht ganz einfach. Thees muss bei den Ansagen kräftig nachbohren, um das Publikum zu animieren:

»Ist die Stimmung jetzt ein bisschen aufgetaut, weil ich euch zum ersten Mal heute Abend beschimpft habe?

Also, wenn ihr das ab jetzt gewohnt seid, dann kann es das ganze Leben so weitergehen!

Das Allererste, was ich zum Beispiel in meinem Leben gehört habe, war das Klatschen der Hand im Gesicht.« Oooooh, schmerzvolles Stöhnen, vermengt mit staunendem Raunen, tönt durch den Alten Schlachthof.

»Hey, aber wer steht hier oben?« Kunstpause, dann:

»Besauft euch weiter und liebt diese Band, das nächste Lied heißt: Das passt zu meinem Kalender.«

Die Mischung aus Arroganz und Ironie, Situationskomik und wohldosierten Lügen, Erlebtem und Erdachtem, komprimiert in den wenigen Minuten, die die Ansagen eines Konzertes ausmachen, während Gitarren gestimmt werden oder ein Schluck Bier getrunken wird ... Es ist in einem Tourtagebuch nicht oder nur unzureichend möglich, herüberzubringen, welchen Charme

Thees Uhlmann den Auftritten seiner Band verleiht, welchen Spaß er dem Publikum vermittelt. Leider genügt es nicht, sich an *einem* Konzertabend von diesen Qualitäten zu überzeugen. Denn anders als es abgewichste Rock'n'Roller tun, die jeden Abend die gleichen Witze reißen oder die gleichen Komplimente verteilen, ist jeder Abend mit Uhlmann am Mikrofon ein Unikat, weil er die Essenz des Tages aus seinem Kopf wringt, die, vermengt mit klebrig-süßen Tropfen aus seiner Erinnerung, den betörendsten Cocktail seit der Erfindung des Barwesens schafft. Ein schöner Rausch, aber man wird sofort abhängig wie vom Crack. Gut, dass man als Tourbegleitender jeden Abend seine Dosis abbekommt.

»Das gefällt mir gut, dass ich auf der Bühne Witze machen kann, aber es trotzdem nicht so rüberkommt, dass wir eine Spaßgruppe sind. Weil wir keine Spaßgruppe sind, das finde ich extrem angenehm ...«

Beyoncé Knowles soll heute und die nächsten Tage das Vorbild für spontanes Rumgespacke abseits der Bühne sein. Dabei ist es eine ganz ansehnliche Geste, wenn Madame Knowles, wie im topaktuellen »Crazy in Love«-Video, ihren Hintern seitlich rausdrückt, um sich mit der flachen Hand kräftig auf die Arschbacke zu klapsen. Ein ganz anderer Anblick ist es dagegen, wenn Monsieur Uhlmann die gleiche sexy Pose bringt, nur ein paar Meter vor meiner Nase im Hotelflur zum Beispiel.

BAD GANDERSHEIM, 03.10.03

Ist das eigentlich noch Niedersachsen oder schon Hessen? Was weiß man sonst über unsere nächste Station? Bislang nichts. Ein Blick in den Atlas verrät: Es liegt an der Leine, westlich des Harz-Mountain.

Bad Gandersheim empfängt uns mit bitter trostloser Stimmung. Es ist Nationalfeiertag, 3. Oktober, kein Mensch ist auf den Straßen dieses südniedersächsischen Gebirgsdorfes zu sehen. Wir schlendern nach dem Einparken an der verlassen wirkenden Location ein paar Dorfstraßen längs, können aber nichts entdecken außer Fachwerkhäusern und traurig von den Bäumen gefallenen Äpfeln. Hier ist niemand. Aus dem ohnehin schon grauen Himmel beginnt es zu nieseln, in kurzer Zeit entwickelt sich daraus ein anhaltender Regen. Wir sind früh dran. Alle sitzen unter dem Vordach des Veranstaltungsortes Palaver Hall und kämpfen dagegen, eine kollektive Depression zu entwickeln.

Irgendjemand wollte unbedingt *Tomte* an diesem Ort veranstalten, und aus genau diesem Grund werden *Tomte* heute Abend hier spielen. In dem an den Saal angeschlossenen Wohnhaus residiert der Veranstalter, ein noch größerer Hüne als dies Felix oder Timo oder gar Gerne schon sind, die allesamt daneben harmlos aussehen.

Man stelle sich Guildo Horn mit breiten Schultern und riesigen Pranken vor. Man kann förmlich spüren, dass dieser Mann die ersten Castor-Transporte ins Wendland mit bloßen Händen gestoppt und zurückgeschickt hat, damals. Zumindest male ich mir das so aus.

Die Essenswaren, die auf einem Nebentisch bereitliegen, sind, alle Befürchtungen bestätigend, tatsächlich für uns gedacht: Heute gibt es die Pennymarkt-Variante des Spaghetti-mit-Tomatensauce-und-Tütenkäse-Komplettsets für die einen. Und (als ob so ein Miraculix-Verschnitt irgendwelche Fleischspuren enthalten würde) Tiefkühl-Camemberts für die Vegetarier.

Unweigerlich verfluche ich mal wieder Uhlmanns Spruch: »Essen ist doch total überbewertet.«

Ich finde das nicht komisch, Thees, warum haben wir Timo auf die Kochschule und in Schweizer Hotels geschickt. Doch nicht, damit der so etwas durchgehen lässt und froh ist, endlich einmal so richtigen Trash genießen zu können, weit weg von den großen Töpfen seiner Krankenhauskantine.

Kopfschütteln im Neonlicht, wenn ich hier der Chef wäre, käme mir so etwas nicht auf den Tisch.

Auf dem Weg vom Tisch in die angeschlossene Konzerthalle, die früher (Gerüchten zufolge) dem Rotlichtgewerbe diente, lese ich das Schild am Briefkasten des Veranstalters. Für Oshos Briefträger ist der bürgerliche Name unseres Hünen ergänzt worden: Hier wohnt Swami Anand Bharesh.

Olli ist der Glückliche des Abends, seine Lady kommt aus Berlin hier in der Provinz vorbei, um ihn zu besuchen. Wenigstens einer, der heute etwas Erfreuliches zelebrieren kann.

Entgegen allen Befürchtungen füllt sich der Konzertsaal langsam, aber stetig.

Micha zaubert an diesem Abend den besten Livesound überhaupt. Ich behaupte, dass der Sound in Bad Gandersheim der beste auf der ganzen Tour gewesen ist. Proove me wrong.

Zu Thees' Begeisterung haben wir meine PlayStation 2 am Fernseher des Kurhotels Waldschlösschen zum Laufen bekommen. Es ist uns eine ständige Herausforderung, ob der Dreckshotelfernseher die PlayStation akzeptiert oder nicht.

Ich verstehe das auch nicht, Thees, dass das Scheißsignal nicht reingeht. Ja, ich höre die Erkennungsmelodie von Burnout 2, aber ich krieg das Scheißbild nicht auf den Schirm. »Ich weiß es doch auch nicht!« Es gibt diverse unlogische Konstellationen, denen nur eines gemeinsam ist: Wenn es nicht geht, dann geht es nicht, und es gibt keine Tricks, das zu umgehen. Wir haben stets aufs Neue ALLES ausprobiert. Einfach ist nur ein Fall: »Hier, der Fernsehapparat hat gar keine Scart-Buchse!«

Das Frühstück im Kurhotel ist genauso traurig wie der gestrige Nachmittag, wir fahren anschließend los, nur um gleich wieder an einer Apotheke anzuhalten. Timo kauft etwas.

Als er zurückkommt, kriegt er von Dennis, in Vermutung seiner Medikation, erst mal einen schönen Spruch eingeschenkt: »Einfach mal wieder ein Kondom überziehen ... Ha, ha, ha, ha.«

Dennis Becker ist der ungeschlagene Meister des spontanen Wortwitzes, der unbestrittene König der verqueren Redewendung. Was der Typ manchmal ausspuckt, ist konkurrenzlos fantastisch.

Als ein Rapper würde er beim Freestylen die Bühne regieren. Als Stand-up-Comedian mit eigener Late-Night-Show hätten wir viel zu lachen. Ist er aber nicht, er ist nur unser Dennis, der mich ein ums andere Mal ernsthaft neidisch werden lässt, weil er einen so unangestrengten wie virtuosen Wortwitz hat.

Im schriftlichen Ausdruck ist er das exakte Gegenteil: E-Mails, die er verschickt, sind für gewöhnlich kaum länger als ein Satz. Man kann froh sein, wenn der Satz überhaupt vollständig ist, und sich sicher sein, dass er spröder ist als Wüstensand trocken. Mal abgesehen davon, dass die enthaltenen Links meistens zu einer völlig bekloppten Webseite führen.

Das ist unsere Basis. Verquere Sprüche und gestörte Ecken des Internets. Hallo, willkommen zu Hause. Fühl dich wohl in unserer Welt.

»Hilmar, wusstest du, dass Beziehungen in den Arsch gehen, wenn einer der Partner beschließt, vegan zu werden.« – »Was?« – »Man muss dann immer so derbe furzen, wegen der Nahrungsumstellung. Das hält die stärkste Beziehung nicht aus, wenn das ein Partner als einseitige Entscheidung getroffen hat.« – »Verstehe!«

Gut, dass wir nicht liiert sind. Die letzten zwanzig Minuten vor der Abfahrt will sich Thees mit Burnout auf der PlayStation versüßen, allein eine Steckdose fehlt ihm noch, um die Maschine anzuwerfen.

»Hier auf der Toilette ist noch eine frei!«, biete ich großzügig, auf dem Porzellan thronend, an. »Nee, lass mal, da stinkt's ja wie Vietnam!«, muss ich mir anhören.

Scheiße, Mann, er hat Recht, obwohl ich gar nicht Veganer im Übergangsstadium bin. Trotzdem gut, dass wir keine Beziehung führen.

KAISERSLAUTERN, 04.10.03

Bauernkaff im Pfälzer Wald – so hatte die legendäre Punkkapelle *Walter Elf* ihre Heimat besungen. Auf dem Weg in die selbst ernannte Provinz schauen wir uns »Pappa ante Portas« auf DVD an. Am etwas langatmigen Humor des Vicco von Bülow scheiden sich die Geister. Mir ist er zu beamtig, zu penibel. Die Loops in den Sketchen nerven mich recht bald. Richtig hochwertiger Trash war dagegen das gestrige »Geld oder Leber« mit den beiden Vollidioten Mike Krüger und Thomas Gottschalk. Einzig erwähnenswert die Szenen, in denen Falco auftritt. Besonders begeistert haben Falcos Kampfsportszenen in dem Film. Deswegen gibt es heute noch mal eine Best-of-Vorführung durch Filmvorführer Timo – der hat die längsten Arme und versteht als Einziger die Fernbedienung.

In der Kammgarn angekommen, wird uns ein großer Karton Lego-Bausteine hingestellt, auf dass die Band bitte etwas daraus baue, für eine Ausstellung. Dennis fackelt nicht lange und greift sich sofort die besten Steinchen, um einen Kackvogel zu basteln. Am Ende ergänzen sich die Bauwerke der Bandmitglieder zu einer Art Loveparade-Karnevals-Tieflader, der ein buntes Sammelsurium an Fantasiefiguren durch die Gegend fährt. Aus den Steinen, die am Ende noch übrig sind, baue ich mir eine Paprika.

Beppo Götte, Sänger der *Walter Elf* und Schlagzeuger der legendären *Spermbirds* aus K-Town, wie die amerikanischen Besatzer – *Spermbirds*-Sänger Lee Hollis zum Beispiel – diesen Ort genannt haben, bekommt heute sein Lied gewidmet. Auch wenn er gar nicht da ist, weil er längst in Köln am Rhein wohnt. So wie jeder, der es in Thees' Augen verdient hat, irgendwann sein Lied gewidmet bekommt. Das ist schön, und das ist jeden Abend etwas Neues. Gestern hat Thees zudem noch mindestens siebenmal auf der Bühne erklärt, wie sehr er diese Band liebt – und das meint er sogar ernst.

»Wir sind als großmäulige Band verschrien, dabei sind wir nur ehrlich. Wir finden viele Sachen scheiße, aber es ist ja auch vieles scheiße.«

Und später: »Kaiserslautern ist das Hamburg des Südens.« – »Schleimer!«, ruft jemand aus dem Publikum sofort. »Wieso? Ich habe überhaupt keinen Grund zu schleimen, ich bin auf Platz fünfzig in die Charts eingestiegen.«

Womit er diese Tatsache auch mal wieder ganz beiläufig untergebracht hätte.

Auch ohne Off-Day haben sich Viren und Bakterien im Bus eingeschlichen und machen sich daran, alle Jungs der Reihe nach mit Krankheiten zu befallen. In dieser Jahreszeit treten Atemwegserkrankungen ja gerne auf.

Wir beenden den Abend im Waldhotel mit einer Partie Temple-Hash und kucken uns Jackass im TV an. Gemeinsam mit vier, fünf Leuten in einen Fernseher zu starren, auflachen, müde werden, schlafen gehen.

Am nächsten Morgen beim Frühstück stellt sich heraus, dass alle anderen auch bei MTV hängen geblieben waren. Für einen guten, bescheuerten Stunt ist doch noch jeder von uns zu haben.

MÜNSTER, 05.10.03

Die Fahrt geht zurück nach Norden in die Studentenstadt Münster. In der kleinen heimeligen Bude Gleis 22 macht Thees studentische Scherze zu Mensatarifen. Insbesondere Beziehungen haben es ihm heute angetan.

»Kennt ihr das, Männer, dass ihr Blumen eigentlich gut findet, aber ihr würdet euch nie selbst welche kaufen? Ich glaube, manche Männer haben eine Freundin nur, damit sie Blumen kaufen können: Schatz, ich hab mir was mitgebracht …

In diesem Lied geht es um die Königin unter den Blumen, die weiße Lilie.«

Die zweite Dialogebene ist heute Abend das durch den Raum gebrüllte Zwiegespräch mit Nagel von *Muff Potter*. Nach dem Austausch von ein paar Nettigkeiten und der Feststellung, dass zwischen *Muff Potter* und *Tomte* ja gar keine Bandfeindschaft besteht, kommt eine für alle deutliche Versöhnungsgeste von der Bühne: »Nagel, tätowieren wir uns heute Nacht?«

Tatsächlich soll die Nacht allerdings Simon gelten. Wir hatten noch derart großen Bedarf an Postern für den Verkauf, dass sich Simon, der letzeburgische Grand-Hotel-Praktikant, auf die Autobahn macht und welche nach Münster bringt. Nicht zuletzt, um auch mal wieder *Tomte* live zu hören – außerhalb der Bürotristesse.

Abends liegen wir bis spät im Hotelbett, spielen Temple-Hash mit Micha, verschütten unzählige Biere und Aschenbecher im Hotelbett, es ist wie immer unser Doppelbett, das als Konferenzstätte herhalten muss. Die Stimmung ist heute so gut, dass selbst Gerne Bier trinkt.

Später in der Früh, wir sind nur noch zu dritt, Simon, Thees und ich. Wir müssen fast weinen bei den unendlich schönen *Weezer*-Videos, die im Fernseher laufen. Um kurz darauf vor Lachen fast zu sterben. Simon Rass schafft es nach einer gewissen Anlaufphase, einen Great Ball of Fire zu zünden. Fußballgroß und knallorange mit Gelb und Rotschattierungen leuchtet im Dunkel des kleinen Hotelzimmers der Furz auf, den er mit seinem Feuerzeug unsterblich macht.

Simon, das Schauspiel werden wir dir nie vergessen. Fireball-Rass sollst du von nun an heißen, so heiß wie das Gerät, das du in Münster hast verpuffen lassen, um unser Leben aufzuheitern.

Der nächste Morgen ist grau und regnerisch, beim Frühstück beobachten wir den majestätischen Spitz, der der polnischen Hotelleitung gehört. Wie er da so rumsteht, mitten im Raum. Dieser stolze, unbeirrbare Hund ist ein gutes Tier.

Der Portier kommt mit dem Rad zum Gleis 22 hinterher geradelt, trifft uns noch rechtzeitig an, während wir gerade den Bus besteigen wollen.

Er hat bemerkt, dass jemand seinen Schlüssel versehentlich mitgenommen hat.

»Oh, ja, hier, tut mir leid!« – »Kein Problem, nur, wenn ich einen nachmachen lassen muss, dann dauert das immer so lange, und die kommende Woche habe ich das ganze Haus voll ... da ist das blöd.« Die Situation löst sich gelassen auf, der Mann wünscht uns eine gute Fahrt und noch viel Erfolg. So umgänglich sollten alle Hotelfachleute sein, denkt man.

Mittlerweile haben die Krankheitsviren weiter um sich gegriffen. Maxe, Felix und Thees swappen Halspastillen wie andere Jungs Yu-Gi-Oh-Karten. Thees bleibt zuversichtlich: »Och, das geht schon, morgen wird das wieder besser, keine Angst. Komm, wir rauchen noch eine Mentholzigarette. Gib mal noch eine von deinen gesunden Kippen.«

ESSEN, 06.10.03

Nach nur einer Stunde Fahrt checken wir in der Ruhrgebietsmetropole Essen ein. Heute Abend steht eine namhafte Örtlichkeit auf dem Programm: niemand Geringeres als die Zeche Carl.

Für Thees wird ein Jugendtraum wahr. Für mich ist es die Rückkehr an einen Ort meiner Adoleszenz. Was habe ich hier für Konzerte gesehen?! *Bad Religion, UK Subs, Social Unrest* und *Hemmungslose Erotik* mit ihrer »H.E. Porno Armee«. *Goldene Zitronen, Heresy, Die Kassierer* und *Jingo de Lunch*.

Sich an diesem Ort selbst zu feiern, war mindestens genauso wichtig wie die Konzerte, die in den Backsteingemäuern der Zeche Carl stattfanden.

Im langen Gang zur ehemaligen Waschkaue, der Halle, in der die Bergleute früher ihre Arbeitskleidung an Haken unter die Decke gezogen haben und wo später glorreicher Punk und Hardcore zelebriert wurde, lagen grundsätzlich schlafende Irokesen herum. Man musste über sie hinwegsteigen, um die Basilika des wilden Ruhrgebietes betreten zu können.

Draußen vor der Tür auf dem weitläufigen Gelände, da lieferten sich die *Tangobrüderschaft Mülheim an der Ruhr*, die *Zosher-Crew Düsseldorf* und die *Lokalmatadore Gelsenkirchen* Gesangswettstreite und Wortgefechte, die die Welt noch nicht erlebt hat. Es wurde gesungen und gesponnen, gekaspert und zelebriert.

Gerne erinnere ich den einen Abend, an dem der betrunkene Metal (das Ruhrgebiet war zu der Zeit voll von Metal-Typen, die nicht nur dreimal die Woche in der Zeche Bochum ihre Gesundheit zermoshten, sondern auch häufig zu den Hardcore-Konzerten kamen) von den *Tangobrüdern* zu einem neuen König gekürt wurde. Dem ahnungslosen König, der eben noch ein langhaariger Nichtsnutz gewesen war, wurde gehuldigt, Bier geopfert, Lieder zur Ehre gebracht und gar ein Thron aus Einkaufswagen errichtet. Zum Höhepunkt des Abends wurde der frisch gekrönte Monarch unter großem Gejohle auf ergebenen Schultern ins Gebäude zu seinen neuen Untertanen getragen.

Niemand hatte dabei bedacht, dass die Eingangstür zwar einladend breit, aber nicht hoch genug war. Dem König hat dieser Umstand eine ordentliche Beule am Kopf eingebracht, gejammert hat er in seinem dichten Schädel nicht eine Sekunde.

Heute spielen *Tomte* in der Zeche Carl. Bei Tageslicht ist die Halle, die alte Waschkaue wesentlich kleiner, als sie in meiner verklärten Erinnerung immer war. Wie so viele Orte, die im Gedächtnis mächtig Platz einnehmen, in der Realität ernüchternd klein erscheinen, wenn man sie noch einmal besucht.

Dennoch ist es ein erhabenes Gefühl, hierher zu kommen. Unter tourerfahrenen Menschen gelten die Stagehands der Zeche Carl als die »härtesten«. Im Bus wird getuschelt. Ich weiß nicht, wodurch so ein Ruf entstehen kann. Einfach nur, weil die Herren kräftig und schnell sind? Und es niemals akzeptieren, dass du deinen Verstärker selbst trägst?

»Ich mach das schon, und die Bassdrum kannst du mir auch noch unter den Arm klemmen.« Und das hat nichts mit Machismo zu tun, es ist nur nett gemeint von Dienstleistern, die sich ihren Ruhrgebietsstolz bewahrt haben.

Home of the Lame ist grundsätzlich sehr sensibel, oder sagen wir, im negativen Sinne empfänglich für störendes Getuschel, das nicht verstummt, wenn er seinen Acoustic-Set beginnt. Man kann das vielleicht nachvollziehen, weil in der Singer-Songwriter-Konstellation auf der Bühne alles relativ leise vonstatten geht und vom Künstler dabei hohe Konzentration verlangt. Heute ist Home jedenfalls froh, dass die Leute nicht reden, sondern zuhören: »Essen weiß, was sich gehört, danke«, freut sich Felix.

Wegen der durch Krankheitserreger bedingten Stimmprobleme wird das *Tomte*-Set ein wenig umgebaut.

Wie gerne wäre ich einmal in den drei Minuten direkt vor einem Auftritt im Backstage-Raum mit dabei. Und die Stimmung in den ersten drei Minuten nach dem Konzert würde ich auch einmal sehr gerne hautnah miterleben.

Weil ich T-Shirts und Tonträger in genau diesen Momenten aber nicht alleine lassen kann, bleiben mir diese Augenblicke verwehrt. Merchandise ist ein einsames Geschäft.

Heute gibt es nach dem Abendessen endlich mal einen vernünftigen Espresso und Grappa. Sogar einen mehr als vernünftigen Grappa. Grappa Nonino, kein Industriealkoholabfall aus einem slowakischen Brennapparat.

»Den müsst ihr aber selbst bezahlen«, warnt die Thekenkraft, als wir mit unseren Getränkebons wedeln. »Na und?! Kein Problem, schenk ein das Ding.«

Wir wollen doch nicht leben wie ein Hund, wir Hunde. Micha und ich freuen uns und genießen den Brand.

Während alle ehrfürchtig die Backstage-Wandmalereien auf *Kreator*-Insignien absuchen (selbst die Band von meinem Bruder hat mit Kugelschreiber ihren Namen unter die Decke gekrickelt), ergänzt Dennis das Gesamtkunstwerk mit einem exklusiven Kackvogel und *Tomte*-Schriftzügen im Metal-Outfit.

Von der Bühne herunter versucht Thees Kontakt mit Mille von der Essener Thrash-Metal-Legende *Kreator* aufzunehmen. Offensichtlich ist der aber zu Hause auf dem Sofa geblieben. Schade um einen schönen Spaß.

DARMSTADT, 07.10.03

Maritim Rhein-Main heißt die nächste Hütte, in die wir unsere Ärsche bewegen sollen. Im Foyer des Businesshotels bietet die Telekom einen Hotspot an. Kaum habe ich diese Ankündigung entdeckt, bin ich mit meinem Rechner auch schon wieder unten in der Lobby und versuche mich ins weltweite Internet einzuloggen. Aus dem Ledersessel internetzen, das wäre cooler als zu Fuß wardriven. Nur, vor den Genuss hat der Ron Sommer den Schweiß gesetzt. Im Falle Hotspot der Telekom bedeutet das: Man muss Kunde der Telekom sein und seine Kundennummer per SMS verschicken. Ist man kein Telekomkunde, benötigt man zur Abrechnung eine Kreditkarte, deren Nummer man ebenfalls simsen muss. Im Gegenzug erhält man einen Zugangscode. Allerdings wird nicht minutengenau abgerechnet, sondern man muss sich vorab entscheiden, ob man eine, zwei oder 24 Stunden online gehen möchte, zu Preisen, die nirgendwo aufgeführt sind.

Ich erkläre der Dame am Empfang, dass das ja wohl der totale Humbug sei, und lasse sie verdutzt stehen. In Hotels ist es aufgrund der Telefonanlagen meistens unmöglich, per Modem auf dem Zimmer ins Netz zu gehen. Aber die bequemste Möglichkeit, seinen Gästen Internet ohne Kabel anzubieten, derart von der Telekom verhindern zu lassen, grenzt an bodenlose Dummheit.

Insgesamt zeigt sich das deutsche Hotelgewerbe der Güteklasse drei bis vier Sterne im Herbst 2003 als nahezu immun gegen Funkinternet. Unwissenheit sorgt für weiße Flecken auf der Service-Landkarte, willkommen in der Wüste des Wissens.

Ich bin kein Computernerd und habe auch nur einen klitzekleinen Wunsch auf Reisen: Konnektivität ohne Umstände zu bekommen. Niemand hat verlangt, dass sie umsonst sein soll, aber wenn man erlebt, wie unser angeblich hochtechnisiertes Land mit solchen Themen umgeht, dann fühlt man sich wie ein USB-Stick unter lauter Disketten-Laufwerken. Aber fünfeinviertel Zoll.

Die Centralstation ist ein mächtiges Gebäude mit allem Komfort und einer leckeren Küche. Die Bühne ist sehr breit und sehr hell ausgeleuchtet. Man kann als Blitz-Verweigerer prima Fotos schießen.

Darmstadt sorgt mit über 500 zahlenden Gästen für den ersten Höhepunkt der Tour und prächtige Laune bei Band und Manager. Diverse Elternteile werden per Handy informiert, die Jungs sind mächtig stolz und zahlen es dem Publikum zurück.

Der Abend endet wie immer mit einem Zusammentreffen auf unserem Hotelzimmer. Dieses Mal ist es eine Vollversammlung mit Binding Bier. Oder wie hieß das Zeug, das es hier zu trinken gab?

Eine Überlebensstrategie, die jeder im Bus sofort adaptiert hat und die noch aus wesentlich schlechteren Zeiten stammen muss: Beim Verlassen der Konzerträume wird alles mitgenommen, was man tragen und noch brauchen kann. Das betrifft jetzt nicht die Einrichtung oder die Kellnerin, sondern in erster Linie Getränke, insbesondere Bier und Wein, falls noch vorhanden, sowie Säfte, Iso-Drinks und Schokoriegel.

Die Süßigkeiten landen in einem großen blauen Müllsack, der anschließend immer wieder seine Runde durch den Bus macht. Die Getränke wandern in die beiden seltsam geformten, länglichen 10-Liter-Mülleimer, die genau unter die Sitzbänke passen. Hat man während der Fahrt Interesse an einem Getränk, mit oder ohne Alkohol, muss man sich also an den Mülleimern zu schaffen machen und wird eigentlich immer fündig. Es wird ja jeden Abend wieder aufgefüllt.

Ein bisschen Vorsicht ist beim Wühlen geboten, da sich zwischen dem Wirrwarr aus Flaschen auch echter Müll befinden kann, je nachdem, wie lange die letzte Leerung zurückliegt. Die meisten Biere schaffen es aber ohnehin nur noch bis ins Hotelzimmer. Es kommt aber auch vor, dass, je nach Durst, auf einmal Bierspezialitäten aus den letzten drei besuchten Regionen an Bord sind und man beim herzhaften Zugreifen rekapitulieren muss, wo denn jetzt dieses Bräu noch einmal herstammt und wie Geschmack und Qualität bewertet worden waren.

Zugegeben, Krankfühlen und Kranksein hat die jungen, mitreisenden Männer reihum im Griff und also beeinträchtigt. Thees sieht sich dennoch genötigt, ein um das andere Mal in großer Runde festzustellen:

»So wenig wie auf dieser Tour haben wir noch nie getrunken, stimmt's, Olli?!« Olli grinst aus seinem Schal hervor und unterstreicht wortlos den Wahrheitsgehalt dieser Aussage.

Geraucht wird übrigens nicht im Bus. Allenfalls fünf Minuten vor Erreichen des Zielortes oder mal in einem Stau mit Stillstand ist es Thees vorbehalten, »Raucherbus!« zu rufen. Er versenkt die Seitenscheibe und schickt ein bittend süßes: »Darf ich eine rauchen, bitte, nur eine …?« hinterher. Trotz zerknirschter Blicke von Timo wird Thees sein Wunsch meist gewährt.

Da nur die vorderen Fenster beweglich sind, muss man, hinten sitzend, angestrengt gegen die Fahrgeräusche anrufen: »Fenster auf! Bitte! Luuuuuft!«

Zum Beispiel wenn jemand »geräuchert« hat, Dennis' euphemistischer Ausdruck für »übel riechende Darmwinde entlassen«. Ist ja alles kein Problem, muss aber beseitigt werden, am besten durch Öffnen der vorderen Seitenfenster.

Zweierlei Maßnahmen ziehen geöffnete Fenster während der Fahrt notwendigerweise nach sich: Es empfiehlt sich zum einen, sofort eine Strickmütze aufzuziehen, sofern nicht schon geschehen, unbedingt auch im Sommer. Die Jacke über die Brust zu legen ist dabei eine gute, unterstützende Maßnahme.

Zweitens muss man spätestens nach fünf Minuten »Fenster zu, bitte!« nach vorne brüllen, da es realistisch ist, dass der Fahrer sich auf den Verkehr konzentriert und die Kälte des nach hinten streichenden Luftzuges gar nicht bemerkt oder der Beifahrer mittlerweile in ein Nickerchen verfallen ist und aufgeweckt und erinnert werden muss.

Trotz hoher Nikotinabhängigkeit von Thees, Olli, Dennis und auch Felix und Micha ist der Rauchverzicht während der Fahrt kein Thema für Diskussionen. Trinken darf ein jeder übrigens, wann und wie viel er will. Selbst die nötigen Pinkelpausen werden einem vergönnt, wenn man auf der Autobahn Bier trinken möchte. Es ist erstaunlich, wie locker unausgesprochene Vereinbarungen das Reisen machen können. Weit entfernt vom stressbelasteten Urlaub, früher mit den Eltern oder einer Reisegruppe: »Nein wir können jetzt nicht schon wieder anhalten, das geht nicht …«

Beim Touren macht man relativ häufig Pausen und bekommt ausreichend Gelegenheit zum Konsumieren des stets gleich deprimierenden Angebotes der Autobahnraststätten, Autohöfe und Burger-»Restaurants«. Die ganze Bandbreite, die in Italien wohlklingend »Autogrill« genannt wird.

Trotz aller Stopps sind wir noch immer pünktlich angekommen.

NÜRNBERG, 08.10.03

Sieht aus, als wäre dies ein nettes Gelände für den Sommer, unser nächster Halt heißt Hirsch. Jetzt, kurz vor dem Winter, wirken die Außenanlagen ziemlich abgelebt.

Paul Weller, heißt es, sei mit seinem deutschen Tourmanager eingetroffen, habe geschaut und entschieden: »We're not gonna play, Thomas. Let's go.«

Tomte nehmen natürlich nicht Reißaus. Alles halb so wild. Beziehungsweise: Wie geil ist das denn hier überhaupt? Der Veranstalter hat im Büro eine Airportstation am Laufen. WLAN für alle! In Windeseile haben sich alle um mein iBook gesellt, rufen ihre E-Mails ab und dödeln wie doof im Internet rum. Wer braucht da noch einen Hotspot mit SMS-Login?

Der T-Shirt-Stand befindet sich heute mal wieder außerhalb des Konzertsaales, also verbringe ich den ganzen Abend im Internet. Schreibe etwas in mein Weblog. Schaffe es mit Thees' Zugangsdaten, auf der *Tomte*-Homepage ein Foto aus Darmstadt auf die Frontpage zu kleben. Versehe es mit den Props an diese Stadt, die sich gestern Abend in das *Tomte*-Herz katapultiert hat. Habe Spaß an uneingeschränkter Verbindung mit der Welt, während hinter der Schwingtür gearbeitet wird.

Dummerweise befindet sich unser Hotel für die Nacht in Erlangen oder Fürth, oder was es da noch so gibt. Das bedeutet, dass wir nach dem Gig noch zwanzig Kilometer fahren dürfen. Im Hotel nächtigt auch Hans Söllner. Er fährt einen alten Mercedes SL und im Kofferraum ein Skateboard spazieren. Ich dachte immer, der Typ ist Ende fünfzig und somit zumindest skateboardtechnisch ein Faker, aber in Wirklichkeit ist der noch gar nicht so alt. Das habe ich später herausgefunden.

Im Hotelzimmer spielen wir bei Micha eine vorletzte Partie Temple-Hash, und King Uhlo behauptet wie eh und je: »Es ist sowieso egal, ob ich bei diesem Spiel mitspiele, ich merke eh nichts.«

Das habe ich gemerkt, als wir über die langen unverwinkelten Gänge zurück in unser Zimmer geflattert sind, mit Flügelschlag imitierenden Armbewegungen am Nachtportier vorbei, der zum Glück keine Fragen hatte, sondern alles professionell hingenommen hat. Nachtportiers können ganz schön lässig sein.

MÜNCHEN, 09.10.03

Vier-Sterne-Hotel Maritim am Bahnhof. Ziemlich großer Klotz. Wir sind früh dran, und ich nutze die Zeit, fahre mit der Badehose unterm Arm mit dem Aufzug ganz nach oben, da soll es einen Pool geben.

Außer mir duscht kein Mensch in den seltsamen, nachträglich eingebauten 70er-Jahre-Plastikkabinen, die den Charme von Dixi-Klos damals schon vorweggenommen haben und bis heute überleben konnten.

Bevor ich ein paar Bahnen in dem 10-Meter-Becken ziehe, stehe ich, badebehost, an der Panoramascheibe und glotze in die Altbauwohnungen gegenüber.

Die Menschen, die dort wohnen, lassen sich das offensichtlich gefallen. Wahrscheinlich wissen sie, dass ohnehin höchst selten jemand das Schwimmbad benutzt.

In München heißt das Veranstaltungszentrum ein wenig irritierend »Backstage«. Das ist etwa so, als ob der neue BMW-Kombi »Kofferraum« hieße. Oder vielleicht »Ladefläche«, aber egal.

Während die Bühne im Backstage in einer ganz gewöhnlichen Halle steht, ist der Backstage-Bereich im Backstage aus aufeinander gestapelten Containern konstruiert.

Herrliche Neonlicht-Heimeligkeit empfängt uns, dazu Sperrmüllsofas und der obligatorische Getränkekühlschrank, der in der Ecke steht und brummt.

Die *Hanson Brothers* spielen heute zeitgleich in der anderen Halle des Backstage, auf der Zweitbühne, die sich direkt nebenan auf dem Gelände findet.

Dieser Umstand führt dazu, dass die Kanadier, alte Hardcore-Recken, Legenden, hochgeschätzte Veteranen, deren Nebenprojekt *No Means No* vielleicht eine Spur bekannter ist, vor dem Auftritt – genauso wie wir – den iMac benutzen wollen, der für den Internetgebrauch Vorbeireisender im Backstage zur Verfügung steht.

Zunächst einmal scheitern die Kanadier komplett. Nirgendwo ist das @-Zeichen zu finden. Copy-und-Paste geht nicht, und alle mir geläufigen Tastenkombinationen funktionieren auch nicht, dabei hätte ich so gerne geholfen. Wir verzweifeln gemeinsam an völlig unnötigen internationalen Hürden.

Schließlich komme ich dahinter, dass jemand die amerikanische Tastaturbelegung auf die deutschen Tasten gelegt hat und, um das Ganze zu erschweren, die Original-iMac-Tastatur durch ein Fremdprodukt ersetzt hat. Damit kann man ein gemischtsprachiges Nutzerumfeld auf Dumm-User-Niveau ganz schön in die Verzweiflung treiben. Zumindest bis kurz davor, denn so leicht geben alte Haudegen nicht auf.

Nach gewisser Zeit können die *Hanson Brothers* erleichtert ihren E-Mail-Quatsch erledigen. Für sie nicht ganz unwichtig, da sie selbst mit der Organisation ihrer Tour betraut sind und per Mail mit den Veranstaltern der folgenden Tourstationen kommunizieren müssen.

Dass sich Mehmet Scholl im Backstage einfindet, ist erst mal keine große Überraschung, ist er doch guter Freund des Münchener Pop-Regenten Marc Liebscher. Für Marcs Blickpunkt Pop hat er just wieder eine CD mit seinen Lieblingssongs zusammengestellt, »meist obskure Garagenbands«, wie der »Spiegel« weiß (siehe Heft 3, 2004).

Kurz darauf bin ich selbst dann doch überrascht, weil Mehmet vor mir steht und zwei *Tomte*-T-Shirts kaufen möchte.

Blickt man auf die letzten 15 Jahre zurück, muss man zugestehen, dass Mehmet Scholl der einzige sympathische Spieler des ungeliebten FC Bayern ist. Ich gebe zu, dass ich schon immer die unvergleichliche Angewohnheit mochte, dass er seine etwas zu langen Trikotärmel bis über die Knöchel der Hände zieht und mit nur scheinbar krampfenden Fingern festhält. Um in dieser Pose über den Platz zu flitzen – wenn das Wetter denn langärmelige Trikots empfiehlt.

Jetzt, wo er vor mir steht, in T-Shirt und Sporthose, kann ich es mir nicht verkneifen, spontan große Fresse zu riskieren: »Welche Größe brauchst du denn? XL?« Ein leicht schiefes Grinsen kommt zurück von Bayerns dienstältestem Spieler.

»Hey, war ein Witz, Größe M müsste richtig sein für dich. Die fallen aber groß aus, hier, schau mal.«

Mit der Zeit habe ich gelernt, für die Kundschaft die richtige Größe mit einem kurzen Blick auf den Oberkörper auszuwählen. Erschwerend bei unserer Kollektion kommt hinzu, dass die Hemden alle sehr groß ausfallen und so mancher schmale Jüngling schnell überzeugt ist, dass er mit M besser bedient ist als mit großspurig verlangtem XL. »Du willst doch da drin nicht zelten, oder, Junge?«

Ein bisschen salopper im Ton kann man bei der Beratung sein, ansonsten stelle ich mir vor, genauso gut beraten zu müssen, wie es die Verkäufer in der Herrenoberbekleidung bei Peek & Cloppenburg oder bei Anson's immer so herrlich oldschoolig tun.

Neben den zwei Shirts und dem Augenzwinkern für Mehmet gehen heute über sechzig weitere Hemden über den Tresen, absoluter Tour-Rekord.

Das Publikum dreht beim Konzert völlig ab, singt mit, feiert. Die Band auf der Bühne grinst wie ein fünfköpfiges Honigkuchenpferd. Beim letzten Lied steht Olli auf der Bühne, genießt den Triumph und dabei ganz lässig eine Zigarette. München ist heute sehr gut zu *Tomte*. *Tomte* fühlen sich heute sehr gut. Wegen München, wegen der Menschen, weil man sich gegenseitig glücklich macht.

Im Hotelzimmer spielen wir zum letzten Mal Temple-Hash mit Micha, er hat im direkten Anschluss ein neues Engagement und wird uns im Morgengrauen verlassen. Seinen Platz nimmt Hardy, Haus- und Hof-Mischer der *Sportfreunde Stiller*, ein.

Thees präsentiert Micha zum Abschied seine Füße, die einen krebsroten Farbton angenommen haben. Sofort kursieren wilde Theorien über die Ursache. Die Herkunft der unnatürlichen Farbgebung bleibt allerdings ungeklärt.

Morgens um 7.50 Uhr ist die Nacht dann vorbei. Eine Reinemachfrau tapert kaum überhörbar in unser Zimmer hinein, schleift dabei laut klappernd einen Staubsauger hinter sich her.

»Aargh«, mein Kopf ist noch lange nicht ausgeschlafen, ganz im Gegenteil, laut schreiend macht sich die durch Alkohol und Nikotin stark erweiterte Hirnmasse bemerkbar, weil ihr die einschränkenden Dimensionen des Schädels nicht mehr ausreichen. Meine Birne droht zu explodieren.

»Was ist denn hier los?«, blöke ich der Madame halb betäubt entgegen. – »Oh, Tschuldigung«, spricht die lärmende Morgenüberraschung und verschwindet wieder, als wäre nichts gewesen. Als hätte einem bei Tengelmann in der Schlange die Mutti hinter einem versehentlich den Einkaufswagen in die Hacken geschoben.

»Vier Sterne deluxe …«, zischt es mir an heiß glühenden Neuronen vorbei, »… die vom deutschen Hotelfachwesen haben doch alle eine Macke. Ich fass es nicht.« Nur sehr schwer gelingt es mir, anschließend noch ein bisschen Schlaf zu finden. Der Zustand zwischen »Unbedingt noch was schlafen« und »Gleich muss ich eh aufstehen« ist zermarternd, weil man es erst gefühlte fünf Minuten vor dem Weckerklingeln schafft, tatsächlich wegzuschlummern.

Das Catering im Backstage gestern Abend war beschissen. Es gab lauwarmen Fisch und schäbige Veggie-Burger. Als Entree zum Empfang durchgeweichte, labbrige Brötchen. Weiß der Geier, wie lange man Brötchen in welcher Umgebung lagern muss, um solch einen Zustand zu erreichen.

Mensch, München, was ist los mit dir? Wo sind die leckeren Brezn, die einen neuen Tag in dir schön salzig versüßen?

Jetzt beim Frühstück, in einem Meer aus Hotel-Messing, Licht und Spiegelglas, entdecke ich die Weißwürschtl und Brezn erst ganz am Schluss, als ich schon fertig bin. Warum steht das Zeug auch direkt neben dem Müsli und nicht hinten bei Rührei, Speck und den anderen warmen deftigen Speisen? Das soll ein Mensch verstehen. Zwanzig Meter Mosaik aus Speisen und Gefäßen, Dispensern und Gelöffel sind am Morgen echt zu viel verlangt.

Mischer Hardy bringt neue Kultur in den Bus, er liest jeden Morgen seine »Bild«-Zeitung. Gute Gelegenheit, das menschenverachtende Drecksblatt auch zu lesen, ohne dafür Geld auszugeben. Hardy ist auch der Einzige, der es schafft, von der Naddel-Biographie, die ich in der Bremer Stadtbibliothek entliehen habe, mehr als zwei Seiten am Stück zu lesen. Tatsächlich hat er alle Seiten geschafft, hat die deprimierende Geschichte von Naddel und ihrem Leben unter der Fuchtel von Dieter Bohlen komplett durchgeackert. Wahnsinn.

HALLE, 10.10.03

In Halle laden wir das Equipment in den alten Burgfried und gehen erst einmal essen. Der für uns ausgewählte Ort heißt »Das Haus«. Wir bestellen »Das Essen«: zum Beispiel eine Pilzpfanne für Max. »Pilzhaufen« wäre in der deskriptiven Welt hallescher Gastronomie treffender gewesen. Für Home soll es ein Chili con Carne sein, es kommt überraschend ohne Bohnen daher.

Die durchweg schlechte Ernährung auf Tour besteht grundsätzlich aus Rührei zum Frühstück. Wann immer es serviert wird, greift man zu, todesmutig verdrängend, dass die Grundmasse einhundertprozentig aus dem Tetrapak kommt. Wenn Thees dann auch noch Tomatenketchup dazu bekommt, ist fast schon garantiert, dass er breit grinsend ein »Was hab ich am frühen Morgen schon wieder für unverschämt gute Laune …« rauslässt.

Brötchen und Schokoriegel mampft man bei der Ankunft am Konzertort, das Abendessen variiert je nach Ort und Darreichungsform, Kneipe, selbst gekocht oder Cateringservice, wobei Letzteres meist die schlechteste Lösung ist. Welche Variante der örtliche Veranstalter auch für die beste hält, runtergespült wird der Nährschlamm für gewöhnlich mit reichlich Bier. Diese Lebensweise ist so ungesund, wie sie klingt, und stellt den Verdauungsapparat auf eine harte Probe. Ich glaube nicht, dass man sich auf so einem Level daran gewöhnen kann, wenn man weiß, dass es da draußen noch was anderes gibt.

Mittlerweile habe auch ich Kopfweh, Nasenverstopfung und fühle mich erschöpft und müde. Ein typischer Durchhänger.

Wegen der sich einschleichenden Zufriedenheit der vorangegangenen Tage – kleine Triumphe und große Gefühle – gehen bei Dennis die roten Warnlampen des Jetzt-bloß-nichts-überschätzen an. Wenn man es nicht anders gewohnt ist, neigt man zu Understatement, nein, Pessimismus ist der richtige Ausdruck. Jeder, dem das Leben nicht so gut mitgespielt hat, kennt das Gefühl, dass man nach einer erfolgreichen Bergetappe einen Einbruch, ein Abkacken erwartet, weil es nicht anders sein kann.

Dennis wünscht sich in einem Anfall von Selbstkasteiung, dass die heutige Show eine richtige »Scheißshow« wird. Mit »nur zehn zahlenden Zuschauern, Frust, Vollsuff und Einkoten auf der Bühne«.

Aus dem frommen Wunsch nach dem Feeling vergangener Tage wird nichts, ausverkauft ist es: 350 Leute drängeln sich in das enge, runde Turmzimmer in der Hallenser Burg. Ich kann mich mit einem Stapel T-Shirts gerade so in eine Nische hinter der Bühne hocken. Der Lärm der Band lässt das jahrhundertealte Gemäuer über mir bröckeln. Ich muss in einem fort rote Backsteinbröckchen von meinem Kopf und der Ware streichen.

Ju ist auch schon wieder aufgetaucht. Mir nichts, dir nichts aus dem Nichts, im Zweifelsfall aus der Hauptstadt, aus Berlin. Für Olli entsteht aus dem Besuch der Herzensdame nicht zwangsläufig die Notwendigkeit zur Körperpflege, sich zu rasieren. Sein Gesichtspullover kommt mittlerweile immer näher an den von Felix heran. Das Antlitz des Herrn Schröder sieht allerdings auch nicht viel besser aus.

»Sag mal, Felix, so ein Vollbart, juckt der nicht?«, wollte ich immer schon mal wissen. Bislang kannte ich keinen sympathischen Vollbartträger und erst recht keinen, den ich danach hätte fragen wollen. Wann immer ich selbst mal zaghafte Versuche, meist war es ohnehin nur der puren Faulheit geschuldet, in Richtung Fellfresse gestartet hatte, musste ich an einem bestimmten Punkt abbrechen. Wegen Juckens.

»Wie die Sau«, antwortet Felix mit einem Ich-zieh-es-trotzdem-durch-Blick und schabt sich wie zur Bestätigung einmal kurz geräuschvoll über das Kinn.

Touren führt zum Verlust der täglichen Hygiene. Natürlich duscht man morgens – um wach zu werden und für das wohlige Gefühl, die zehn Minuten intimer Geborgenheit, die man sich bereiten kann, aber ein Großteil der getragenen Klamotten wandert danach wieder zurück an den Körper.

Die Sachen stinken vermutlich, man merkt es kaum. Für einen selbst bleibt nur ein undifferenziert klebriges Selbstempfinden. Dabei gehöre ich noch nicht mal zu denen, die auf der Bühne stehen, sich allabendlich bis auf die Unterbuchse durchschwitzen und dann zusehen müssen, dass am nächsten Abend die Bühnenkleidung wieder tragbar trocken ist.

Fast alle tragen mittlerweile Mützen, ohne sie noch abzunehmen. Langsam wird mir klar, warum die ganzen Ami-Bands früher immer Anoraks trugen, wenn sie auf Tour waren. Eine warme Jacke kombiniert mit einer wollenen Mütze formt eine

Schutzhülle, eine Rüstung gegen alle feindlichen Einflüsse, die in permanentem Wechsel auf einen einwirken. Das ist die einzige Lösung, wenn man nicht nach drei Tagen sterbenskrank im Bett liegen will.

»King Uhlo«, wie die örtliche »Prinz«-Schreiberin den »großmäuligen *Tomte*-Frontmann« in der Ankündigung ihrer Zeitschrift beschreibt, ist heute bestens aufgelegt und liefert der Dame jedes Recht:

»Halle, ist das hier eigentlich eine Trinkhalle oder eine Schwimmhalle? Halle wegen Halle, oder was? Aaaaah, nein.

Entschuldigung, bin ich jetzt der Erste, der das auf der Bühne sagt: Ist das hier eigentlich 'ne Trinkhalle oder eine Schwimmhalle? Halle wegen Halle, oder was?«

Langsam nur verstehen die Leute im Publikum, welche Humorwinkelzüge Thees heute zieht.

»Ich schlage mich selbst zum Nobelpreis für Literatur und Humor vor, mein Gott. Also ich dachte wenigstens, die *Guano Apes* kommen auf solche billigen Witze.

Sandra Nasić, was ist los mit dir?

Das führt uns auch zum nächsten Lied, weil, mein Hund hat auch eine Nase ...«

Und weiter:

»Wir sind seit dreieinhalb Monaten auf Tour, nein, wir sind seit ungefähr acht Tagen, glaube ich, auf Tour, und bis jetzt war die Stimmung im Saal immer sehr sakral ... Sakral ist kein positives Wort. Das hat die katholische Kirche euch vielleicht erzählt, aber nicht alles, was die katholische Kirche sagt, ist richtig.

Kondome sind aber natürlich falsch. Und ihr redet hier mit einem Mann, der die Libido eines 80-Jährigen hat, von daher solltet ihr vielleicht auch nicht wirklich auf mich hören.«

Den assoziativen Gedankensprüngen von Uhlmann zu folgen, ist zugegebenermaßen nicht immer ganz einfach. Vielleicht gipfeln sie deshalb in Zwischenpointen, die die Gelegenheit zum Reagieren bieten: »Ooooooooch...«

Damit er gleich wieder einhaken kann:

»Hat da jemand gerade ›Ooooch‹ gemacht? ›Ooooch, der hat 'ne Libido wie ein 80-Jähriger, och Scheiße ...«

Faden verloren?

»Wie bin ich jetzt eigentlich auf katholisch gekommen? Ach ja, das ist nämlich heute zum ersten Mal so, dass die Luft alkoholmäßig echt ein bisschen beschwingter ist als zu Hause. Im Schlafzimmer meiner Eltern. Also, wir sind ein bisschen darüber beruhigt, dass wirklich noch Leute zu *Tomte*-Konzerten gehen, die sich ordentlich die Hucke vollhauen wollen.«

Logisch, an dieser Stelle bricht Jubel aus.

»Muss man doch mal sagen. Also in Essen war das so: ›Och, sind die nett‹, und wir so: ›Och, seid ihr nett, komm, wir trinken kein Bier zusammen ...‹

Ihr seid halt ein bisschen: Bambule, Randale, wir kommen von der Saale.«

Das war es. Mit viel Anlauf und sich beinahe wieder um Kopf und Kragen quatschend, hat Uhlo doch noch die Kurve bekommen, das Eis zu brechen, und das Publikum endgültig auf seine Seite gezogen. Noch mehr Jubel bricht aus. Der Rest der Band verzieht die Mienen nur unsichtbar. Innerlich wird gegrinst, vielleicht aber auch gedacht: ›Junge, was war das denn jetzt wieder für eine hohle Nummer.‹

»Das nächste Lied ist dann also für uns alle, und es heißt ›Von Gott verbrüht‹.«

Als *Tomte*-Besucher wird man durch ein Wechselbad der Gefühle geführt. Zum Glück gibt es Uhlmann am Mikrofon, der es jeden Abend schafft, die Stimmung aufzugreifen und die Leute für sich zu gewinnen. Mal so und mal so.

Die Gedankensprünge, die Uhlmanns Texte prägen, finden sich auch in seinen Ansagen auf der Bühne wieder. Während sich viele Lieder erst erklären, wenn sie live mit ein paar vorangeschickten Erläuterungen versehen sind, entstehen die live dazu erzählten Geschichten meist aus dem unmittelbaren Tagesgeschehen. Mit dem, was Thees den Tag über aufgeschnappt hat und welche Assoziationen ihm dazu im Kopf herumspuken.

Wie man zu jedem menschlichen Vornamen eine Assoziation hat, hat der Junge zu jeder Kleinigkeit einen flinken Gedanken parat, den er heiter aufzubereiten vermag.

DRESDEN, 11.10.03

Auch in Dresden ist es nicht anders. Die Stimmung ist nicht schlecht, aber Thees muss wieder einiges tun, um das Eis endgültig zu brechen. Es gibt einen gravierenden Unterschied zwischen einem Konzert mit wohlwollendem Publikum und guter Stimmung und einem Konzert mit wohlwollendem Publikum, das im Laufe des Abends die Stimmung selbst von gut nach fantastisch eskalieren lässt. Mir ist noch keine Konzert-Review in der Presse untergekommen, die diesen Umstand zu differenzieren vermochte. Das mag daran liegen, dass Rezensenten immer früh nach Hause gehen.

Am T-Shirt-Stand muss ich mit einigen Kunden und einem besonders schwierigen Fall kämpfen. Jemand, der, mittelschwer angetrunken, absurde Feilschereien durchexerzieren möchte, sich zwischendurch Anerkennung bei seinen Kumpels abholt, um mich anschließend weiter zu nerven. So kann ich meine Aufmerksamkeit nicht den ernsthaft am Shopping interessierten jungen Damen widmen, die geduldig daneben stehen und sich das Schauspiel gezwungenermaßen mit ansehen.

»Alter, du nervst, verpiss dich jetzt mal.«

Reicht nicht. »Ich mein das ernst, zisch ab. Echt!« Er trollt sich. Eine halbe Stunde und zwei Halbe später steht er wieder vor mir, hat seine zunächst längere Einkaufsliste zusammengestrichen und freut sich jetzt, dass er einen Euro Idiotenrabatt von mir bekommen hat und noch einen Button dazu. Am Ende schüttelt er mir noch die Hand, und ich frage mich, ob ich jetzt auch noch seine Pisse an den Fingern habe. Die letzte Aktivität, bei der ich ihn aus dem Augenwinkel beobachten konnte, war, wie er aus der nahe gelegenen Toilette getaumelt kam.

Als untergeordneter Part des Band-Gefüges ist man, ähnlich wie in einem straff geführten Dienstleistungsunternehmen mit Kundenkontakt, voll für die Außendarstellung der Firma mitverantwortlich.

Das bedeutet, man sollte weder als Mischer, Tourbegleiter, Roadie oder T-Shirt-Fuzzi die Klappe aufreißen, wenn etwas nicht stimmt. Schon gar nicht erlaubt ist es, handgreiflich zu werden, auch wenn es im Falle eines Falles noch so angebracht wäre. Grundsätzlich würde jegliches unangemessene Verhalten auf die

Band zurückfallen und einen üblen Ruf schneller zementieren, als man darüber nachdenken kann.

»Ach, das sind doch die, die dem Dingens Kloppe angedroht haben ...«

Nirgendwo verbreiten sich Gerüchte und Geschichten von Mund zu Mund schneller als in der modernen Minnesängerszene, die nach sehr alten Prinzipien funktioniert: »Gestern waren *The Kevin Kuranyi Experience* hier, Alter, was die sich erlaubt haben ...« So schnell wie der Musikzirkus untereinander mit den Gerüchten ist, können die Szenemedien gar nicht reagieren.

Erhellender sind da andere Beobachtungen, die man von der Aussichtsplattform Merchandise-Stand aus tätigen kann.

Mit dem absoluten Killeroutfit des Jahres ist hier in Dresden eine nicht mehr ganz der Teeniefraktion zuzurechnende Dame aufmarschiert: ein weißes, teilweise durchsichtiges Spaghettiträgertop, gut gefüllt, darüber ein weißer Strickbolero. Untenrum ein bodenlanger, vorne geschlitzter Jeansrock. An der Seite und am Hintern große Applikationen, die Vögel im Stile der Maya-Kunst darstellen sollen. Aus dem Schlitz ragen weiße Stiefel mit ziemlich hohen Hacken. Weil die Schlitze nicht gerade kurz sind, kommt auch noch die Nylonstrumpfhose zur Geltung, auf die die Saalbeleuchtung neckische Lichtreflexe zaubert. Die Frisur: blond, aber das spielt eigentlich keine Rolle mehr. Die männliche Begleitung ist völlig unpassend halbwegs casual gekleidet.

»Rich kids only« hat jemand mit Edding an die Eingangstür getaggt. Und auf die Bediensteten-Toilette: »In Dresden sind wir alle schwul«.

Der Koch vom Starclub war das wohl nicht, denn der gibt sich reichlich Mühe und erhält von uns einen Sonderapplaus, weil er als Erster auf der Tour ein Dessert nach dem Essen auf den Tisch bringt. Von ihm selbst zubereitet und dementsprechend lecker.

Felix hat seine fünf Minuten, die sich jeder unterwegs mal nimmt, und liegt schon seit geraumer Zeit unter dem Tisch. Mal telefoniert er dabei, mal macht er nur Geräusche. So ein Verhalten beunruhigt schon lange niemanden mehr.

Nach dem Gig gehe ich zu Fuß die paar Meter zum Hotel an der Elbe und haue mich in die Falle. Heute bitte keine Versammlung in meinem Bett, in unserem Zimmer mehr.

Am nächsten Tag setzt sich Felix ans Steuer und hält für eine Rast an einer höchst merkwürdigen Tankstelle.

»Wo sind wir hier, Felix?« – »Chemnitz, Erfurt, Gera, was weiß denn ich?«

Ich selbst war mein Lebtag auch noch nie in dieser Gegend, kann die Lage nicht einschätzen. Es ist merkwürdig, als alter Karten- und Fährtenleser nicht im Bilde zu sein, wo man sich gerade befindet. Das Herbstwetter ist sehr gut und die A4 längs des Thüringer Waldes bietet ein schönes Panorama. Selten macht es auf deutschen Autobahnen Sinn, länger als zwanzig Sekunden am Stück aus dem Fenster zu schauen. Hier unbedingt.

Von Hardy erfahre ich, dass er 1995, als ich mit Henna Peschel und Marcus Wiebusch in Los Angeles die Vans Warped Tour in der Südstadt (eine Stunde Fahrt auf dem innerstädtischen Highway) besuchte, auch dort gewesen ist. Mit den Sindelfinger Punks von *Wizo*. Das war lustig damals, die Deutschen zehn Flugstunden von zu Hause entfernt mit »Schneller, lauter, rückwärts«-Rufen zu irritieren.

Die Belegschaft im Bus scheint sich aus Kreisen zu rekrutieren, die früher die gleichen Orte aufgesucht haben, auch wenn sich die Wenigsten dabei wissentlich über den Weg gelaufen sind, eine bemerkenswerte Erkenntnis.

Auch Maxe Schröder ist so ein Fall. Nachdem wir tagelang im Bus nebeneinander gehockt haben, stellen wir fest, dass ich mindestens eins der Konzerte seiner früheren Punk-HC-Bands in der Korn in Hannover gesehen habe. In diesem Bus hockt offensichtlich der Bodensatz einer Szene von gestern. Zumindest der Teil einer kleinen, aber höchst virulenten Szene, der nicht hinweggespült wurde oder in den Limbo diffundiert ist. Einfach übergeblieben. Nicht mit allen, aber mit vielen Wassern gewaschen. »Alte Haudegen«, wie Thees gerne mal anerkennend sagt, wenn er in der Laune ist, Orden zu verteilen.

KÖLN, 12.10.03

Cologne ist eine Millionenstadt mit vielen Eigenheiten. Alles, was sich am rechten Ufer des Rheines befindet, »is op de schäl Sick«, also Leverkusen zum Beispiel. Die Bauwerke auf der »schäl Sick« sind durchnummeriert, damit man sie wiederfindet. Das Konzert heute Abend findet im Gebäude mit der Nummer 9 statt.

Mein Gedärm ist von der Tour-Ernährung schon arg in Mitleidenschaft gezogen. Da sich eine Benutzung von Toiletten an Autobahnraststätten und Tankstellen aus hygienischen Gründen grundsätzlich verbietet – okay, Pinkeln kann man nun wirklich überall –, freut man sich immer ein bisschen auf die meist annehmbaren Örtlichkeiten an den Veranstaltungsorten.

Man findet für gewöhnlich tatsächlich stille Orte, die, zumindest am frühen Abend noch, gereinigt sind, also gut benutzbar. Im Gebäude Nummer 9 muss man überraschenderweise als Musikreisender mit den übel anmutenden Publikumstoiletten vorlieb nehmen. Strategisch betrachtet bedeutet das: Richte deine Bedürfnisse so ein, dass sie zeitlich vor der Ankunft der ersten Konzertbesucher liegen. Es sei denn, du hast Ambitionen, die in Richtung *GG Allin* gehen.

Darauf erst mal ein Kölsch. Eine Bierart, die, völlig zu Unrecht, im Rest des Landes (Düsseldorf zählt hier ausdrücklich nicht) mit dem Vorurteil leben muss, gar kein richtiges Bier zu sein. Solche Lästermäuler, die Köln ohnehin nur im Zusammenhang mit RTL kennen, sehen sich obendrein grundsätzlich dazu berufen, Kölsch und Urin in einem Atemzug zu nennen.

Über die Provokation »Kölsch macht schwul«, gerne als selbst gemaltes Transparent im Fußballstadion annonciert, kann man hier und auch als FC-Fan in der Diaspora dagegen sogar grinsen. Der Umgang mit dem gehäuften Auftreten von Homosexualität in der Stadt ist für gewöhnlich selbstironisch generös.

Es gibt circa 25 verschiedene Kölschsorten, oder sagen wir Etiketten, von denen einige sehr gut sind, viele Durchschnitt, und nur eines halte ich für wirklich nicht genießbar: Küppers Kölsch. Der ausschließlich regionale Genuss dieser Brauart ist im Übrigen darauf zurückzuführen, dass wegen der reduzierten Haltbarkeit der Verbreitungsradius rund um die Stadt eine Tagesreise mit der Kutsche betrug.

Dass heute in den gay-frequentierten Bars von Berlin-Kreuzberg Kölsch serviert wird, erstaunt wiederum nicht. Entweder hat man dort Stadion-Transparente studiert, oder (und das klingt wahrscheinlicher) es ist einfach nur hip, weil es aus der Ferne kommt. Bier von woanders kann nur besser sein als Schultheiß. Also findet man in der Hauptstadt Astra, Holsten und Früh Kölsch. Verrückte Welt globalisierter Mikrokosmen.

Im Gebäude 9 habe ich meinen Kram wieder einmal außerhalb der eigentlichen Halle aufzubauen, was ich immer noch doof finde, da ich an keinem Abend darauf verzichten möchte, den *Tomte*-Auftritt mitzuerleben. Die Stimmung einfangen, die Melodien aufsaugen, meine ganz persönlichen Fab Five performen sehen.

Es ist wie eine Sucht. Ich kann nicht genug bekommen. Jeden Abend für den Rest meines Lebens ein *Tomte*-Konzert wäre für mich kein Problem. Es wäre mir ein Pläsier.

Direkt neben der für mich vorgesehenen Area sind zwei Plattenspieler aufgebaut. Ich frage, ob ich ein wenig heranrücken kann, weil ich mich noch ein wenig ausbreiten möchte.

»Klar, der DJ braucht keinen Platz, nur Wodka, der wird nichts dagegen haben.«

Bald kommt ein Typ, komplett in Jeans, mit einer Brille im Dennis-Becker-Style auf der Nase, knallt eine Curver-Box mit Vinyl auf den Tisch und streckt mir die Hand entgegen:

»Hallo, ich bin Rocco und du? Hilmar? Alles klar, Hilmar, ich freu mich auf einen netten Abend, lass uns erst mal anstoßen!«

Meine Kölschflasche knallt gegen sein Longdrink-Glas.

Ich begreife, der DJ ist also Rocco Clein.

Gut, als jemand, der MTV und Viva selten schaut, ist mir Rocco Clein ein paar Mal flüchtig auf dem Bildschirm begegnet. Das Magazin »Spex«, für das er schreibt, konsultiert man ja auch nur noch selten, seit es Münchenern gehört. Insgesamt bin ich also relativ unbeeindruckt von dem Ruf, der Rocco Clein vorauseilt. Ich gebe zu, dass man schlechterdings durch die deutsche Indie-Szene stolpern kann, ohne seinen Ruf und Namen registriert zu haben.

Das Konzert in der Halle, nur zehn Schritte von mir entfernt, muss ein gutes gewesen sein, wie man am nächsten Tag im »Kölner Stadtanzeiger« nachlesen kann. Das Blatt lässt sich sogar dazu hinreißen, Uhlmanns Entertainment-Talent mit dem von Elvis Presley zu vergleichen. Oha!

Rocco Clein hat mir, nur Minuten, nachdem wir uns kennen gelernt haben, angeboten, ein paar Plattenwünsche zu äußern. Während der Show, die er sich nicht entgehen lässt, obwohl es seine vierte oder fünfte im laufenden Jahr ist, habe ich genug Zeit, sein mitgebrachtes Repertoire zu durchstöbern. Ich ziehe mindestens zehn alte, hervorragende Sachen aus seiner Kiste und fühle mich besonders geehrt, dass Rocco im Anschluss an das Konzert tatsächlich alles spielt. Sogar »Number 13« von *Jingo de Lunch*. Was habe ich das immer gerne gehört – bis ich mir einen mächtigen Knackser in mein Vinyl gekratzt hatte. Seitdem konnte ich eines meiner Lieblingslieder nur noch mit Abstrichen genießen, und es war ein wenig in Vergessenheit geraten, bis zum heutigen Abend.

Der klingt mächtig gut aus, wir verstehen uns, obwohl wir uns gerade erst kennen gelernt haben, prächtig.

»Bis zum nächsten Mal, Hilmar, ich freu mich schon!« – »Jau, ich auch, hau rein!« Zum ersten Mal auf der Tour einen coolen Vogel getroffen. Den wiederzusehen würde mich tatsächlich freuen.

Die Sonne scheint ins Zimmer. Wir wachen auf in einem schiefergedeckten Gasthof im scheinbar komplett aus Schiefer gehauenen Remscheid-Lennep. Wir mussten noch in der Nacht ins Bergische Land hinaus, oder ist das gar schon Sauerland? In Köln gab es angeblich keine Zimmer mehr, also hat man uns gleich ohne große Feier auf die Autobahn geschickt. Auf diese Weise haben wir schon fast die Hälfte der Strecke nach Berlin im Sack. Zumindest die ersten dreißig Kilometer.

BERLIN, 13.10.03

Auch dieses Mal hat das Booking eine Zickzack-Tour verordnet. Von Dresden nach Köln, nach Berlin, nach Hannover. Das muss man sich mal auf einem Globus anschauen, um zu verstehen, was das für ein Quatsch ist.

»Ich habe ja einen latenten Hang zum Hooliganismus«, hat Thees in einem unbedachten Moment einmal zugegeben. Das Stöbern in unterklassigen Fußball-Fanbereichen – vornehmlich Foren und Webseiten im Internet – bringt uns allen dann solche Perlen an die Sonne wie das Fundstück Magdeburg-Ultras. Eine Fangruppierung, die mit zahlreichen *Tocotronic*-Zitaten auf Transparenten zeigt, dass es auf alten Bettlaken eine Welt gibt, die far beyond »AIR BÄRON« und »SIEG« reichen kann.

Nicht im Verborgenen geblieben sind bei solcherlei »Recherchen« natürlich die kruden Gesänge des FC Union Berlin: »Hauptstadthass, Hauptstadthass! Ficken, oder was? Ficken, oder was?!«

Dieser beknackte Gesang hat Felix und mich von der ersten Uhlmann'schen Performance an sofort begeistert und every now and then haben wir uns während der Tour damit gegenseitig angestachelt, aufgeweckt oder versucht, das Schweigen der Langeweile im Bus zu durchbrechen. Man muss sich gelegentlich mit Blödsinn aus der zunehmenden Abstumpfung während langer Fahrten herausreißen.

Zugegebenermaßen würde niemand von uns während einer herkömmlichen Straßenbahnfahrt plötzlich von seinem Sitz aufspringen und mit in die Luft gereckten Armen »Hauptstadthass, Hauptstadthass! Ficken, oder was? Ficken, oder was?!« skandieren. Im Tourbus schon.

Nach dem x-ten McDonald's-»Restaurant« in den letzten 14 Tagen (und ich bleibe dabei: lieber die, als die doppelt so teuren, aber nur halb so leckeren Spezialitäten der Tank & Rast-Verbrecher) geht mein Magen-Darm-Trakt buchstäblich am Stock. Es lässt ein wenig hoffen, dass das Ende der Tour abzusehen ist, immerhin.

Wir entern Berlin via Kaiserdamm, überhaupt die einzig angemessene Straße, über die man in Berlin einreisen sollte.

Aufgekratzt steht Uhlo im Bus und verschickt SMS an die anderen Insassen. Thema: Hauptstadthass. Sofort gehen als Antwort die Gesänge los, und Thees versucht uns mit der gleichen Rhetorik zu ködern, wie er es in Halle mit »den Ossis« durchgezogen hat: »Ich hab mindestens zehn Hauptstadt-Witze auf Lager – aber keinen einzigen werdet ihr zu hören kriegen!«

Olli kuckt ein bisschen melancholisch aus dem Fenster. Wohnt doch nicht nur seine Liebste in Berlin, sein eigener Umzug hierher ist im Prinzip auch schon beschlossene Sache.

»Olli, hol dir heute mal ein Mikro auf die Bühne, ich will dich heute Abend battlen!«

Weil Oliver Koch auf der Bühne, wie immer, lieber raucht und Bier trinkt, verzichtet er auf das Mikrofon. Thees bleibt nichts anderes übrig, als wieder mal den Alleinunterhalter zu geben. Heute Nacht gibt er *Kool-Savas*-Battle-Zitate zum Besten.

Tomte spielen heute in der Maria am Ufer, das ist vis-à-vis der alten Maria am Ostbahnhof. Ich werde sie »Maria am Abgrund« taufen und so in meiner Erinnerung behalten.

Maria, das ist vielleicht eine Olle. Sie ist schmutzig und dumm. Solange die Saalbeleuchtung noch angeschaltet ist, sieht es in ihr nicht wirklich einladend aus. Kannst du bitte das Licht ausmachen, Maria?

Ich muss an den Spruch denken, den jemand mit dem Finger in den Fensterschmutz eines Bremer Sozialbaus geschrieben hat: »I wish my wife was as dirty as this« hatte dort für Wochen gut lesbar gestanden.

Was Maria in der Hauptstadt »dirty« findet, ist, eine explizite Fickszene an die Wand zu malen. Geschätzte vierzig Quadratmeter Kunst im Bau: zehn Meter breit, vier Meter hoch. Die Abbildung zeigt eine Dame in Bearbeitung zweier Schwänze. Pornohumor in Berlin, meine Fresse, was ist denn hier los?

Dumm, aber vielleicht einfach nur im Einklang mit dem Verhalten ihres Personals ist Maria, weil sie den Weg zu den Toiletten auszuschildern nicht für nötig hält.

»Komm, wir stellen den Merchandise-Heini von der Band dahin, den können die Leute ja nach dem Weg fragen.«

Nach der dritten Auskunft bin ich es leid, aber ja auch nicht auf den Kopf gefallen. Also male ich einen erkennbaren Wegweiser »Toiletten« an die Wand.

Zusammen mit deutlich dicken Pfeilen in die Richtung, die man zu gehen hat. Das hilft zwar nicht allen, aber den meisten, die heute mal müssen. Ob Maria den Hinweis, nachdem sie ihn entdeckt hat, wieder überstrichen hat, weiß ich nicht.

Unsere Unterkunft ist ein Rock'n'Roll-Hotel, an der East Side Gallery weiter runter, hinten an der Oberbaumbrücke, schräg gegenüber vom Universal-Headquarter. Seiner Berufung folgend, ist das Hotel ganz schön runtergerockt. Mit nackten Füßen möchte man jedenfalls nicht über den Teppich latschen müssen. Armaturen, Waschbecken und Duschvorrichtung haben auch gewiss schon bessere Zeiten erlebt.

Der Portier rasselt zur Begrüßung einen Spruch herunter. Bei mir bleiben wenige Stichworte hängen: Denkmalschutz, Aufzug, Halb-Etagen, rauf oder runter. »Ja, alles klar, kein Problem«, antworte ich großspurig.

Was er mitzuteilen meinte, war, dass man eine Etage höher oder tiefer als das gewünschte Stockwerk fahren muss und dann eine halbe Treppe zu Fuß gehen, was darin begründet ist, dass der Aufzug erst nachträglich eingebaut wurde und dementsprechend nicht dort hält, wo man hin möchte, obwohl es die Tasten an der Steuerung suggerieren. Wenn man erst einmal eine halbe Treppe zunächst nach oben und dann doch wieder nach unten, seine Etage suchend, ausprobiert hat, versteht man in etwa die Logik, die hinter der Aussage steckt.

Ansonsten ist der Mann am Tresen ziemlich nett und lässt mich ohne Umstände in einem Nebengelass an seinen Büro-PC, um ein bisschen E-Mail-Verkehr zu haben. Mein iBook ist gestern abgekackt. Es läuft noch, zweifellos, aber man sieht nichts mehr, Display-Schaden ohne Dazutun des Gegners. Ich bin mittelschwer durcheinander deswegen.

Auf dem Tresen liegt ein Gästebuch, in das sich illustre Persönlichkeiten aus der Welt lauter Gitarren, zum Beispiel Charlie Harper und die *UK Subs*, die *Cockney Rejects*, mit langen Haaren, *The Exploited* und *Iron Maiden* inklusive Fotos eingetragen haben.

Es war zumindest die Roadcrew von *Iron Maiden*, so genau ist das beim hastigen Durchblättern nicht zu eruieren.

Dennis ist total begeistert, weil er doch ein alter *Iron-Maiden*-Fan ist. Er hüpft begeistert von einem Bein auf das andere aus dem Hotel hinaus. Denn wer froh ist, ist ein König. Ich bin skeptisch, und trotz anders lautender Behauptung vermute ich bis heute, dass der Nachtportier aus Langeweile seine Lieblingsbands in das Gästebuch reingemalt hat. Dazu den Irokesen-Skull von *The Exploited*. Der Eintrag auf der ersten Seite im zweiten Buch ist irritierenderweise von Xavier Naidoo, dem alten Jesus-Rocker.

Heute kommen viele Leute, und die Gästeliste reicht bei weitem nicht aus. Zwanzig Gästelistenplätze stehen der Band allabendlich zur freien Verfügung. Heute haben wir fünfzehn Anwärter mehr, als uns Plätze zustehen. Weil das Kontingent beschränkt ist und auch von Seiten des Veranstalters kein weiterer Spielraum gewährt werden kann, müssen wir Karten kaufen.

»Karten kaufen?«, frage ich. »Ja, wir kaufen halt die fünfzehn Tickets zum Grundpreis beim Veranstalter.«

Eine Praxis, die im Bedarfsfall bei *Tomte* ohne zu zucken ganz selbstverständlich ist und hier nicht zum letzten Mal nötig sein wird.

Berlin ist die Hauptstadt, und einige Leute müssen unbedingt auf der Gästeliste stehen. Gute Freunde sowieso, dazu Bekannte, die noch etwas guthaben, die auf keinen Fall auf der Liste fehlen dürfen.

»Ja, Gerne, ich habe die Namen für die Gästeliste alle im Rechner«, sagt Thees (zumindest heute mal wieder in der Doppelfunktion als Musiker und Plattenfirmen-Inhaber) und stellt im selben Moment fest, dass er sein Netzteil nicht dabei hat.

Sein iBook, ein Modell der allerersten Stunde, läuft schon seit langem nur noch maximal fünf Minuten auf Batterie, danach ist das Netzteil für den Betrieb notwendig. Für heute sind die fünf Minuten schon verbraucht, und ohne Netzteil keine Namen. Ätzend.

Der Steher an der Tür will in spätestens zwanzig Minuten die Gästeliste haben, Nachträge sind später nicht mehr möglich. Er wird dann das Publikum hereinlassen, wir sind hier in Berlin, keine Diskussion. Jetzt heißt es, schnell handeln. Ich habe zwischendurch gesehen, dass der Veranstalter mit einem Powerbook rumläuft, mache ihn ausfindig, stelle ihn zur Rede: »Hier, kann ich mal kurz das Netzteil von deinem Rechner leihen?«, es würde passen, die Stromversorgung ist bei den Applerechnern untereinander kompatibel – »Ja klar. Obwohl ... Nö, das habe ich gar nicht dabei, zu Hause gelassen!«

»Hilmar, wir brauchen unbedingt die Namen, kannst du im Hotel das Netzteil holen? Wir haben noch maximal eine Viertelstunde Zeit.«

»Viertelstunde?«, überschlage ich im Kopf. »Ja, okay.« Ich schnappe mir den Bus, jage die East Side Gallery herunter, an den letzten bestehenden Kilometern der Berliner Mauer entlang, hinten an der Ampel ein U-Turn, drei Minuten dauert das. Die Karre direkt vor dem Eingang abgeparkt, zu Fuß die Treppen hochgehetzt, in den vierten beziehungsweise fünften Stock, oder halt dazwischen. Immerhin: sofort das Zimmer gefunden, das Netzteil gegriffen, wieder runtergespurtet. Drei bis vier Stufen auf einmal, man muss zielsicher springen, um sich nichts zu brechen. Sieben Minuten sind vorbei.

Auf den Fahrersitz gesprungen, den Diesel hochgedreht, zurückgepresscht, links rein zum Ufer, noch mal links auf den Parkplatz, der eher daherkommt wie die Sandgrube auf einem naturbelassenen Abenteuerspielplatz, an den auf Einlass Wartenden vorbei, rein in den Puff. Zack, zwölf Minuten, handgestoppt.

Was tut man nicht alles, damit die Gästeliste stimmt. Die beiden Vögel, die ich auf die Liste schreiben ließ, kommen nicht. Einer wäre Ideengeber Stefan gewesen. Hauptstadthass.

Das Konzert ist gut, sagt man mir später. Ich selbst muss währenddessen T-Shirts bewachen und in erster Linie den Weg zur Toilette beschreiben.

Mitten im Konzert stehen auf einmal Gerne, Sven Regener und dessen Frau am Stand.

Bei *Element of Crime* sind *Tomte* 2002 im Vorprogramm mitgetourt. Das war das entscheidende Stahlbad, das genommen werden musste. Seitdem gilt Sven Regener, Frontmann der *Elements*, wie sie landläufig gerufen werden, als Förderer von *Tomte*. Was immer das bedeuten mag. Auch Gerne ist ein Überbleibsel dieser Begegnung, war er doch zuvor Merchandiser von *Element of Crime*.

Die Tatsache, dass Sven Regener der Ruf vorauseilt, der große Mentor zu sein, schlägt sich jedenfalls darin nieder, dass er freie Auswahl am Merchandise-Stand hat. Mit natürlich wirkender Bescheidenheit wählt er ein, zwei Teile, wird von Gerne allerdings genötigt, »diese CD noch zu nehmen, und die Maxis und hier die *Olli Schulz & der Hund Marie*, und jetzt nimm auch noch das T-Shirt in Weiß und das andere als Girlie, für eure Tochter, klar, hier, nimm mit. Hast du eine Tüte, Hilmar?« – »Nein, hab keine Tüte.«

Das erste Mal, dass einer so viel nimmt, dass es tatsächlich die Dreingabe einer Tüte rechtfertigen würde, und ich habe keine. Hat ja aber auch keiner bezahlt, den Kram. Der Typ soll wenig später eine Million von seinem Debütroman verkaufen und wird hier mit kostenlosem Merchandise-Material beinahe zugeschissen. Ich bin ein bisschen sprachlos. Immerhin sieht Sven Regener dem Christian Ulmen viel ähnlicher, als ich dachte.

Über 350 Leute waren heute da, so viele wie noch nie eines der relativ häufigen *Tomte*-Hauptstadtkonzerte besucht haben.

Ich habe *Tomte* im Vorprogramm der *Boxhamsters* schon einmal in Berlin gesehen. Oktober 2000 war das, Tommy Weissbecker Haus, schräg gegenüber vom Willy-Brandt-Haus.

Die Besetzung der Band war damals noch Timo, Thees und Stemmi. Den *Tomte*- und auch den *Boxhamsters*-Auftritt haben Atta und ich, mehr oder weniger, verquatscht, also uns unterhalten anstatt uns unterhalten zu lassen.

Atta wäre der andere Vogel gewesen, den ich heute auf der Gästeliste notiert hatte. Gekommen ist auch sie nicht.

Der gute Zuspruch am heutigen Abend lässt die Gesichter strahlen und die Handy-Leitungen glühen: »Ja, Mutter, Berlin, wir haben Berlin geknackt. Yes!« Geballte Fäuste, wie nach einem Sieg gegen Hertha. Aus FC Union-Sicht, sagen wir mal.

Daniel Lieberberg ist auch da, wird mir vorgestellt. Sympathischer Typ, wie sollte es auch anders sein, nach dem, was ich von Thees schon alles an Schwärmereien über ihn gehört habe.

Die Lieberberg-Ära hatte Mitte 2000 begonnen. Thees schickt mir eine 4-Song-Demo-CD zu. Das erste Material nach dem Erscheinen des Debütalbums auf Wiebuschs But Alive-Records.

»Yves, wie hältst du das aus« ist für mich ziemlich irritierend, weil neu, weil sehr eigen. Es ist meine erste Begegnung mit dem weiterentwickelten Sound von *Tomte*, der sich erstmalig eindeutig von unseren gemeinsamen Punk- und Hardcore-Wurzeln entfernt. Auf eine Art und Weise, wie sie auch keine der progressiven Ami-Bands je gegangen war. »Wow«, denke ich, »das hat was. Aber das ist auch nicht so einfach einzuordnen. Vor allem musikalisch. Wie soll ich das beurteilen, die Jungs werden schon wissen, was sie tun.«

Ich reiche das Demo an Weser-Label-Boss Fabsi weiter. Er kann nicht viel damit anfangen.

In den Gesprächen, die ich mit Thees während niedergeschlagener Tage in Hamburg führe, fällt immer wieder der Name Lieberberg, Sohn des großen Konzertveranstalters, der sei Fan und habe was vor. »Sohn von«, denke ich, was kann das schon bedeuten? »Der macht die Platte und auch ein Video«, sind die Argumente.

Ich bin in diesen Tagen eher mit mir selbst beschäftigt, habe gar keine Lust mehr drauf, Ökowein in Pfandkisten durch die Gegend zu schleppen. Ich will einen anderen Job. Thees ist bei Spray.net beschäftigt, so ein schwedisches Internetportal, das E-Mail-Kontakte knüpft oder ähnlich unnützes Zeug. Er vermittelt mir ein Vorstellungsgespräch mit seiner charmanten Chefin, aber ich muss feststellen, dass »redaktionelle Promotionarbeit« nicht das Richtige für mich ist.

Zum Ende des Jahres 2000 schaffe ich es doch noch, als einer der Letzten, auf den New-Economy-Zug aufzuspringen. Die NASA, nein, n.a.s.a.2.0 in Hamburg-Barmbek gibt mir eine feste Stelle. Dort machen wir Internet für Verona-Feldbusch-Spinat und die Zomtec-Freaks aus der Bifi-Werbung. Eine der Top-10-Kreativagenturen von Deutschland, heißt es. Diese Branche schustert sich ihre Charts ganz willkürlich selbst zusammen. Am Anfang muss ich aufpassen, mich in diese mir unbekannte Büro-Szene einzupassen. Getreu dem Motto von Freund Emil Elektrola: Millionärsempfang oder Party im besetzten Haus – wir kommen überall zurecht.

In der Otzen, in der Olli Kochs Mutter schon gewohnt hat, finde ich dankbar Unterschlupf bei Nicole und Thees, bis ich eine eigene Behausung in Niendorf finde. Abends sitzen wir auf dem Sofa, trinken Bier, und Goo stürzt hinter den Kronkorken her, die Thees durch die Souterrain-Wohnung schnippt. »Angst« ist ein Stichwort, das in den Gesprächen häufiger fällt. Und »Magenschmerzen«.

Unter Kerlen wird in solchen Situationen nicht groß nachgefragt, man nimmt auf, was der andere ausspuckt, und spürt, welche Gemütszustände den anderen gerade beherrschen. Man stärkt sich gegenseitig den Rücken, indem man im nächsten Satz auf die neue *Oasis* überleitet. Oder eine Hardcore-Schote von früher erzählt.

Vielleicht teilen Kerle Gefühle auch ohne Worte. Was sollte man auch sagen, wo man doch selbst nicht weiß, was werden wird. »Wie lange Probezeit hast du?«

Aus den Tagen müssen meine All-time-favorite *Tomte*-Textzeilen stammen:

»… solange wir zu kaufen sind, bestehe ich aus Gold.

… treffen sich die Menschen, die wir nicht mögen, immer noch auf den Terrassen. Ein kleiner Toast, auf die Jahre, die sie uns lassen, ohne uns anzufassen, nur weil wir uns gewisse Sachen trauen …«

Thees weiß in dieser Zeit schon, dass Stemmi ein Wackelkandidat sein wird. Sein Radio-Job wird ihm wichtiger sein. Timo hat zugesagt weiterzumachen, trotz Koch-Job und Familienzuwachs. Stemmi wird direkt nach Erscheinen des zweiten Albums aus der Band aussteigen.

Jahre später, gefestigt durch die Richtigkeit aller bis dahin getroffenen Entscheidungen, wird Thees gestehen, dass er jederzeit das *Tomte*-Ding auch alleine fortgeführt hätte. Durchgezogen hätte. Mit anderen Kompagnons. Die Erinnerung lässt seinen Blick fest, entschlossen, fast grimmig erscheinen: »Dann hätte ich mir halt ein paar Musiker gesucht, egal.«

Ab einem gewissen Zeitpunkt war ihm als Erstem klar, dass diesen Weg zu gehen Jahre dauern würde. Es würde dauern, bis außen sichtbar ist, worum es bei dieser Band geht. Dann wäre es für die, die über die Innensicht verfügen, aber keine Überraschung mehr.

Tomte sind das, was sie sind, nicht aus Zufall und nicht aus Glück. Nicht entdeckt und gehypt. Nicht gepfuscht und gepushed. »Never been in a Bandwettbewerb« stand lange Zeit als Willkommensgruß auf der eigenen Homepage. Einfach den ganzen Weg gerannt.

Daniel Lieberberg also. Vater Marek schickt seit Jahrzehnten *Bon Jovi* und *Sting* über die Bühnen der Nation, Bruder Andre ist mittlerweile diplomierter Festivalveranstalter, und er macht den Musikverleger für Thees. Es ist immer gut, zum richtigen Zeitpunkt die richtigen Leute zu treffen. Erst recht, wenn die einen dann auch noch mögen.

Als Nächstes taucht ein Ur-Bremer auf, jemand, der sich das Bremer Stadtwappen mit dem Schlüssel auf den Oberarm tätowieren ließ: Philipp Styra.

Zusammen mit Maxe war er bei *Queerfish* gewesen, so einer Post-HC-Band, die eine klasse Platte gemacht hatte. Dann hatte irgendjemand versucht, *Queerfish* ganz groß rauszubringen, mit Fernsehauftritten und Bravo-Starschnitt-Avancen.

Eine Band einer gewachsenen Szene zu entreißen, um sie im Mainstream zu positionieren, hat in den 90ern nie funktioniert. Diesen Weg haben die *Rubbermaids*, *Gigantor*, *Die Abstürzenden Brieftauben* und weitere Bands, teilweise mit absurd anmutendem Ehrgeiz (sprich peinlichem Bemühen) versucht und sind kläglich gescheitert.

Philipp (der mit 18 in der Küche meiner Gattin gesessen hatte und im *Queerfish*-Interview Fragen wie: »Wie viel Taschengeld bekommt ihr eigentlich?« für ihr Fanzine beantworten musste) hat, nachdem der *Queerfish* in der Reuse stecken blieb, die Seiten gewechselt und arbeitet heute bei der Deutschen Entertainment AG. Bei diesem Firmennamen kommt man nicht umhin, an ein Pendant zur Deutschen Bahn AG und zur Deutschen Post AG zu denken. Ich habe keine Ahnung, ob diese Firma auf den Reichskulturminister zurückgeht und welchen Auftrag sie hat. Tatsache ist, dass »Zerstyra«, wie er gerne gerufen wird, der neue, draufgängerische Booker von *Tomte* sein wird. Und für heute Abend noch durch die Berliner Luft und das Nachtleben führen möchte.

Nach kurzem Zwischenstopp im Hotel marschieren wir im großen Pulk durch die klare kühle Nacht über die Oberbaumbrücke nach Kreuzberg hinüber, schwenken einmal kurz links und kehren in eine Kneipe ein, die zwischen Dönerlounge und Schnitzel-Shop gelegen ist.

»Hoch die Tassen, auf Berlin, und noch 'ne Runde, bitte schön.« Das Hochgefühl des Konzertabends soll jetzt weiterleben, bis die Sonne aufgeht.

»Last order«, sagt dagegen die Tresenkraft. Es ist gerade mal fünf vor zwei. Wir sind noch nicht einmal eine Viertelstunde in der »Kniep«, wie Kneipen im Bandjargon liebevoll genannt werden.

»Wie, was? Wir sind zehn Leute und haben Durst, du kannst doch jetzt nicht den Ausschank beenden. Wir wollen noch ordentlich konsumieren.« Der Umsatz ist der Theken-Else vollkommen egal, die »Kniep« wird zugemacht und die Berliner Sperrstundenlosigkeit mit einer konsequent durchgezogenen HO-Mentalität unterlaufen. Philipp, Dennis und Max vom Freundeskreis langer Nächte ziehen noch weiter, wir uns aber faul (und um uns weitere Flops zu ersparen) über die Brücke zurück und kurz darauf, so gegen drei, die Decke über die Nasenspitzen.

Um 14 Uhr soll es weitergehen, ungewöhnlich spät und doch strategisch geschickt. Entgegen allen Befürchtungen, dass es im Berliner Nachtleben Verluste geben könnte, sind alle rechtzeitig am Bus. Selbst Philipp schafft es, zur Verabschiedung zum Bus zu kommen.

»Wie lange habt ihr denn noch gemacht, Maxe?« fragt Thees, »Hier, deine letzte SMS ist von 7.10 Uhr.«

Ein müdes Grinsen kommt als Antwort aus Max' mit Barthaar verwildertem Gesicht. Würde er einen blauen Rollkragenpullover mit auf der Brust eingesticktem Anker tragen, würden wir ihn zweifelsohne Kapitän Haddock rufen. Hagel und Granaten! Kurz darauf schlummert er weg.

HANNOVER, 14.10.03

Fünf schöne Jahre habe ich in Hannover verbracht, um zu studieren, wie sich Chaostage organisieren. Nach zehn Jahren Pause hatte es 1994 aus Gag ein Flugblatt mit einem simplen Aufruf gegeben: »Chaostage Revival in Hannover. Kommt alle!«

Und alle kamen: Punks und Pöbel und Polizei. Letztere hatten keine Lust, dass Erstere Lärm machen und Bier trinken. Also: Festnehmen!

Lärm gab es aber trotzdem, unser Lieblings-Sindelfinger Punk-Trio *Wizo* spielte einfach ein Konzert auf der Straße, direkt vor der Lutherkirche, in der berüchtigten Nordstadt. Ganz klassisch im Guerilla-Stil: Strom aus dem Generator, das Equipment in einem Klein-Lkw verborgen, der gleichzeitig als Bühne dient. Genauer gesagt hockte der Schlagzeuger in der geöffneten Schiebetür, den beiden anderen Musikern reichte die Straße als Bühne. Noch bevor die Grünen kamen, waren *Wizo* auch schon wieder weg. So macht man sich unsterblich.

Samstag Mittag, August '94, ich pinkle gerade an die Lutherkirche, als Freund Henna, Herausgeber des legendären »Hamburger Schotenkampf« und Macher der Filme »Rollo Aller!« und »Rollo Aller! 2«, um die Ecke biegt. Großes Gejohle. Ich stelle die obligatorische Frage, die man diesem Mann zur Begrüßung entgegenschleudern muss: »Henna, wann kommt eigentlich ›Rollo Aller! 3‹?«

Geflissentlich überhört Deutschlands ältester Jungregisseur die Frage und stellt mir stattdessen seine Begleitung vor:

»Hier, das ist Jan, von Hamburgs bester Band, Hilmar, merk dir den Namen: *Tocotronic*!«

Der Rest ist Geschichte, aufgeschrieben an anderen Orten.

Hannover wird an diesem ersten Wochenende im August 1994 in Schutt und Asche gelegt. *Tocotronic* werden die erste deutsche Indie-Band, die richtig abräumt.

Das Sommerloch 1995 bietet sich an, die Chaostage-Show zu wiederholen. Dieses Mal mobilisiert die Presse unter der Leitung von Tom Junkersdorf, einem schlecht frisierten Schreiberling, der heute die Promi-Klatschgeschichten auf der Titelseite der »Bild«-Zeitung machen darf, ein unmittelbarer Nutznießer der alten Cash-from-Chaos-Strategie also, gemeinsam mit dem Polizeipräsidenten: sich selbst und das Bier verschlingende Ungeheuer namens Punk.

Angestachelt durch eine Hand voll Falschmeldungen im Internet, gezielte Informationsvergiftung, wie es der Spiritus Rector Karl Nagel nennt, wird das Chaos zum Selbstläufer.

Vier Tage später liegt Hannover abermals in Schutt und Asche, und erneut einigen sich alle Kontrahenten wortlos darauf, die Sommerspiele im August 1996 zu wiederholen. Der Begriff »Chaostage« soll Einzug halten in die Politik, in die Reden im Bundestag, in die Medienwelt und hier insbesondere in die Sportberichterstattung.

Gerne kehre ich in die Stadt der spannendsten urbanen Vergnügungsveranstaltungen des letzten Jahrhunderts zurück. Hier konnte man unendlich viel Spaß haben.

Felix ist heute besonders nervös, er erwartet alte Weggefährten und die Familie in der Crowd. Ich dagegen erkenne kein Gesicht von früher, es ist ein komplett anderes Publikum. Die Menschen, die sich für *Tomte* interessieren, sind andere als die, mit denen man früher die gleichen Interessen teilte. Egal.

Ich verbringe das Konzert damit, mich mit meiner Ex-Freundin zu unterhalten, der Grund, warum ich damals überhaupt nach Hannover geraten bin.

Man freut sich, unterwegs vertraute Gesichter zu treffen, und lädt sich, wann immer möglich, Freunde zu den Konzertabenden ein, um sich an kleinen Inseln der Vertrautheit während der großen Odyssee erfreuen zu können. Darmstadt, München, Hannover, wohin immer es alte Freunde verschlagen hat, es ist schön, sie für ein, zwei Stunden zu treffen. Heute bekomme ich sogar ein Geburtstagsgeschenk mitgebracht. Was für eine Freude, wenngleich mein Geburtstag schon über ein halbes Jahr zurückliegt.

Nachts sitzen wir noch lange im Hotelzimmer. Home hockt im Kleiderschrank, nicht, weil wir ihn vor einem überraschend heimkommenden Ehemann verstecken müssten, sondern weil der merkwürdige Grundriss des Zimmers keine weiteren Sitzmöglichkeiten zulässt. Das Gespräch ist tourunüblich sehr intensiv und dreht sich um den Drogen-Teil in »Sex, Drugs & Rock'n'Roll«. Die bandinterne Toleranzschwelle wird austariert. Fazit: *Tomte* werden auf lange Sicht immer eine klassische Bierband bleiben.

Tage später meint Thees, dass dies die beste Gesprächsrunde seit langem gewesen sei. Überhaupt, Reden ist wichtig. Wenn es gut ist, ist es besser. Was hat ihn Dennis während der letzten 14 Tage auf die Palme gebracht, weil der, aus welcher Laune auch immer, tagelang so gut wie nichts gesprochen hatte. Außer mit seiner selbst erfundenen Porno-Synchronisationsstimme, mit polnischem Akzent gefärbt, ständig ein hässliches »Luuuuutsch!« in die Runde zu tröten.

So viel zum Sex-Teil in »Sex, Drugs & Rock'n'Roll«.

Am Boden der Nasszelle unseres Herrenhäuser Hotelzimmers tummeln sich nicht unerhebliche Mengen von kleinen, dunklen, gekräuselten Haaren, bemerke ich, während ich auf dem Pott sitze und gelangweilt umhersehe, weil ich vergessen habe, Literatur mitzunehmen.

Nicht, dass ich mich vor Uhlmanns Sackhaaren ekeln würde, nur weiß ich, dass Uhlmann und ich die Dusche bis dato noch gar nicht benutzt haben. So viel zum Rock'n'Roll-Teil in »Sex, Drugs & Rock'n'Roll«.

Am Frühstücks-Buffet sind die angebotenen Fruchtsäfte angegoren, wie Thees bemerkt. Selbst sein freundlicher Hinweis an die Betreiber und der sofortige Austausch der Krüge in der Küche ändern nichts: Auch der neue Saft schmeckt nicht. Wir fangen an, Saft-Testreihen zu starten. Gut sind die alle nicht: »Probier mal den.« – »Nee, der schmeckt auch angegoren.« »Komisch«, meint die Chefin des Hotels dazu. Das finden wir aber auch und trollen uns kopfschüttelnd aus dem Frühstücksraum.

Die Zeit bis zur Abfahrt nach Oldenburg nutze ich für einen Besuch der nahe gelegenen Herrenhäuser Gärten. Obwohl ich immer in unmittelbarer Nähe, in der Nordstadt, gewohnt habe, war ich höchstens ein- oder zweimal hineingegangen. Wie es sich oft mit Touristenattraktionen verhält – als Bewohner einer Stadt überlässt man sie in einer Mischung aus Arroganz und Ignoranz den Fremden.

Wegen der bevorstehenden Jahreszeit werden die großen Palmen, die inklusive Kübel bestimmt fünf Meter hoch sind, per Gabelstapler weggestapelt. Ein lustiges Schauspiel, vergleichbar mit und fast noch amüsanter als eine Tiersendung im Fernsehen, die ich mir auch gerne ansehe, weil sie unterhaltsamer sind als Politik oder Comedy.

Gerne macht sich Richtung Hamburg aus dem Staub und überlässt uns unserem Schicksal im Oldenburger Land. Felix hat sein Hannover-Syndrom überwunden. Den selbst aufgebauten Druck, allein mit der Gitarre in der Heimatstadt auf der Bühne zu stehen, hat er zumindest äußerlich souverän bewältigt. Gestählt greift er sich den Schlüssel und steuert fortan den Bus.

OLDENBURG, 15.10.03

Auch in Oldenburg ist der Herbst golden, und wir checken ein in das Hotel mit dem Charme, den nur ein netter Familienbetrieb haben kann. Hier ist gewiss nicht alles perfekt, unterliegt aber dafür nicht dem Gleichschaltungsterror des Pflichtenheftes einer Hotelkette.

Eine halbwegs erhaltene 60er-Jahre-Ausstattung – zumindest in den Fluren und Treppenhäusern – hat mehr Ausstrahlung als die Megahits der 80er, 90er und das Beste von heute in den Hotel-Ausstattungs-Charts: keine beleidigend bunten Teppiche in Anti-Tagging-S-Bahn-Sitzbezug-Style, keine Messing-, Furnier- und Spiegel-mit-abgekanteten-Rändern-Hölle. Keine geheuchelte, antiseptische Reinheit, die dann doch nur den porentiefen Siff durch adäquate Farbgebung der Materialien optisch neutralisiert. Popel, Haare, Lippenstift, was hat man nicht schon alles in frisch gemachten Zimmern entdeckt – und zwar ohne danach zu suchen wie ein »RTL Explosiv«-Detektiv.

Deutsche Hotels sind nichts als pseudo-cleane, verlogene Wohnwelten. Fühl dich mindestens so schlecht wie zu Hause, wenn du unterwegs bist, lautet die Generaldirektive.

Soll es tatsächlich so sein, dass Bauingenieure nicht nur alle Architekten dieser Welt verdrängt haben, sondern mittlerweile auch noch alle Innenarchitekten und -ausstatter?

Bei allen Späßen, die man mit Herbergen machen könnte, warum gibt es eigentlich noch kein von Ikea ausgestattetes Hotel?

Wir streifen durch die Oldenburger Fußgängerzone und Maxe gesteht uns, nicht ohne ein kaum sichtbares, dennoch verschmitztes Lächeln, dass er hier mal eine erfolgreiche Karriere als Ladendieb aufgenommen hat. In jungen Jahren. In einer Nacht gar, als die Kirche wegen Bauarbeiten eingerüstet war, hat er mit ein paar verrückten Kumpeln beinahe den kupfernen Wetterhahn gestohlen. »Der ist dann doch an seinem Platz geblieben. Aber ich hab den Harold Lloyd gemacht und die Uhrzeit verstellt«, schildert Maxe, und wir schlendern, jetzt alle grinsend, weiter durch die Studentenstadt.

Dumm, dass wir uns im Fischimbiss etwas zu essen geholt haben, denn die aus Bremen angereisten Veranstalter und Caterer haben sich Mühe deluxe gegeben und schon zum Empfang große

Mengen vom Feinsten aufgetischt. Wir haben spezielle Gäste backstage, was im Amadeus zu Oldenburg bedeutet: drei Treppen hinaufklettern. Die Räumlichkeiten befinden sich direkt unterm Dach, mit zwei gegenüberliegenden Balkonen für den Blick über alle Dächer der Stadt.

Die speziellen Gäste sind Lars aus Trier und Sebastian, zwei Vögel vom Film, die nur mal kucken wollen, wie es backstage beim Rock'n'Roll so zugeht. Reine Routinemaßnahme, sie sind auf Recherche für einen Film unterwegs.

Wir erklären, dass das Essen wirklich ungewöhnlich gut ist und die Gesamtsituation in Oldenburg heute sehr entspannt. Kein zeitlich knappes Ankommen, Ausladen, Aufbauen, Soundchecken, Essen, Interview geben und rauf auf die Bühne. Alles verläuft angenehm ohne jede Hektik. Wieso und weshalb die beiden extra aus Berlin hergekommen sind, ist mir nicht ganz klar, weil sie nett sind, aber auch egal.

Die Türen öffnen sich heute schon um 19 Uhr, was eigentlich immer nur für den T-Shirt-Honk interessant ist, weil, der muss dann an seinem Stand präsent sein. Also ich.

Runter in den ersten Stock. Ich habe mir eine Position ausgesucht, von der ich auf die Bühne schauen kann. Das Amadeus verfügt über eine Bühne mit relativ knappem Zuschauerbereich im Erdgeschoss und einer rundum verlaufenden Galerie ein Stockwerk darüber. Dort sind zwei weitere Theken angesiedelt, die Galerie bietet zusätzlich ausreichend Platz für Balkongäste. Zunächst hatte es geheißen, der Veranstalter öffnet die Galerie erst ab dem einhundertachzigsten Besucher. Mit einer Haltung, gemischt aus »Logisch kommen die« und »Mir doch egal«, entscheide ich mich früh dafür, den Merchandise-Stand oben aufzubauen, mit 1A Blick auf die Bühne und gegen den sonst für diesen Club üblichen Platz am Eingang. Der ist nicht nur zugig und kalt, sondern auch noch fernab von allem Geschehen.

Home of the Lame spielt die ersten drei Songs in überragender Güte. In der verspiegelten Säule, die der Bühne gegenüber inmitten des Zuschauerraumes steht, sieht er sich selbst und rückt irritiert zur Seite.

Unterdessen ruft mich Thees aus Sichtdistanz an: »Kuck mal geradeaus, haha.« Aus Rache gebe ich vor, weiter in mein Telefon hineinzuquasseln, wir haben längst Sichtkontakt, und er hat bereits aufgelegt. Ich tue so, als ob ich immer noch telefonieren würde. Dafür bekomme ich von ihm den Mittelfinger gezeigt. Er kommt mir entgegen und freut sich: »Ich liebe es, für so was mein Geld auszugeben!« Und das meint der sogar noch ernst.

Bei der letzten *Weakerthans*-Tour war Thees als Fahrer oder Freund, eines von beiden, mit unterwegs und hat jeden Abend die Nummern von Jasons Mutter oder Johns Mutter gewählt und sich den Arsch abgefreut, den Boys eine Verbindung in die Heimat zu ermöglichen. »Ich hatte 'ne Handyrechnung von über 400 Mark. Das ist doch geil. Ich liebe es, dafür mein Geld auszugeben.«

Abends im Hotel wollen es die beiden Jungs vom Film wissen. Wir flegeln in unserem kleinen Zimmer rum und spielen Burnout am Splitscreen, Mann gegen Mann. Thees hat sich in den langen Nächten, in denen ich meist schon weggeschlummert bin, die besten Fahrskills angeeignet und fordert dementsprechend großmäulig einen Gegner nach dem anderen heraus. Auch ich kann mit ein wenig Routine den ein oder anderen Wettkampf für mich entscheiden. So geht das die halbe Nacht.

Der nächste Morgen ist kalt und klar. Wir verabschieden uns von den Herren vom Film und machen auf der Weiterreise Station bei mir zu Hause in Bremen. Während ich schon mal meine schmutzigen Klamotten abwerfe, holen sich die Jungs beim Bäcker an der Ecke belegte Brötchen. »Der ist gut«, sage ich, »die backen selbst, Meisterbetrieb von Herz und Hand, oder was da auf den komischen Deckenhängern aus Pappe steht, die an Bindfäden über dem Tresen baumeln.«

Kurz darauf schaue ich in betretene Gesichter. »Ich glaube, die mochten uns nicht«, meint Maxe, und die anderen pflichten ihm bei. Beim konservativen Handwerk und seinen Verkäuferinnen sind leicht ungepflegte, durchgetourte junge Männer nicht willkommen. Das lässt man sie deutlich spüren. Als ob eine Bäckereifachverkäuferin mit ihrem Verhalten jemanden ändern könnte. Wie vermessen.

Wenn ich heute in den Laden gehe, höre ich die Chefin grundsätzlich stöhnen. Wie hart das Geschäft sei und dass ja keiner mehr richtig arbeiten wolle. »So was kommt von so was«, denke ich dann immer, »Ich weiß schon, früher war alles besser. Und: heul doch!«

HAMBURG, 16.10.03

Am frühen Mittag landen wir unter großem Hallo im Grand Hotel, das günstigerweise zehn Meter vom Schlachthof entfernt gelegen ist. Das größte Hallo in Form von Wuff und Kläff erlaubt sich Goo, der mit Thees über das Laminat rollt. Ein einziger großer Seufzer, ein tiefes Aufatmen schallt durch den Raum.

»Wie lief der Vorverkauf?« – »Gut, obwohl kaum Plakate geklebt wurden.« – »Hm.«

Soll gerade die Heimatstadt das gefühlte Hoch der letzten Tourtage zerschießen? Man ist entsprechend nervös, war doch der letzte, nicht allzu lang zurückliegende Auftritt im heimischen Hamburg nicht der Knaller gewesen.

Wie schon in Berlin, muss die Gästeliste heute aufgebohrt werden. Außerdem ein Platz für den Rollstuhl von Vater Uhlmann organisiert werden. Timos Frau kommt mit dem Stammhalter an der Hand und weiteren Nachwuchs unterm Herzen tragend zum Soundcheck. Sohn Artur darf beim Soundcheck oben auf Vaters Schoß thronen und die Aussicht genießen. Och, wie niedlich.

Langsam und zu hamburg-typisch später Stunde füllt sich das Gelände. Die Kleiderstange der Garderobe biegt sich bedrohlich durch. Bald ist es knackvoll, und ich entschließe mich heute, alle fünfe gerade sein zu lassen. Verzichte auf die Angebote von Reimer, mir beim Verkauf zu helfen, male ein Schildchen »Bin gleich zurück«, drapiere Molton über das Schaufenster meines kleinen Einkaufsladens und verfolge den *Tomte*-Auftritt mit Backliner Felix Gebhard und Gerne nebst Dame aus dem kleinen Durchgang neben dem Bühnenmischpult.

»Bei den Mischern im Schlachthof musst du dich durchsetzen, die machen gerne, was sie wollen, und nicht das, was du willst«, lautet die Warnung. Auch das schafft Hardy mit Gelassenheit und Routine, zumindest äußerlich lässt sich dieser Mann ohnehin nicht aus der Ruhe bringen.

Backstage ist das Bier schnell alle. Mit freundlichem Bitten bekommt man zumindest bei der Bedienung noch ein, zwei Kisten nachgeliefert. Keine Ahnung, ob nachher weitere bezahlt werden mussten. Ist doch auch egal, lass fließen den Stoff.

Swen Meyer ist da. Der Teufelskerl an den Knöpfen. Hausproduzent bei fast allen Platten des Grand Hotel van Cleef. Bei

Kettcar musste er noch tun, was die wollten, *Tomte* hat er in neue Sphären gehoben, bei *Olli Schulz & der Hund Marie* hat er »richtig was rausgeholt« – ein fast unheimlicher Ruf eilt dem Mann voraus. Und das ohne Namedropping, weil vor den GHvC-Produktionen nichts Namhaftes dabei war.

Wer und wie ist wohl dieser Kerl? Ich denke unweigerlich an den legendären Rick Rubin – Producer der *Beastie Boys*, von *LL Cool J* und *Slayer*: ein dicker Mann mit langen, fettigen Haaren und fusseligem Vollbart hinter einer Batterie von Apparaten über eine meterbreite Konsole mit einer Million Knöpfchen gebeugt. Der muss aufpassen, dass sich seine Haare nicht in den Reglern verfangen. Ein Nerd muss das sein, dieser Meyer, jemand, der etwas versteht von seinem Geschäft und immer da ist, wo er hingehört: hinter seinem Mischpult.

Da ist er: »Hallo Swen!« – Verdammt, sieht der gut aus. Wuschelfrisur à la Max, Dreitagebart, blaue Augen, rechts und links eine Lady im Arm, ein reiner Dandy, haha. Lustig. Von wegen Rick Rubin.

Die Halle ist mit 600 Besuchern proppenvoll. Aus den üblichen Sicherheitsgründen müssen Leute unversorgt draußen bleiben. Der Auftritt ist fantastisch, wie die triumphale Heimkehr nach einem 15-tägigen Feldzug durch das Land. Gänsehaut. Erleichterung. Freude. Durchatmen. Geschafft!

Die Luft rauslassen und das entstandene Vakuum mit Bier auffüllen. Abschied feiern, hin- und herwandern zwischen Partyraum und neonbeleuchteter Backstage-Gemütlichkeit. Später sind alle Räume im Schlachthof in Neonlicht getaucht, es wird schon gefegt und gefeudelt, aber immer noch gefeiert.

Durch die Nacht stapfe ich in Schlangenlinien zu Carlas Wohnung, ein dickes Bündel mit den Einnahmen des Abends in der Hosentasche. Verliere kurz die Orientierung, die alten Männer aus dem türkischen Kartenspielsalon helfen mir weiter. Ich stolpere fast über die Katze. Halb vier. Augen zu. Tour zu Ende.

Kurz vor acht sitze ich im Zug nach Hause. Meine Frau wartet. So früh bin ich lange nicht mehr aufgestanden.

MÜNSTER, 15.11.03

»Ich spiele alleine, nur mit Gitarre, im Vorprogramm von Paul Weller.« Hilfe, nein, Paul Weller, in Münster.

»Thees, kann ich mitkommen? Ich würde gerne, unbedingt, auf jeden Fall Paul Weller sehen, bitte.« Es klappt, ich kann mitkommen.

Thees und ich sind verabredet, wir fahren mit dem Zug. Er ruft an, wenn er in Hamburg startet, und ich steige in Bremen zu. Akustikgitarre dabei, ein, zwei Dosen Bier und los, den alten Stylekönig zu treffen. Den Mann, der mit *The Jam* vor über 25 Jahren Geschichte gestartet hat, der den perfekten Popsong definiert hat, als Punk gerade erst eruptiert ist. Der alle Punks angepisst hat, indem er weit vor der vorgesehenen Zeit mit *Style Council* was Neues gestartet hat, bevor er in die Verlegenheit geraten konnte, sich im Alten zu verlieren. Der nach dem Experiment *Style Council*, das mir nie gefallen konnte, fantastische Soloalben aufgenommen hat.

Soulbrother Paul Weller hat Britpop gegründet, bevor es irgendjemand wusste. Er ist gesegnet mit dieser Stimme, britischer geht es wirklich nicht. Aus Großbritannien kommt Popmusik her. Die Insel bleibt das Mutterland von Fußball, echten Motorrädern und wahrer Musik.

Und auch heute noch steckt Paul Weller alle locker in die Taschen seines schwarzen Cordanzuges. Paul Weller trägt Koteletten, ohne damit scheiße auszusehen. Paul Weller kommt in Ringelsocken. Paul Weller ist für immer einer der Größten von der Insel, ohne dass er damit hausieren gehen müsste. Einfach seit über 25 Jahren auf Tour, mal mit und mal ohne Band. Plus very special Guest.

Samstagmorgen, bevor ich von zu Hause einen halben Tag Ausgang bekomme, müssen wir noch zum Markt, Lebensmittel kaufen. Feuchtkaltes Wetter, hochgezogene Schultern unter Marktstanddächern und Planen, das Batterietelefon klingelt: »Ja?« – »Hilmar …«, ein fürchterliches Schluchzen, »… Hilmar, der Hund ist überfahren worden …« – »Was? Nein! Das glaube ich jetzt nicht. Was?«, während das Sprachzentrum noch nicht weit genug ist, zu realisieren und umzusetzen, ist an anderer Stelle im Kopf schon lange klar: Die Botschaft ist ernst, todernst, kein Zweifel. Nicht der beste Schauspieler hätte so viel Schmerz in die Stimme legen können wie die Person am anderen Ende der schnurlosen Leitung. Scheiße, Mann, das kann doch nicht angehen. Ich kenne Millionen von Hundebesitzern. Millionen von Hunden leben ihr Hundeleben von Anfang bis zum Ende im Hundealtersheim, so lang wie ein Menschenleben. Ein Hundejahr sind sieben Menschenjahre. Und jetzt erst unser und dann deren Hund? Endlich einmal etwas, das länger als vier Jahre hält. Welt = doof. Heftige Blitze zucken mir durch den benebelten Kopf, Gedanken, Flashes, Mitgefühl, Erinnerung, Hilflosigkeit und am Ohr ein erwachsener Mann, der hemmungslos weint. Das Außenrum verschwimmt, es blurrt für einen Moment weg. Sekunden von Fassungslosigkeit. Diesen Zustand erlebt man nicht so oft im Leben, aber das ist auch besser so.

Ein, zwei InterCitys später, nach ein paar weiteren Telefonaten, die Entscheidung: den Auftritt nicht abzusagen, nach Münster zu fahren.

»Soll ich mitkommen, oder willst du lieber alleine …?« – »Nee, komm ruhig mit …«

Die Zugfahrt wird recht schweigsam. Nebeneinander sitzen im Großraumabteil, Gefasstsein, Erinnerungen fließen lassen, eine ungekannte Schwere hängt in der Luft, nichts Falsches sagen. Der Zeitpunkt wird schon kommen, wenn es wieder geht. Wir rauchen Mentholzigaretten und trinken Dosenbier. Schmeckt nicht so recht. Langsam löst sich die Spannung. Asiaten würden das Messer wetzen, Spanier nur blöde lachen, wenn ein Hund nicht mehr lebt. Wir tun es nicht. Wir bekommen ein schweres Herz.

Im Jovel treffen wir auf Thomas Köster, ein Bekannter von Thees, Mitarbeiter von Karsten Jahnke Konzertdirektion und einziger von Paul Weller für Deutschland akzeptierter Tourmanager. Wann immer Weller mit seinem Tross in Deutschland tourt, muss Thomas die Begleitung machen, sonst läuft gar nichts. Zu Wellers Entourage gehört neben der Roadcrew, die aus sehr kräftigen, tätowierten, haarigen Engländern besteht, schon seit Menschengedenken Wellers Vater John.

John Weller bekleidet die Funktion des Managers. Vatter Weller sieht dem Junior gar nicht ähnlich, er ist viel kleiner an Statur und sieht mit Hut, Hemd und dem weißen Vollbart eher aus wie ein Texaner.

Wir sitzen stundenlang in dem medium gemütlichen Backstage-Raum, der unter anderem mit historischen Möbelstücken, Musikinstrumenten und einem Telegrafiertisch ausgestattet ist, und warten. Die »Sportschau« in den Fernseher reinzudrehen fällt ziemlich schwer, der Empfang ist mäßig. Dann kommt endlich die Weller-Crew, und wir müssen uns nicht weiter zu dritt mit schlaffen Witzen bei halbgedrückter Stimmung über die Runden helfen.

Thomas wird herzlich begrüßt, schließlich ist er es, der, immer wenn es Vater Weller in Deutschland langweilig ist, der Aufforderung nachkommt: »Thomas! Let's play cards.« Und dann spielt er Karten mit Weller senior, den ganzen Abend, wenn es sein muss. Bisschen schrullig sind die Briten, aber wen wundert das. Seit circa 1977 hat sich deren Tourplan mit den Anweisungen für die jeweilige Bühne nicht geändert. Da stehen Instrumente drauf, die es nicht mehr gibt, und eine Bühnen-Extension wird verlangt, die niemand braucht. Die Catering-Liste hat sich in all den Jahren lediglich von drei auf zwei Kisten Bier abgeändert, dafür fordert sie aber mehr Rotwein, bitte. An dem Konzertflügel, der mitreist und dementsprechend einige Macken und Kerben hat, wird Paul Weller heute Abend genau einen Song spielen. Und sich und uns ein bisschen was zur Einstimmung in der leeren Halle. Die örtlichen Lichtfuzzis mit den Rauschebärten turnen unter der Hallendecke an den Scheinwerfern rum. Das Gerüst ist abenteuerlich improvisiert und entspricht garantiert keiner genossenschaftlichen Sicherheit-am-Arbeitsplatz-Vorschrift. Damit der Mann von der Decke aus, ohne herunterzuklettern, das Gerüst, auf dem er eine Aufstellleiter aufgebaut hat, sich an der Decke abdrückend weiterschieben kann, lässt er die Rollen des Grundgerüstes unverriegelt. Eine haarsträubende Konstruktion. Nachdem die drei Stühle und der Klavierhocker perfekt ausgeleuchtet sind, kommt eine kurze Ansage aus England: Keine bunten Lichter heute bitte, nur einen Spot, »just plain white«. Die Rauschebärte fluchen.

Colin »Gem« Archer, seit 1999 Gitarrist bei *Oasis* – ja genau, den *Oasis* –, begleitet Weller auf der Acoustic Tour. Im Oktober war Weller noch mit Band in den USA, jetzt ein paar akustische Dates in Deutschland und Benelux, dann wieder unterwegs mit Band. So geht es um die Welt. »Hardcore since 1977« steht auf einem der Shirts, die man zu britischen Preisen, also close to unbezahlbar, kaufen kann. Wenn man so schlecht bestückt ist im Portemonnaie wie ich im Moment, muss man nackt nach Hause gehen. Beziehungsweise ohne neues zusätzliches Kleidungsstück.

Gem ist nett, ein bisschen aufgeschlossener als der anfänglich distanzierte Weller. Football is finally on TV, immer ein Thema, wo der Brite an sich sofort etwas dazu zu sagen hat.

Die Atmosphäre ist sehr relaxed und bleibt es auch dann noch, als der Erste aus dem Tross den bereitstehenden Rotwein geöffnet hat. »Uaaah, tastes like Scheiße«, ruft er mit ekelverzerrtem Gesicht, wobei er Scheiße natürlich mit weichem »S« ausspricht, wie alle Anglophonen, die dieses schöne deutsche Wort gelernt haben, es tun. »Thomas, we got to change this!« Jeder im Backstage-Raum nimmt jetzt probehalber einen Schluck von der Württemberger Spätlese halbtrocken oder wirft zumindest einen abschätzenden Blick auf das Etikett.

Kurze Zeit später hat Thomas bei den etwas irritierten lokalen Veranstaltern, die einen Touch von Motorradclub nicht verhehlen können, neuen Wein losgeschlagen. Dieses Mal ein Gewächs aus der neuen Welt, »der wird sogar am Tresen ausgeschenkt«. Toll war der auch nicht, ich schätze 3,99 beim Edeka.

Die Zeit verrinnt langsam, die Briten haben keine Eile. Ich fange an zu rechnen. Von zu Hause aus habe ich keinen Ausgang über Nacht bekommen – kein Problem, nehme ich halt den Nachtzug, ist ja eine InterCity-Strecke, an die Münster glücklicherweise angeschlossen ist. Als selbst das dritte Eingeben meiner Reisedaten auf bahn.de das gleiche Ergebnis liefert, fange ich an, es zu akzeptieren. Letzter Zug von Münster nach Bremen an einem Samstagabend mitten im Jahr: 22:10 Uhr. Kopfschütteln. Backstage werden die Auftrittszeiten ausbaldowert, schnell ist für mich klar: Viel werde ich von Paul Weller nicht sehen können.

Langsam füllt sich die Halle. Gesetzteres Publikum, eher Pärchen als Singles, man hat sich gefunden und hält jetzt aneinander fest. Einige Outfits sind ziemlich abenteuerlich, vielleicht wegen Münster, vielleicht aber auch, weil das so ist, wenn der Artist auf der Bühne auf die fünfzig zugeht. Ob jemand im Publikum je etwas von *Tomte* gehört hat?

Thees betritt die Bühne. Seit dem Auftritt alleine, nur mit einer Gitarre, im Hamburger Schauspielhaus, von dem er so ergriffen war, wie er zu Hause erzählt hat, scheint es ihm nicht mehr groß etwas auszumachen, alleine auf der Bühne zu stehen. Kein beschützend in seinem Rücken thronender großer, starker Timo, kein grinsender, rauchender Olli zur Rechten, kein den Beat stampfender Dennis zur Linken, schräg dahinter auch kein Maxe, keine zweite Stimme von ihm auf dem Monitor – und doch die ganz normalen aktuellen *Tomte*-Songs im Programm.

25 Minuten stehen dem Very Special Guest zur Verfügung. Thees' Haltung ist weniger aufrecht heute, ich bin gespannt, wie es laufen wird. Er spielt drei Songs, mit Inbrunst, die Stimme unmerklich brüchig, nicht zu erkennen, wenn man nicht schon zwanzig Konzerte mitgehört hat in diesem Jahr. Besonders die langen Enden, in denen die Songs nicht ausklingen wollen und die Lyrics sich immer wieder wiederholen, sind intensiv und packend. Ich muss tief durchatmen.

Das vierte Lied ist »Endlich einmal«, das Liebeslied für genau den Hund, der das *Tomte*-Shirt geziert hat und heute Morgen von einem Auto überfahren wurde. Der Song mit der unvermeidlichen Zeile »Ich würde töten, wenn du stirbst ...« – diese komischen Textstellen, bei denen man nicht weiß, ob man den Sänger in die Pflicht nehmen muss. »Solange Johnny Thunders lebt, so lange bin ich ein Punk,« sang Campino, bis Johnny Thunders wirklich starb. Hätte man je das Recht, jemanden auf eine solche Aussage anzusprechen? Man tendiert dazu, in Gedanken, zumindest so lange, bis man feststellt, dass man niemanden auf irgendetwas anzusprechen und festzulegen hat, das er einem freiwillig eröffnet hat. Als Lied auf einen Tonträger gebracht hat. Von unzähligen Bühnen herunter gesungen hat. Das sind die Momente, in denen die Kunst Realität wird, nachdem die Realität Kunst geworden ist.

Schwer genug für ihn, mit der Situation jetzt umzugehen. Umso schöner, dass der Mann mit dem Gespür für das Richtige im richtigen Moment den Song spielt. Er hat die Lederjacke nicht ausgezogen, steht vorne am Bühnenrand. Perlen rinnen über sein Gesicht, Körperflüssigkeit, Hauptbestandteil Wasser. Ob es Tränen oder Schweiß sind, weiß nur Thees alleine. Der Vortrag, um nicht »die Performance« sagen zu müssen, des Songs ist ergreifend. Intensiv, herzzerreißend. Ich merke, wie er im Song kämpft, um ihn zu Ende zu bringen. Würdig zu Ende zu bringen. Überhaupt zu Ende zu bringen. Mit dem Schlussakkord ist er total alle, ausgelutscht, ein knappes »Danke, das wars« und runter von der Bühne.

Die *Tomte*-Roadcrew – heute Abend bin ich das ganz alleine – atmet tief durch. Fängt Thees an der Treppe ab, Umarmung, leichtes Herauswinden. »Alles okay? Geht's?« – »Ja, geht.« Mehr Herzlichkeit und Mitgefühl geht nicht unter Kerlen. Ich glaube, es reicht für beide, um zu wissen, wie es gemeint ist. Ist ja zum Glück auch dunkel neben der Bühne, man muss sich nicht ins Gesicht schauen.

Stolz. Das hat er gut gemacht. Wenn die vor der Bühne alle wüssten, eine Last fällt ab, puh, lass mal ein Bier trinken, Zuspruch: »Super Auftritt«, auch von Weller und seiner Crew. Fast schon wieder Zeit für einen Scherz.

Dann Weller und Archer, zwei Männer, zwei Gitarren, tolle Attitüde. Nach nicht mal einer halben Stunde muss ich raus, während Thomas und Thees nicht nur die Jam-Klassiker, auf die ich beschämenderweise verzichten muss, sehen können, sondern sich danach auch noch mit Weller volllaufen lassen dürfen.

Blame it on Münster: In einem Anflug von Großzügigkeit lasse ich den Typen, der leicht orientierungslos an der Straße rumtaumelt, mit in das Taxi einsteigen, gleiche Richtung, Hauptbahnhof. Der Typ sitzt hinten und fängt sofort an, zu lamentieren, sich zu beschweren, was der Fahrer denn für einen Umweg nehmen würde. »Mann, das ist ein Taxi. Ein Taxi!«, schlage ich innerlich die Hände vor dem Gesicht zusammen. Taxifahrer rangieren in meiner Wertschätzung noch unter Hotline-Mitarbeitern. Taxifahrer *müssen* zwanghaft Umwege fahren, um schließlich mit mindestens 90 km/h durch die Ortschaft zu nageln. Das lernt man bei denen auf der Schule, falls es eine Ausbildung für diesen Job überhaupt gibt.

Am Bahnhof angekommen protestiert der Idiot auf der Rückbank weiter, er würde das mit dem Geld regeln und nur den richtigen, angemessenen Preis zahlen. Ich winke ab, runde auf einen vollen Eurobetrag auf und steige kopfschüttelnd aus. Lass dem Taxifahrer doch seine per Umweg ergaunerten 50 Cent und leckt mich beide mal am Arsch. Ich habe gerade einen speziellen Uhlmann und einen grandiosen Weller, den bedeutendsten Popmusiker der letzten dreißig Jahre, live gesehen. Lasst mich bloß in Ruhe, ihr Wichte.

OLDENBURG, 17.02.04

Mal schnell nach Oldenburg rüber, macht auch fünfzig Kilometer. Ich parke beim Hotel und laufe die restlichen Meter zum Club in der Fußgängerzone, dort, wo wir im Oktober erst waren. Hier kenne ich mich aus und stürme direkt die Treppen hoch. Es ist immer hilfreich, sich in Backstage-Bereichen auszukennen, weil man sich a) nicht verirrt, was oftmals gar nicht so einfach ist, und b) sollten irgendwelche Aufpasser herumstehen, überzeugt man diese immer, dass man dazugehört, dadurch, dass man sich selbstsicher wissend an ihnen vorbeischiebt. Dann wird man selten nach einer Berechtigung gefragt oder in ermüdend sinnlose Diskussionen um eben diese Berechtigung oder, schlimmer noch, den mitgeführten Fotoapparat verwickelt.

Oben unterm Dach ist wieder ein riesiges Buffet aufgebaut, auf den ersten Blick wirkt es noch einen Tick opulenter als zuletzt. Die beiden Filmtypen sind auch wieder da, diesmal allerdings sind sie es, die alle Fäden in der Hand haben. Außer ihnen rennen zwei Kameras, eine Ton-Angel und jede Menge anderer Leute, *Staff* heißen die beim Film, durch den Raum. Ich schließe einen mürrischen, wortkargen Maxe in die Arme, darauf einen nicht ganz so mürrischen Felix. Beide sind nicht wirklich glücklich, wollen aber nicht so recht mit der Sprache raus, winken ab. Allein Micha, der Mischer, strahlt ruhige Gelassenheit aus, als könnte ihn der ganze Trouble nicht irritieren.

Die gesamte Bagage verlässt auf einmal das Geschehen: »Komm doch mit, wir gehen was essen, um die Ecke.«

Jürgen Vogel stellt sich als der lockere Kerl heraus, der genau Timos Beschreibung von ihrer allerersten Begegnung beim Berlinova entspricht.

Draußen vor der Tür entdecken wartende Mädchen kreischend Heike Makatsch. Regisseur Lars nimmt Heike unter die Fittiche seines großen Parkas, was hier läuft und mit wem, soll vorerst noch »geheim« bleiben. Im Lokal futtert sich die ganze Runde durch das aufgetischte Essen.

Ich verlasse den aufgeregten Haufen, zurück im Club läuft gerade wieder die Diskussion: »... sollen wir die Galerie im ersten Stock öffnen oder nicht, ... na, mal sehen, wie viele Leute kommen ...« – »Kannst du eh aufmachen«, denke ich vor mich hin und suche mir die gleiche Ecke auf der Empore, an der ich neulich noch meinen T-Shirt-Stand aufgebaut hatte. Die Backstage-Berechtigung erlaubt einem hier den Aufenthalt, unabhängig davon, ob die Galerie später geöffnet wird oder nicht.

Heike Makatsch kommt auf mich zugeschlendert, gesellt sich zu mir und fragt mich erst mal aus: Wer ich bin, was ich mache und welche Funktion ich habe. Sie kommt nicht auf die Idee, dass ich vielleicht gecastet sein könnte, wie der »Seemann«, der sie gestern in Wilhelmshaven mit seiner Geschichte schwer gerührt hatte und sich nach dem Abschalten der Kameras als Schauspieler des Ohnsorg-Theaters entpuppte.

»Und was machst du so?« – »Och, na ja, ich schreibe so ein *Tomte*-Tourtagebuch ...«, antworte ich und schiebe verlegen die Unterlippe vor.

Wir schauen uns gemeinsam die Soloauftritte von *Home of the Lame*, Marcus Wiebusch und Thees Uhlmann an, die jeweils drei Akustik-Stücke zum Besten geben. Der Laden wird voller, die Leute rücken näher und mit ihnen die Kameras. Schließlich muss Heike runter in die Menge, um sich dort mit ihrem Film-Boyfriend, gespielt von Florian Lukas, sehen zu lassen, während mittlerweile *Hansen* mit Jürgen Vogel am Gesang auftreten.

Lukas kenne ich aus *Absolute Giganten*, aber ich müsste lügen, wenn ich einen Film nennen könnte, in dem ich Vogel in einer Hauptrolle gesehen habe. Makatsch ist mir als Schauspielerin zwar sehr wohl bekannt, aber von ihren mittlerweile recht zahlreichen Filmen habe ich kaum einen tatsächlich gesehen. Das ist ganz schön merkwürdig und fällt einem auch erst auf, wenn man seine persönliche Filmdatenbank in Gedanken abscannt. Die Präsenz einer Person und die tatsächlich gesehenen Filme von ihr können offenbar weit auseinander liegen. Heike ist mir allerdings positiv in Erinnerung durch *Das Wunder von Lengede*, wo sie recht eindrucksvoll die Frau und zukünftige Witwe eines verschütteten Bergmanns spielt.

Ihre Augen ziehen einen unwiderstehlich in ihren Bann, und man weiß gar nicht, wo man hinsehen soll, denn auch ihre Schnute macht so wundervolle Bewegungen, wenn sie mit einem redet – nicht nur auf der Leinwand. Ihre leicht rauchige Stimme versetzt mich fast schon in Trance, für einen kleinen Moment, und mir wird gewahr, was für eine Ausstrahlung in unserer kleinen Indie-Hütte bislang noch nicht geschienen hat. Eine tolle Frau, aber sie ist so schrecklich zierlich, also mir persönlich wäre sie zu schlank.

Nach dem Gig rührt Marcus Wiebusch kräftige White Russians an, für den Kahlúa-Likör hat er eigens gesorgt, Milch und Wodka standen bereit. Sorgenvoll fragt er mich nach meiner Einschätzung. Er ist unsicher, in welche Richtung das Filmprojekt gehen wird, auf das sie sich eingelassen haben, und ob der Ruf des Grand Hotels vielleicht Schaden nehmen könnte.

Nach dem, was ich heute gesehen habe, glaube ich eher an einen positiven Effekt für das Label, versichere ich. Auch wenn die Jungs mit dem Brimborium und den etwas unauthentischen Begleitumständen ein wenig hadern. Der Bus zu groß, zwei Backliner zu viel, das Equipment zu neu und die Behandlung und das Ambiente nicht schäbig genug – zumindest für eine Band in der Verfassung, wie das Drehbuch sie charakterisiert. Man ist empfindlich für solche Feinheiten, wenn man ihre Facetten alle schon lang und satt erlebt hat.

Andererseits ist es für die Jungs natürlich erhellend, mit drei so angenehmen, unprätentiösen Schauspielern im Backstage-Raum Rock'n'Roll-Spielchen zum Zeitvertreib zu spielen. Und dabei auch noch von Heike abgezogen zu werden. Bei »Musikalische Geschwister« gilt es Brüder und Schwestern in Bands ausfindig zu machen, zum Beispiel *Oasis* (zwei), die *Bee Gees* (waren das jetzt drei oder vier Brüder?) und dann, als keiner mehr weiter weiß, haut Heike locker die *Jackson Five* in die Runde.

Zu Fuß bewegt sich der Tross in kleineren Grüppchen in das Hotel, das wir mit *Tomte* schon bewohnten. Jürgen erzählt von seiner jüngsten Bekanntschaft des Abends, die ihn allen Ernstes gefragt hat, warum er denn beim Singen gesessen habe. Sie wollte, hinten im Saal stehend, Jürgen Vogel nicht abnehmen, dass er tatsächlich nicht auf einem Stuhl gesessen hat.

Immerhin besitzt Vogel genug Selbstbewusstsein, um ironisch mit seiner Körperlänge umzugehen und mit der Anekdote hausieren zu gehen.

Die Meute versammelt sich in einem der Hotelzimmer, und die Größe der Entourage lässt keinen Zweifel daran, dass so viele Leute bei einer *Tomte*-Tour noch nicht auf einem Zimmer zusammengekommen sind und in die Nacht gefeiert haben. Es wird stark geraucht und erheblich getrunken, Uhlmann rappt, auf der Suche nach einem Battle-Gegner, und mitten in das Tohuwabohu von mindestens zwanzig Leuten platzt plötzlich der hagere Nachtportier und hält vollkommen unbeeindruckt ein schnurloses Telefon in die Höhe. Nachdem sich der Lautstärkepegel abgesenkt hat und ihm die Aufmerksamkeit gilt, wird er seine Botschaft los: »Ein Telefonat für Herrn Vogel, bitte.« Immer noch hält er das Telefon hoch.

Kurze Stille. Dann nimmt er mit der gleichen, unerschütterlichen Miene entgegen, dass Herr Vogel gerade nicht im Raum ist. Dieser Titan von einem Nachtportier registriert die Situation und verlässt den Raum, ohne den Kopf zu schütteln oder mit der Schulter zu zucken. Wow, das war mit Abstand einer der lässigsten Auftritte, die ich seit langem erlebt habe. Leider waren die Filmkameras zu dem Zeitpunkt in einem der höher gelegenen Treppenhäuser beschäftigt.

»Du bist doch auch ein Tourtagebuchschreiber«, frage ich Thees, »was würdest du denn noch als Extra in einem *Tomte*-Buch machen?« – »Ich würde meine Eltern interviewen«, meint er, und ich muss ein bisschen stutzen, nehme mir aber vor, darüber nachzudenken.

Weil jeder der Musiker ein »Doppel-als-Einzel«-Zimmer hat, also pro Person ein Zimmer, unabhängig davon, wie viele Betten darin stehen, kann ich, wie vereinbart, bei Felix mit unter die Decke schlüpfen. Die extrem hohe Nikotin-Konzentration in der Atemluft des ganzen Abends beschert mir eine Nacht mit permanenten Kopfschmerzen.

Beim Frühstück ist Vogel schon wieder hellwach. Fröhlich und nett werde ich abermals von ihm begrüßt, als wäre ich einer vom Team. Sich ständig für alles zu bedanken haben ihm Thees und Marcus schon abgewöhnt. »Wenn ich mich nicht nach jedem Take bei allen bedanke, bin ich sofort ein arroganter Arsch beim Film«, begründet Jürgen sein gelerntes Verhalten. Dennoch ist seine nette, zuvorkommende Art in keinster Weise aufgesetzt.

Ich kratze den Raureif von meinem ausgekühlten Auto und düse durch den hellen Wintermorgen zurück nach Bremen.

BREMEN, 24.02.04

Über Umwege hat auch das *Hansen*-Gelöte seinen Weg in den Tower zu Bremen gefunden. Die Dreharbeiten zu einem Konzert-Film und die in diesem Falle damit verbundene Geheimnistuerei – mittlerweile blühen wilde Spekulationen in einigen Internetforen – haben ihre besondere Anziehungskraft, gegen die auch wir uns nicht wehren wollen.

»Bring bitte Burnout für die PlayStation mit«, lautet Thees' letzte telefonische Instruktion an mich, und ich setze mich mit dem Kind im Schlepp in die Straßenbahn zu dem Club mit dem legendär winzigen Backstage-Kabuff. Heute ist das im ersten Stock gelegene Café als Backstage-Bereich für die Band reserviert, und wir werden mit Hallo begrüßt, obwohl im Raum gedreht wird.

Florian Lukas sitzt am Tresen und sinniert mit dem Barkeeper, einem Schauspieler, über Paartherapie und anderen Beziehungsstress. Die beiden Backliner der Tour sind zum einen Matzi, die man wieder erkennen mag, wenn man das allererste *Spermbirds*-Album »My God rides a Skateboard« von 1986 aus dem Plattenschrank zieht, denn dort ist sie auf dem Innencover fotografiert. Der andere ist der große Junge aus Köln, Danny. Danny begrüßt mich rheinisch vorlaut mit einer schamlosen Frage: »Du hast also so richtig fette Krampfadern, kann ich mal sehen?«

Thees verdreht die Augen, stöhnt laut auf und schnauzt Danny wegen seiner alles andere als einfühlsamen Art der Begrüßung an. Nach kurzem Zögern und weil Danny immer noch frech grinst, beeindruckt von so viel heimatlich-rheinländischem Geradeheraus – und weil es mir nichts ausmacht –, krempele ich mein linkes Hosenbein nach oben und präsentiere meinen Unterschenkel: »Ach, kuck mal, heute sieht es gar nicht so schlimm aus.«

Die Szene mit Florian Lukas am Tresen ist beendet, jetzt läuft wieder Musik, und das Kind verkürzt die Wartezeit damit, ihre frisch gelernten Schritte aus dem Tanzkurs an den Mann zu bringen. Jürgen Vogel wagt einen Walzer mit ihr, während sich Produzent Sebastian Zühr auf einen Discofox einlässt. »Ich habe immer nur Discofox getanzt. Ein Tanzstil reicht, um damit durchs Leben zu kommen.«

Thees fängt an zu feixen: »Senya, du musst unbedingt mal im *Tomte*-Bus mitfahren. Schön rein in den Pubertäts-Beschleuniger, in dem Zeit und Entwicklung schneller vorangehen als außerhalb.« – »Von wegen«, sage ich, »du spinnst wohl ein bisschen! Ich lasse doch keine Vierzehnjährige alleine mit euch losziehen. Das könnt ihr beide ganz schnell wieder vergessen.«

Später beim Konzert taucht Heike doch noch auf, und die Kinder schütteln ihr die Hand. Am nächsten Tag am Telefon mit Freundinnen ist dieser Umstand der ranghöchste, nicht das Konzert, nicht die Dreharbeiten, nein, Heike Makatsch die Hand geschüttelt zu haben ist von höchstem Gossip-Wert. Erstaunlich, da ihr Werk sich nicht unbedingt an eine Zielgruppe von Teenagern richtet und ihre Zeit im Musikfernsehen als Viva-Moderatorin auch schon knappe zehn Jahre zurückliegt.

Morgen ist Schule, und wir hauen früh ab aus dem Club, um am Bahnhof auf die Nachtstraßenbahn zu warten. Weil das dauert, betreten wir die Empfangshalle des vis-à-vis liegenden Hotels, bitten den Nachtportier um Papier und Stift und malen Thees ein paar Grüße und Zeichnungen auf. Ich entschuldige mich dafür, dass ich seine neue rote, halbakustische Gitarre beleidigt habe, und wir malen noch eine paar Herzchen dazu, falten die Botschaft und bitten den mürrischen Portier, diese Nachricht dem Herrn Uhlmann, Zimmer 38, auszuhändigen.

Was in jedem Film der Welt anstandslos funktioniert, dass man einem Hotelgast eine Nachricht am Empfang hinterlässt, scheint dem Nachtportier am Bremer Bahnhof nicht geläufig. Unsere Nachricht hat Thees jedenfalls nie bekommen.

Beim Verlassen des Hotels lachen wir noch über den hässlichsten je gesehenen Tourbus, der vor dem Eingang unter einer Laterne parkt. Das Fahrzeug sieht aus wie eine dick geblähte, weiße Bohne auf viel zu kleinen Dackelbeinen. Als echte Band würde man wohl verschämt in einer Seitenstraße parken, jedoch niemals direkt vor einem Jugendzentrum, sollte man aus Versehen diesen Bus gechartert haben. Uns bringt kurz darauf die Straßenbahn nach Hause.

Zwei Monate später erreicht mich ein Brief aus Berlin: »Sehr geehrter Herr Bender, anbei schicke ich Ihnen mit schönen Grüßen von Sebastian Zühr Ihr PlayStation-2-Spiel zurück. Vielen Dank!« – Da nicht für, wie die Leute hier sagen.

KÖLN, 02.03.04

Rocco Clein ist gestorben. An irgendeiner beschissenen Krankheit, die Gehirnblutung heißt. Einfach morgens nicht mehr aufgestanden. Es gibt ein zweitägiges Festival unter einem etwas unglücklichen Namen in Köln. Um ein bisschen Geld für die beiden Kinder von Rocco einzuspielen. Es ist einer der traurigsten Auftritte von *Tomte*, weil die ganzen unterhaltsamen Ansagen zwischen den Liedern fehlen. Meine Freude, Rocco wieder zu treffen, mäandert ins Nichts.

Der Abend, als Marcus *Tomte* gesigned hat – Wilhelmsburg, November 1997.

Thees, wir haben noch einen langen Weg zu gehen.

Olli, bei dem Unternehmen müssen wir einsteigen, bei meiner Brille.*

Wenn das so ist, fahre ich auch mit.

Wer ist eigentlich der Typ mit der Kamera?

Heute mache ich mich chic, fürs Oktoberfest in Augsburg.

Hm, lecker, Affeworscht – vom Chef zubereitet.

Auf der Nationalfeiertags-Ranch: Wo bleiben eigentlich unsere Pferde?

Gehen zwei Eisbären durch die Wüste. Sagt der eine ...

Bodo und Uhl in der Schaltzentrale des Grand Hotel ...

... während Dennis und Olli über neue Songs nachdenken.*

Italo-Western on the Road. Aber wo sind die anderen?

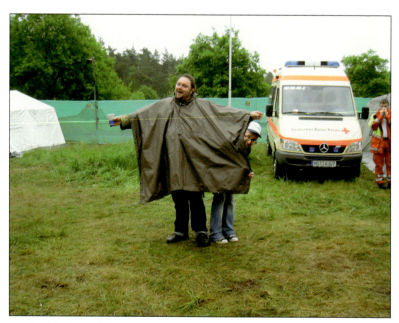

Hey, Smukal, gimme shelter.

Bitte notieren: Teile dieser Fotografie sind gestellt.*

Ein Autogramm auf das rosafarbene Zuglufttier, oder die goldene Turbojugend-Kappe?

Le Gabel: Tiefstapeln auf hohem Niveau.

Ich rauche, solange Gerne den Bus wieder startet.

Die Southside ohne Hurricane.

Für die Sicherheit aller Beteiligten ist jederzeit gesorgt.

Der Gartenschlauch von Thomas D. als Variation am Beckerschen Kackvogel.

Geniale Idee, beim nächsten Mal schreibe ich einfach bei Dennis ab!

Hiermit transportiert der Weller also seine Maßanzüge.

Requiem für einen Freund in Köln.

Do we like Franz Ferdinand, Ray? – Yes, we do!

Garderoben-Glamour für ein Gruppenbild mit »Da Dusch«.

Das soll wirklich der Shuttleservice zum Hotel sein?

Es tut mir echt leid, dass ich nur ein abgestandenes Bier für euch finden konnte.

Bei starken Lichtverhältnissen empfiehlt es sich, vorbereitet zu sein.

Bei schwachen Lichtverhältnissen empfiehlt es sich, stillzuhalten.

So viele Haare und kein Kamm (Hans Albers).

Die *Sportfreunde* haben wenigstens einen Telefonanschluss auf der Bühne.

Nein, nein, es ist nichts, alles verläuft nach Plan.

Soooooo einen Aal habe ich neulich an Land gezogen.

Wiedersehens-Pogo mit dem kleinen schwarzen Krokodil nach drei Wochen Tour.

Ein bisschen leserlicher könnten die *Sportfreunde* schon signieren.

Blitzkredit-Uwe (Autobahnraste ca. 50 km vor Hamburg).

Da oben auf der Palme hockt Keith Richards, echt!

Uwe Bein auf der Flucht vor Lavendel-Dieter.

I went to American Universities & all I got was this stupid cap.

Finden Sie die einzige auf Fotos verbotene Pose.**

Das hält man doch im Kopf nicht mehr aus.

Privatleben (Autobahnraste ca. 50 km vor Hamburg).

Swen Meyer, Student der Ölmalerei (1. Semester).

Privataudienz bei Dr. Ock (Persiflage mit reichlich Hüftschwung).

Katzen gehen immer (im Internet). Wie toll sind denn erst junge Hunde, bitte schön?

Menschensalat ist eines der zärtlichsten Worte für die Crowd.

Rüde deckt auf: »Uhl, das Hemd hast du doch schon vor Jahren in Wilhelmsburg angehabt!«

Rostocker Wurst: ziemlich hässlich, aber lecker (Currysoße Geheimrezept).

Don't mess with the KFOR-Truppen des Indie.

The torch I hold is from Ultrà St.Pauli.

The Hooligans of Love wish to thank you!

Hillu, jetzt ist aber mal gut mit dem Fotografieren, sonst klatscht es gleich!

HAMBURG, 26.05.04

MTV eröffnet die Festivalsaison 2004 mit ganzseitigen Anzeigen in einschlägigen Musikmagazinen. Abgebildet ist eine Zuschauermenge, in der Mitte eine junge Dame auf den Schultern eines Boys. Das Mädchen zieht ihr T-Shirt hoch und entblößt ihren Busen in bester »Show-your-Tits«-Manier, die man eigentlich nur aus Biker-Magazinen kennt. Es handelt sich bei dieser Darstellung nicht um Werbung für ein *Torfrock*-Konzert, sondern um die so genannte Campus Invasion des Musiksenders. Ha ha, Studenten, die haben vielleicht Ideen!

Für *Tomte* beginnt die Festivalsaison 2004 mit einem Open Air im Hamburger Stadtpark als Support für *Wir sind Helden*.

Einiges hat sich im letzten Vierteljahr hinter den Kulissen getan, und aus allen Himmelsrichtungen strömen die Jungs zusammen. Thees sieht mir viel zu gut erholt aus, während Danny vom gestrigen Abend gezeichnet ist.

Im Grand Hotel laden wir Kartons mit T-Shirts ein, die Motive sind tatsächlich von Gerne gestaltet. Ich erinnere mich, dass ich im Frühjahr mal kurz im Grand Hotel vorbeigeschaut hatte und Gerne gerade am Laptop die neuen T-Shirts in Word layoutete: »Hier, meinst du, ›Die Schönheit der Chance‹ sollte normal geschrieben werden oder in Kleinbuchstaben?« – »Wie ist es denn auf der Platte?« – »Na, Kleinbuchstaben …« – »Also Kleinbuchstaben!«

Ebenso werden die in Frage kommenden Farben kurz besprochen, während die anderen wie immer wild durcheinander telefonieren, stöhnen, Kaffee schlürfen oder mal einen Pups lassen.

In ruhigeren Zeiten am T-Shirt-Stand habe ich oft über die Gestaltung der Motive nachgedacht. Persönlich hätte ich den Anspruch, hochwertige, detailreiche oder ausgetüftelte Band-T-Shirts zu erstellen. Demgegenüber steht das minimalistische, auf den Kern reduzierte Design der *Tomte*-Hemden, die sehr wohl bei den Käufern ankommen.

Ich bin jedenfalls gleichsam erfreut wie überrascht, dass die frischen Leibchen genauso aussehen wie die Vorschläge, die ich vor kurzem bei Gerne auf dem Laptop gesehen hatte. In Hellblau und in Dunkelblau.

Vom Grand Hotel geht es, gerade mal zu viert, Thees, Danny, Rainer Ott und ich, mit einem blauen Sprinter zu dem wie immer fiese Gerüche ausdünstenden Übungsraum, der auch im *Hansen*-Film zu sehen ist.

Danny ist mindestens so blau wie das Auto, was ihn aber nicht davon abhält, am Steuer sitzend, mit der einen Hand am Mobiltelefon Technikbedürfnisse abzuklären, während er mit der anderen illegal in eine Linksabbiegerspur reinkurbelt, um eine Großbaustelle zu umgehen. Zwischendurch entfährt ihm auch noch ein »Ich muss gleich kotzen«, weil die letzte Nacht dann scheinbar doch zu kurz war, um ausreichende Regeneration zu gewähren.

Niemand hat sich übergeben, aber wir wenigen Leute mussten fluchen, während wir das Equipment die vielen Stufen aus dem Proberaum heruntergeackert haben.

Zwei Randerscheinungen hat das *Hansen*-Projekt verursacht: Zum einen ist das Musik-Equipment des Films bei den Musikern verblieben. Das heißt, die Verstärker sind jetzt neuer, aber auch größer und schwerer. Die Bassbox zum Beispiel, die Olli jetzt benutzt, ist sogar von absurder Größe, sie hätte Imelda Marcos locker als Schuhschrank gereicht und wiegt circa drei Zentner. Für ein mobiles Gerät ist sie sehr unförmig und lediglich an einem Ende mit einem Tragebügel ausgestattet, während sich am anderen Ende zwei Rollen befinden. Es ist eine echte Herausforderung, dieses Musikmöbel die Treppen herunter zu bekommen.

Die andere Randerscheinung ist jener Danny Simons, der ab sofort als Bühnentechniker nicht nur *Kettcar*, sondern neuerdings auch *Tomte* versorgt, ungeachtet der Tatsache, dass er dafür permanent von Köln nach Hamburg pendeln muss.

Im Stadtpark trudeln nacheinander Band und Entourage ein. Dennis und Max sind mit *Olli Schulz & der Hund Marie* unterwegs, kommen straight von der Autobahn, nach einem Ritt aus Wien (mit 1300 Kilometern und einem Zwischenstopp in Heidelberg), um mit Olli sowie *Tomte* heute Abend aufzutreten.

Rainer Ott wieselt mit seiner Filmkamera zwischen den entspannt Aufbauenden hindurch und bekommt von Dennis erst einmal einen neuen Namen verpasst: »Rainer Slut«.

Da ich die Frage nach dem ein oder anderen Erwachsenenfilmchen stelle, ob er so was auch schon mal abseits der Bühnen filmen und produzieren würde, und Rainer das Ganze nur mit einem schmutzigen Lachen kommentiert, erinnert sich Dennis spontan an die Inschrift an einer der Toilettenwände auf den letzten 1300 Autobahn-Kilometern. »Netter Fickriese hinter dem Zaun« hatte dort als Hinweis gestanden.

Es gibt diverse Autobahntoiletten in Deutschland, meist sind es diese Edelstahlzellen, in deren Nähe sich weder eine Tankstelle noch ein Restaurant befindet, die an Wänden und Türen mit konkreten Angeboten zu sexuellen Handlungen aufwarten. Sehr gerne enthalten sie den konkreten Hinweis: Roter Opel Astra vor der Tür.

Etwas unheimlich werden die Klosprüche erst dann, wenn man nach beendetem Geschäft ins Freie tritt und fünfzig Meter weiter tatsächlich ein roter Opel Astra parkt, auf dem Fahrersitz eine einzige Person, die die Sitzrückenlehne, vielleicht um die lange Warterei ein bisschen bequemer zu gestalten, schon mal um ein paar Zentimeter nach hinten geneigt hat.

Schon hat Rainer für den Rest des Abends seinen Spruch weg: »Netter Fickriese hinter dem Zaun« heißt ab sofort das neue Video von »Pornoproduzent Rainer Slut«. Fairerweise muss Dennis eingestehen, dass tatsächlich »Nette Fickwiese hinter dem Zaun« an der Wand gestanden hat und durch sein Versehen der Witz erst richtig lustig wurde.

Rainer Ott kenne ich noch entfernt aus Köln, wo er damals in der Rhenania-Konzertgruppe aktiv war. Aus diesem Grund können wir uns ein paar deftige Scherze auf seine Kosten erlauben, ohne dabei in Ungnade zu fallen. Im Gegenzug bescheinige ich ihm sogar, dass sein *Olli-Schulz*-Video zu »Der Moment« für mich das beste Nordsee-Video seit »Reisefieber« von den *Toten Hosen* ist. Und das meine ich aufrichtig ehrlich.

Während Max unlängst sein Girl in Jamaika besucht hat, war auch Thees nicht unbegleitet in Amerika, viel mehr zeugt sein permanentes Grinsen von privater Zufriedenheit. Noch größer werden seine Augen, als er mit gespielter Verwunderung und unverhohlener Begeisterung feststellt: »Meine Perle hat meine Bude aufgeräumt!« Wir lachen und verzichten darauf, dies jetzt tiefer zu analysieren.

Timo kommt von der Arbeit in den Stadtpark, und er macht »Oooooah« zur Begrüßung, weil er kein großer Freund davon ist, andere Kerle zu umarmen, egal wie lange man sich nicht mehr gesehen hat. Einige Zeit später, um nicht zu sagen ziemlich knapp, trifft auch Olli endlich aus Berlin ein. Er krückt jetzt beim Major, spielt da Mädchen für alles und finanziert sich so sein wieder aufgenommenes Studium. Musizieren, Studieren, Geld Verdienen und im Zug noch schnell eine Hausarbeit schreiben, ein ziemlich dickes Programm hat er gerade am Hals. Dass er trotz Zugverspätungen noch rechtzeitig eintrifft, ist eine Mischung aus Glück und Ehrensache. Aus welchen Himmelsrichtungen die Band auch immer zusammenkommt, es geschieht stets mit Präzision. Sollten auch 200 Mobiltelefonate nötig sein, bis heute habe ich die Band, die sich so gerne in alle Richtungen verstreut, immer in time auf der Bühne erlebt. Selbst während einer Tour verschwindet am Veranstaltungsort schon mal einer, weswegen es ziemlich schwer ist, alle fünfe, ohne es zu arrangieren, gleichzeitig auf ein Foto zu bekommen. Spätestens zum Anpfiff stehen dann aber alle auf dem Platz.

Die Open-Air-Bühne im Hamburger Stadtpark mutet an wie das, was im letzten Jahrhundert von der Jahrtausende alten Idee des Amphitheaters übrig geblieben zu sein scheint. Nicht so steil und auch viel mehr grüne Hecken und Wiese statt steinerner Tribünen, insgesamt sehr anmutig (insbesondere solange noch keine Zuschauer da sind). Die strömen recht früh zusammen, und es ist immer wieder ein eigenartiger Anblick, wenn man das Öffnen der Tore miterlebt und eine Spur von aufgeregten Mädchen zielsicher auf den Punkt zuläuft, an dem man der Bühne am nächsten sein kann.

Es hat geregnet, und mit der Masse der Leute, die das Halbrund füllen, steigt Dunst vom Rasen auf.

Olli Schulz & der Hund Marie heizen ein, danach beackern *Tomte* das Feld. Timo holt sich Sohn Artur auf die Bühne und zeigt ihm, wie es wirkt, wenn 3500 Leute dich ansehen – aber eigentlich auf *Die Helden* warten, die anschließend erwartungsgemäß gefeiert werden.

Im Backstage-Bereich stapelt sich die Prominenz nur so. Jürgen Vogel taucht mit Produzent Meyer auf, *Fettes Brot* hängen rum.

Alles, was irgendwie mit dem Grand Hotel assoziiert ist, schlürft die Caipirinhas, die WSH in einem Extrazelt zu Hunderten haben mixen lassen. Stemmi taucht auf, die *Weakerthans* mischen sich unters Volk, es ist ein einziges Durcheinander, das immer wieder von einem Mann mit einem blonden Glatzen-Dom gequert wird.

Wer erinnert sich noch an Hans-Herbert von der TV-Serie »Bananas«. Das war unser Musikfernsehen Anfang der 80er, etwas anderes gab es noch nicht. Mediokre Videoclips folgten schlechten Sketchen mit Hans-Herbert, dem Rübezahl-artigen Herbert Fux und der semi-attraktiven Olivia Pascal. Da die Prominenz stark mit sich selbst beschäftigt ist, amüsiere ich mich mit Reimer Bustorff über die bis heute unveränderte Frisur von Hans-Herbert. Unter Zusatz seines Nachnamens Böhrs, der früher scheinbar unter den Tisch gefallen war, ist Hans-Herbert heute Abend für die Getränkeversorgung zuständig und ist ständig mit einer Kiste Bier unterm Arm zu beobachten. Andere Quellen besagen, dass er als Partyveranstalter auch »Mister Stadtpark« genannt wird.

Reimer dreht richtig auf, als er erfährt, dass ich in meiner New-Economy-Zeit im Keltenweg in Niendorf Nord gewohnt habe. Nach einem Monat Pendeln mit der Bahn und einer Woche Abhängen bei Nicole und Thees in der Otzenstraße hatte ich eine eigenartige Unterkunft ganz im Norden der Stadt bezogen. Zu viert bewohnten wir ein allein stehendes 180-Quadratmeter-Einfamilien-Eckhaus, derart überdimensioniert, dass eines Abends sogar die verrückte Hamburger Band *Boy Division* im Keller auftreten durfte. Das Esszimmer war vom Vormieter mit skandinavischen Massivholzmöbeln eingerichtet, und zur U-Bahn-Endhalte waren es von hier, 200 Meter von der schleswig-holsteinischen Landesgrenze entfernt, einige Minuten Fußweg mit einer halbstündigen Zugfahrt.

Reimer ist begeistert, dass es mich in den Teil Hamburgs verschlagen hatte, wo er seine Kindheit verbringen musste. »Aber nicht in dem noblen Einfamilien-Abschnitt vom Keltenweg, sondern hinter der Kurve, weißt du, dort wo die Blocks anfangen. Und weißt du, wer damals im Keltenweg gewohnt hat, in der besseren Gegend natürlich?«, fragt er mich mit triumphierendem Gesichtsausdruck. »Stefan Effenberg! Mit dem hab ich nämlich damals auf dem Bolzplatz gekickt. Das finde ich gut, dass du auch mal in der Gegend gewohnt hast«, wobei er das »der« so abwertend betont, wie es auf hamburgisch möglich ist.

Heute Nacht muss niemand mehr in die Einfamilienhölle am Stadtrand, es geht in die andere Richtung: mit dem Großraum-Taxi Richtung Schanze. Max, alle vier Jungs von *Marr* und ich entern eins von diesen modernen Fahrzeugen, bei denen man sich hinten gegenüber sitzt. Jemand fordert den Fahrer auf, die Disco-Musik lauter zu drehen, was auch prompt geschieht. Obwohl alle angeschnallt sind und auch noch Taschen vor den Bäuchen halten, entwickelt sich bei hoher Lautstärke schnell ein wilder Sitztanz. Der Fahrer lacht scheinbar freudig mit und nutzt die Situation, ein paar augenscheinlich besoffene, ortsfremde Idioten eingeladen zu haben, sofort aus. Auf bislang unbekannten Wegen erreichen wir das Fahrtziel, aber definitiv nicht auf der schnellsten und auch nicht auf der kürzesten Route. Auf der günstigsten schon gar nicht, aber genau das war im Interesse des Fahrers. Kennt man einen Taxifahrer, kennt man alle.

Ich stolpere mit in Maxes Dachwohnung, wo mich eine riesige Fototapete und ihn eine saftige Telefonrechnung begrüßt.

Er hat schon sein eigenes Handy und das von Dennis leer telefoniert. (Die Toleranz gegenüber Zahlungsverzögerungen von besonders »mobilen« Menschen tendiert bei Mobilfunkbetreibern gegen Null.) Also bittet er mich, von meinem Apparat aus kurz in Jamaika anrufen zu dürfen. Sie ruft dann gleich zurück …

Während die beiden durch die Nacht telefonieren, schlummere ich auf weißen Laken in Maxens ganz in Weiß gehaltenem Heim traumhaft dahin.

MÜNSTER, 27.05.04

Wolle setzt sich ans Steuer und fährt genauso, wie man seinen Charakter umreißen könnte, unaufgeregt und zuverlässig. Und immer die Hand am richtigen Knöpfchen. Bald schon haben wir den Skaters Palace erreicht. Titus, der König der Skater, hat sich hier in seiner Heimat einen Palast gebaut. Nun darf man bei einem solchen Palast aber nicht an Prunk und Gold denken. Der wichtigste Baustoff für Skater ist Beton. Ein bisschen Holz darf es auch sein. Wenn im Palast nicht geskatet wird, finden gelegentlich Konzerte statt.

Heute Abend stehen *Kevin Devine*, *Tomte* und *The Weakerthans* auf dem Programm. *Kevin Devine* rockt mit seiner Band ordentlich los. Thees erzählt während des *Tomte*-Auftrittes unentwegt Skater-Witze und Anekdoten von früher. Bildlich kann man sich dabei vorstellen, wie Timo mit dem Skateboard durch Hemmoor geschraddelt ist und Ärger mit der Schulleitung bekommen hat.

Fred Winkler ist da, ein alter Kumpel von Gerne aus *Element-of-Crime*-Tagen. Wenn er Zeit und Lust hat, kommt er bei *Tomte*-Gigs vorbei und schwenkt die Scheinwerfer. Der Mann trägt einen Vollbart, den Max oder Felix so schnell nicht werden toppen können.

Ich lungere hinterm T-Shirt-Stand und habe heute das Werder-Meistertrikot als Garderobe gewählt. Erstaunlich, wie viele Menschen mir dafür im Laufe des Abends Props geben oder gar Glückwünsche aussprechen.

Der Meisterfeierrausch echot immer noch in meinem Kopf, es waren drei begeisternde Wochen in Bremen, in der die steifen Einwohner spät, aber dann richtig aufgewacht sind. Mehmet Scholl habe ich wiedergesehen – die Haare so lang wie das Gesicht, saß er auf der Tribüne des Olympiastadions, an dem Nachmittag, als Werder sich in München den Titel holte. Die Kamera hatte ihn schön eingefangen. Die unglaubliche Spannung des Nachmittags entlud sich in der Stadt mit einer ungekannten Wucht. Man erlebt in seinem Leben wohl nur selten derartige Elektrizität, spürbare Energie, Masseninduktion. Der Abend endete mit einer Groundinvasion auf dem Flughafen. Die Bilder vom Trainer, der aus dem Schiebedach des Flugzeuges schaute, eine Fahne in der linken, eine Videokamera in der rechten Hand, sind Geschichte. Der Abend und die folgenden rauschenden Wochen haben mir sehr gefallen. Mein Dank ist das Trikot, das ich trage, was wiederum auch positive Reaktionen hervorruft. Und der Pokalerfolg zum Double sollte sich erst noch am folgenden Wochenende dazu gesellen.

Nach dem Auftritt von *Weakerthans* kommt *Kevin Devine* mit seiner Akustik-Klampfe zum T-Shirt-Bereich, klettert vor meiner Nase auf den Tisch, spielt, aufgedreht wie ein Spielzeug-Pitbull, mit voller Inbrunst zwei tolle Songs, steigt vom Tisch und stolpert rückwärts in den schweren Vorhang, der den Raum abtrennt. Dort bleibt er liegen, voll wie ein Eimer. Nicht ganz so voll, aber ordentlich knülle, landen wir kurz darauf in dem von der Herbsttour bekannten Hotel. Noch eine Zigarette mit dem Nachtportier und wieder einmal ein nächtlich-trunkenes Sich-selbst-auf-die-Schultern-Klopfen: nicht um sich gegenseitig zu versichern, wie toll man ist, sondern um sich beizupflichten, welch tolles Gefüge diese Band geworden und geblieben ist.

Ich mag dieses schlichte Hotel. Im Frühstücksraum können wir beim Kaffeetrinken wieder den Spitz beobachten.

NEUSTRELITZ, 28.05.04

Nach Mecklenburg-Vorpommern zu gelangen wird anstrengend und nervenaufreibend. Der erste Stau erwischt uns schon bald nach der Abfahrt. Zeitungen pflastern unseren Weg, alles, was Kurzweil verspricht, wird gekauft und macht die Runde. In kürzester Zeit sieht der Fußboden des Busses aus wie nach einer Woche Touren ohne Aufräumen. Instant Verwahrlosung.

Der zäh fließende Verkehr rund um Hamburg lässt uns in Stillhorn anhalten, wenige Meter von zu Hause entfernt, um Fischbrötchen zu essen und die heimische Morgenpost einzukaufen. Als Hamburger hätte ich die Situation noch grotesker empfunden. Als ob man den Gartenzaun schon sehen kann, aber keine Erlaubnis hat heimzukommen.

Wir müssen östlich an Hamburg vorbei nach Neustrelitz.

Wo das liegt? In den Wäldern von Mecklenburg-Vorpommern. Was einen dahin treibt? Das so genannte Immergut-Festival, dem ein legendärer Ruf vorauseilt und mit dem *Tomte* persönlich viel verbinden. Auf den letzten Kilometern Landstraße erkennen uns sogar Festivalbesucher, was ihnen aber beinahe schlecht bekommt. Der abgelenkte Fahrer baut fast einen Unfall. Kinder, achtet auf den Verkehr und nicht darauf, was für Spacken in Kleintransportern auf der Landstraße hinter euch herschleichen!

Marr treffen ein, Rasmus Engler, das alte Bierbeben, trifft ein, und Dennis frohlockt, dass bald auch *Kettcar* eintreffen werden, die erst morgen spielen müssen: »Ich freu mich schon soo auf die betrunkenen *Kettcar*-Schweine vor der Bühne!« Das ist absolut als Kompliment zu verstehen.

Der Backstage-Berechtigungs-Bändsel-Automat, eine Apparatur, die, ähnlich einer Nietenzange, ein Stoffbändchen um das Handgelenk nietet, versagt bei Gerne seine Dienste. Das Ding verklemmt sich, und der lange Kerl muss in gekrümmter Haltung an dem Tisch verharren, bis ihn endlich jemand aus der misslichen Lage befreit. So lange bleibt ausreichend Zeit, ihn mit höhnischen Sprüchen zu überschütten. Wer den Schaden hat, spottet jeder Beschreibung.

Die Witze reißen nicht ab, als Reimer und Konsorten eintreffen und die ehemaligen DDR-Bauwagen, die den Bands als Rückzugsräume bereitgestellt wurden, auf ihre Übernachtungstauglichkeit prüfen. Insbesondere die bereits jetzt angreifenden Mücken regen die Fantasie an und lassen uns den Jungs schon mal eine gute Nacht wünschen.

Olli und Dennis erwartet heute eine Doppelschicht. Erst spielen sie mit *Marr* im Zelt, um kurz darauf mit *Tomte* auf der großen Bühne zu stehen.

Mit Rainer Ott, alias »Slut«, beziehe ich den T-Shirt-Stand, der zwar zentral vor der Bühne, aber doch mindestens einhundert Meter entfernt aufgebaut wurde. Die Eingänge zwischen Zeltplatz und Gelände scheinen weitere hundert Meter in unserem Rücken zu liegen.

Tomte spielen bereits, als eine große Zahl von Menschen an uns vorbei Richtung Bühne gelaufen kommt. Der zweite Song, der dritte Song, immer noch reißt der Strom von Leuten nicht ab, die mit fliegenden Haaren an uns vorbeistürmen, um nach vorne zu gelangen.

Mittlerweile hat Thees »Du bist den ganzen Weg gerannt« angestimmt, und immer noch laufen junge Leute in seine Richtung. Alles wirkt, als wäre es inszeniert. Mein Entzücken für den Moment erhält erst später einen Dämpfer. Ich erfahre, dass die Torwächter am Eingang so lahmarschig waren, dass die Fans nicht rechtzeitig auf das Gelände kommen konnten.

Die Hochstimmung kehrt zurück mit der Freude der Band über den Auftritt. Von 5000 Leuten gefeiert zu werden, ist tatsächlich ein Erfolg.

Wenn ich zu Hause sitze und Radio höre, zum Beispiel einen GEZ-finanzierten Sender wie Radio Bremen 4, der sich eigenständig gibt, aber doch nur kommerzielle Formate kopiert, wird in den Sendungen gelegentlich über Musik geredet. Ist mal eine Künstlerin oder eine Band das Thema, dann ist es den Sprechern unmöglich, in dem Zusammenhang auf das Prädikat »erfolgreich« zu verzichten. Falsch, »mega-erfolgreich« lautet die Vokabel.

Nein, denke ich, eine Band braucht weder das Prädikat »erfolgreich« noch »mega-erfolgreich«, eine Band muss gut sein. Das ist, was zählt.

Das Beste an *Tomte* ist, dass niemand in der Band erfolgreich sein will. Es darauf angelegt hätte. Sich einen Floh ins Ohr hat setzen lassen. Im Bus zu hocken und auf den Erfolg zu warten, zu hoffen. Oder zu bangen, je nachdem.

Diese Band unterscheidet sich so sehr vom üblichen Rock'n'Roll-Gehabe, dass es fast schon wieder eine Attitüde ist. Nur, wer wollte darüber urteilen?

KIEL, 23.06.04

Mit *Tomte* im Sprinter unterwegs zu sein heißt, in Hotels zu übernachten, die einem erlauben, im Bett zu rauchen, die vollen Aschenbecher und selbst die leeren Bierflaschen stehen zu lassen. Morgens Tasche einpacken und »Tschüss«. Würde man sich zu Hause kaum erlauben. Vice versa ist das der Luxus, den man sich gestattet, wenn es einen in fremde Städte und Betten treibt. Es ist ein Nehmen und Geben trübsinniger Signale.

Peter Praschl, ein Typ aus dem Internet, hat in seinem Weblog arrog.antville.org ein mustergültiges Normhotel eingerichtet:

- die Kleenex-Box
- der ausfahrbare Vergrößerungsschminkspiegel
- die Nappalederbriefmappe
- das Milchschokolade-Täfelchen auf dem Kopfkissen
- der Knick im Kopfkissen
- der Schuhputzautomat knapp vor dem Aufzug
- der Einsteckschlitz für die Keycard, mit der auch das Licht angeht
- der Schalter für die Stehlampe, den man nie sofort findet
- das Formular zum Eintragen des Minibar-Verzehrs
- der dreieckige Turm auf dem Fernseher mit den Anfangszeiten der Bezahlfilme
- das Schokomüsli im transparenten Kunststoffzylinder
- die Fruchtsafttanks
- die Wärmebehälter für das Rührei, die kross gebratenen Frühstücksspeckscheiben, die Miniwürste
- die beim Aufschneiden Krümel auswerfenden Brötchen
- das Schneidbrett mit dem angeschnittenen Vollkornbrotlaib
- das Käsebrett mit dem angeschnittenen Brie
- die in der Schüssel mit den halb geschmolzenen Eiswürfeln aneinander klebenden Butterscheiben mit Wellschnitt
- die in die Frühstücksspeckscheiben gerutschte Frühstücksspeckscheibengabel
- die 0 oder 9 für die Amtsleitung
- die Digitaluhr
- der Weckruf
- der beim Betreten des Zimmers schon angeschaltete Fernseher mit dem schwarzen Schirm, auf dem links ein grünes oder

weißes Sektglas Sektperlen in die Luft perlt und »Herzlich Willkommen, Frau Dingsbums« steht

Bereits in der ersten Planungsphase stößt das Bauvorhaben auf reges Interesse. In kürzester Zeit haben Jochenausberlin, MH, Micro_Robert und Bov den Anforderungskatalog erweitert:

- das in kleine Beutelchen von der Größe von McDonald's-Mayonnaise eingeschweißte Kombishampoo für Haare und Körper
- die dreieckige Faltzunge des Toilettenpapiers
- die vom Hotelpersonal stets vollständig ignorierten »do not disturb«-Hängeschilder für die Türklinke
- das Kondenswasser, was auf die keimigen Nürnberger Würstchen heruntertropft, wenn man den großen Deckel des Rechauds lupft
- die leicht angetrocknete Schnittfläche der letzten Gurkenscheiben und Tomatenviertelchen
- der schuhkartongroße braune Wandfön
- die mit Teppichboden bezogene kniehohe Kofferabstellfläche gleich rechts neben der Tür
- die Schlingenware
- die zwei Zentimeter, um die das Bett irgendwann verschoben wurde und auf denen man die ursprüngliche Farbe der Schlingenware erkennen kann
- der Fluchtwegplan
- die Zimmertarife an der Innenwand der Schranktür
- die Duschhaube aus transparentem Plastik
- der Seifenspender an der Badewannenwand
- der Seifenspender an der Waschbeckenwand
- der Hinweis, dass weltweit täglich Milliarden von Tonnen Handtücher gewaschen werden
- die Cellophanverpackung der runden Seifenstücke
- die Zahnputzgläser
- die über den Badewannenrand gelegte Fußmatte
- das kleine und das große Handtuch
- das Streichholzbriefchen im Aschenbecher auf dem runden Besprechungsglastisch

- das versilberte Gläsertablett auf dem Regalbrett über dem Minibar-Kühlschrank, auf dem ein Flaschenöffner liegt
- der Miniaturplastikeiswürfelbehälter im Miniaturplastikeiswürfelbehältergefrierfach des Minibar-Kühlschranks
- die nur mit den Zähnen zu öffnende Verschweißung der Minibar-Erdnüsse
- die Sauna im Obergeschoss
- der Briefumschlag mit dem Formular für Kritik und Vorschläge
- der Einkaufs- und Nachtlebenführer
- der Anschlag mit dem Tagesmenü in der Aufzugskabine
- der Anschlag mit den französischen, den Pasta-, den Fischwochen in der Aufzugskabine
- die Aschenbechersäulen vor den Aufzugstüren
- der Erstickungssand in den Aschenbechersäulen vor den Aufzugstüren

Not living at home ist eine harte Prüfung. Unsere Hotels auf Tour scheinen jener virtuellen Kette anzugehören.

Auf all diese Annehmlichkeiten und Skurrilitäten sollten wir ab sofort verzichten müssen.

Denn für die nächsten vier Tage und Nächte ist der Nightliner das Zuhause, eine Art fahrendes Hotel, bei dem man im Bett nicht rauchen darf. Zumindest haben wir uns darauf geeinigt.

Es handelt sich bei dem Nightliner um einen großen roten Doppeldecker-Omnibus (inklusive Fahrer), der unten mit Sitzen, Tischen, Toilette, Küchenzeile und Fernsehern ausgestattet ist und in der oberen Etage über Schlafkabinen verfügt. Jeweils zwei Kojen liegen übereinander. »Bitte mit den Füßen in Fahrtrichtung schlafen« warnen Schilder hinter den Vorhängen, die die Privatsphäre sicherstellen.

Schon am Proberaum zeigt einem der Nightliner, was er von einem hält: Das Equipment muss ganz hinten an der letzten Seitentür eingeladen werden, bei jedem Pkw-Kombi ist das ergonomischer konstruiert, während der Motor läuft und stinkende Abgase aus dem Auspuff lässt. Ich werde niemals verstehen, warum Busfahrer sich an laufenden Motoren aufgeilen können. Mit Lenkzeitenverordnung kann das nichts zu tun haben, denn was hat ein Motor im Leerlauf mit der Lenkzeit des Fahrers zu tun.

Sinnlose Vernichtung fossiler Brennstoffe ohne Rußpartikelfilter zur Förderung von Atemwegserkrankungen – gibt es so eine Verordnung?

Innen ist der umgebaute Reisebus stilvoll eingerichtet, auf den Tischchen zwischen den Sitzgruppen sorgen rutschfeste Noppendeckchen dafür, dass alles am Platz bleibt. Dunkle, gar schwarze Wolken ziehen über Hamburg auf und entladen sich, als wir die Stadtgrenze erreichen. Durch den Sommerregen schiebt sich der Bus Richtung Ostsee. Thees leiht mein Batterietelefon, um über Bluetooth gegen Timo, der das gleiche Modell hat, eine Runde Golf zu spielen. Da sitzen sie, zwei Meter auseinander, starren bedächtig auf die winzigen Bildschirme, und hin und wieder heult einer triumphierend auf. Fast ohne aufzusehen, schiebt Thees eine Frage an Timo hinüber. Der Tonfall erinnert daran, wie man als Kind vorsichtig Fragen an die Eltern eingefärbt hat, wenn man etwas Besonderes von ihnen wollte. »Bodo, kann ich nach Berlin ziehen, wenn die Platte fertig ist? Im Frühjahr? Ach, komm ...« – »Hm«, brummt Timo wortlos. ›Ich nehme deine Entscheidung zur Kenntnis und habe jetzt auch keine spontanen Einwände‹, soll das wohl heißen. Alle schauen jetzt ein bisschen durchs Fenster in die nassgeregnete Landschaft.

Die Kieler Woche hat für einen Tag gleich das ganze Grand Hotel van Cleef gebucht. Dementsprechend voll ist der großzügige Backstage-Raum. Sogar einen Fernseher hat man freundlicherweise aufgebaut, bei der Fußball-Europameisterschaft ist ein entscheidendes Gruppenspiel angesagt. Deutschland schlittert sich mit einem 1:2 gegen Tschechien aus dem Wettbewerb, und Rudi Völler ist am Ende.

Weil Dennis Becker heute eine Dreifachschicht einlegen muss, hat er sich zur Verstärkung Vater Holger aus der nahen Heimat einfliegen lassen. »Hier schön rein in den Backstage, erst mal eine rauchen!«

Die Stimmung ist ausgelassen, ein Spruch jagt den nächsten. Gerne hat just heute sein Studium beendet, und zwar, wie die Legende sagt, ohne jemals ein Buch in der Hand gehabt zu haben. Über den Fachbereich möchte er aber lieber nicht sprechen.

Als Erstes gehen heute *Olli Schulz & der Hund Marie* auf die Bühne. Nach den ersten Songs leisten André am Schlagzeug und Dennis am Bass Unterstützung. Ein Ansager und die delta-Radio-Promotorin, oder was auch immer ihre strenge Funktion sein mochte, stehen um 19:58 Uhr in der Tür und verweisen darauf, dass Olli in genau einer Minute auf die Bühne muss. »Ja, ich gehe in genau einer Minute auf die Bühne«, bestätigt Olli, aber der Tonfall scheint nicht ernst genug. Madame wiederholt lehrerhaft ihre Ansage. Olli hat seine Gitarre schon längst umgehängt und wiederholt seinerseits seine Aussage: »Ich gehe in genau einer Minute auf die Bühne, und weißt du«, er hebt den rechten Zeigefinger, »wie ich dann mache, wenn ich auf die Bühne komme?« Nach einem großen Ausfallschritt legt er einen klassischen Kniefall vor ihr hin: »Ich mach dann genauso, wenn ich auf die Bühne komme!« Alle lachen sich schlapp, selbst der Ansager, der mit ihr gekommen ist und Olli auf der Bühne ankündigen soll, muss lachen. Nur die strenge Strähnchen-Blondine mit der Baseballkappe und der Steppweste findet das nicht komisch. Da ist Olli schon durch die Tür verschwunden, um das Publikum mit weiterem Frohsinn zu beglücken.

Schultzke & Schulzke, wie wir Schulz & Schröder in Anlehnung an die Detektive Schultze & Schulze bei »Tim und Struppi« nennen, spielen einen tollen Gig. Eigentlich sollten *Marr* den Abend eröffnen, aber Olli Koch hatte schon wieder Probleme mit Mehdorn. Auf Deutsch: Wegen erheblicher Bahnverspätungen eines Musikers wurde die Auftrittsreihenfolge kurzfristig umgestellt. Nach *Marr* spielen *Tomte*. Am T-Shirt-Stand erhält ein Norddeutscher Extra-Props von Thees und mir, als wir entdecken, dass er mit einem historischen »ZAP«-Poloshirt aufläuft: »Pitbulls for Peace«.

1:30 Uhr Abfahrt, schnell noch alles, was an Getränken greifbar ist, unter die Arme geklemmt und rein in den Bus. Gerne hat bei Puma einen Karton Sonnenbrillen losgeschlagen, und die verschiedenen Modelle machen die Runde im Bus. Fast alle Kombinationen aus Kopf und sportlicher Brille sorgen für großes Gelächter. Wir sehen aus wie Snowboarder, die nicht ganz dicht sind.

WÜRZBURG, 24.06.04

Im Auto hat jeder schon mal geschlafen, aber so richtig ausgestreckt auf einer Liege in dreieinhalb Metern Höhe über der Fahrbahn? Man verspürt die ganze Nacht Vibrationen, und das hart wirkende Fahrwerk reicht jede Bodenunebenheit mit einem leichten Schütteln bis nach oben durch. Man schläft, aber nie richtig tief, zumindest fühlt es sich so an. Selbst die Träume werden einem durchgerüttelt, wirken merkwürdiger als üblich.

Als ich aufwache, nicht wissend, wo ich gerade bin, stelle ich fest, dass ich bei der Kojen-Wahl auch noch einen Fehler begangen habe: Wenn man in einem Bus mit 88 km/h über die nächtliche Autobahn schleicht, wird man zwangsläufig von jedem anderen Verkehrsteilnehmer überholt. Wenn man also wie ich auf der Fahrerseite liegt, rasen im Minutentakt Pkws unter dem Ohr vorbei, mitten rein in die beduselte Wahrnehmung.

Mittags erreichen wir das Autonome Kulturzentrum in Würzburg, parken ab und haben bei gutem Wetter viel Zeit, die wir in dem malerischen Hof des Geländes und mit Spaziergängen in die Umgebung vertrödeln.

Philipp Boxhamster hat sich angekündigt und versprochen, seinen Minifernseher für das EM-Viertelfinale mitzubringen. Abgesehen davon, dass der sonst so zuverlässige Apparat im AKW keinen vernünftigen Empfang hineinbekommt, ergo wertlos ist, besteht die Möglichkeit, in der Kneipe gegenüber die Partie Portugal gegen England auf Großbild-Leinwand anzusehen. Ich stehle mich aus der Verantwortung für den T-Shirt-Stand und entscheide mich für Fußball. Eine gute Wahl. Wayne Rooney, den ich so gerne sehe, scheidet früh mit einer schweren Verletzung aus, anschließend bietet die Partie alles, was das Fußballherz begehrt, inklusive Verlängerung und Elfmeterschießen. Am Ende zieht, für mich persönlich enttäuschend, Portugal ins Halbfinale ein. Die ganze Aufregung um das Spiel hat mich einen fulminanten *Tomte*-Auftritt im kochenden Saal verpassen lassen. Am Ende gibt es sogar Extra-Zugaben, die äußerst selten zu hören sind. Da ist aber jemand besonders gut aufgelegt gewesen.

Die Stimmung reißt auch im Bus nicht ab. Um 2 Uhr rollen wir los. Philipp ist mit dabei. Olli und Thees machen für den Rest der Nacht wieder ihre Kneipe auf. Während der Fahrer den

Bus durch Süddeutschland kutschiert, gibt es an den Tischen alkoholische Getränke, Filterzigaretten, schlechte Witze und gute Laune.

Danny und ich finden heraus, dass wir beide, wenn auch zeitversetzt, an der Universität zu Köln bei dem gleichen verrückten Dozenten Geographie studiert haben. Der besagte Doktor war damals schon als explosive Mischung aus Anarchie und Wahnsinn, Zynismus und Wissenschaft aufgefallen. Während einer Exkursion an die Mosel hatte er uns mit Vogelmasken ausgestattet Transparente gegen den Singvogelfang in Italien entrollen lassen. Von der altehrwürdigen, römischen Porta Nigra herunter hing plötzlich die Forderung »Kein Pogo-Ort wo Vogelmord«. Oder so ähnlich.

Danny hat den Doktor erst später, als ich Köln längst verlassen hatte, erlebt und heute nur noch ein Kopfschütteln für ihn übrig: »Der Typ ist durch, der hat sie nicht mehr alle. Ich glaube, zwischenzeitlich verschwindet der immer in der Klapse.« Das Schicksal des Dozenten finde ich tragisch. Die Tatsache, schon wieder jemanden getroffen zu haben, mit dem mich eine gemeinsame Vergangenheit verbindet, dagegen ebenso spannend wie merkwürdig. Zufälle können das alles nicht sein.

Ich finde schön, dass die Leute, die man trifft, mit denen man eine gemeinsame Erinnerung hat, über ähnliche Denkweisen verfügen und die Dinge ähnlich sehen wie man selbst. Dass sie sich nicht als diese Spinner herausstellen, die man in Werbeagenturen trifft. Die Sorte, die einem ungefragt anvertrauen, dass sie früher auch mal »Punk« waren und dass *Slime* »ne geile Punkband aus Hamburg« waren, »Deutschland verrecke« und so. Die Sorte Mensch, auf deren Geständnisse ich grundsätzlich mit einem von Timo abgekuckten »Hmm...« reagiere, als hätte ich Ehrfurcht, aber keine Ahnung, wovon sie gerade reden. Mit solchen Vögeln will ich niemals in Erinnerungen schwelgen, weil es keine gemeinsame Vergangenheit gibt.

SOUTHSIDE, 25.06.04

Früh, sehr früh sind wir auf dem Southside, einem Festivalgelände, das mit keinem Ortsnamen assoziiert ist. Ich habe mir sagen lassen, dass der Bodensee, den ich mein Lebtag noch nicht gesehen habe, nicht weit entfernt sein soll. Obwohl die bewegte Morphologie einen weiten Blick ins Land erlaubt, kann man den Bodensee leider nirgendwo erspähen.

Hört das Geschaukel im Nightliner damit auf, dass der Bus endgültig auf dem Gelände abgeparkt ist, so bedeutet das verebbte Motorengeräusch leider nicht, dass man weiterschlafen kann. Plötzlich fehlt, woran man sich die ganze Nacht lang gewöhnt hat.

Also aufstehen, um die Gegend zu inspizieren, herauszufinden, ob es Duschen gibt oder etwas zu essen.

Da es gerade erst 10 Uhr am ersten Festivaltag ist, stoßen wir auf Probleme mit den Berechtigungspapieren. Zwar hat uns Gerne Bändchen und Zettel im Bus ausgehändigt, diese berechtigen uns aber nur zum Empfang der endgültigen Papiere und Essensausweise. Nach etlichen Telefonaten und einem Hin und Her zwischen verschiedenen Leuten, Büros und Kompetenzstellen haben wir endlich unser Zeug und eine vage Ahnung davon, wie es sein muss, wenn einem für existenziellere Fragen die richtigen Papiere fehlen in diesem Land.

Wir wollen das jungfräuliche Frühstückszelt stürmen, werden aber ein weiteres Mal aufgehalten. Ein »Einzeller«, wie Danny solche kooperativen Kollegen gerne bezeichnet, kann uns nicht einlassen, bevor er uns einen winzigen bunten Klebepunkt auf die Ausweise geklebt hat.

Warum diese Maßnahme jetzt auch noch nötig sei, interessiert uns. Das wisse er selbst nicht, antwortet der Einzeller in einer kaum verständlichen Mundart. Verständnisvolle Menschen entschuldigen solchen Blödsinn mit einem geneigten »Der macht doch auch nur seinen Job ...«.

Den Job des T-Shirt-Verkaufens übernimmt bei einem solch großen Festival ein Dienstleister. Bei dem wird man vorstellig, zählt mit ihm gemeinsam ein paar Kartons T-Shirts durch und gibt sie ab, nachdem man einen Verkaufspreis genannt hat. Dieser Preis darf nicht zu günstig sein, da die Ware zusammen mit der aller anderen Bands auf einem zentralen Stand verkauft wird. Die bekannteren Bands nutzen die Preisskala am oberen Ende, die Differenz soll daher nicht allzu gravierend ausfallen. Ich habe furchtbar hässliche Cure-T-Shirts und andere Katastrophen gesehen – für weit über 40 Euro.

Der Dienstleister kassiert pro Hemd einen festgelegten Prozentsatz, den man drücken kann, wenn man als Band das Einverständnis gibt, auf dem offiziellen Festival-Shirt vertreten zu sein. Wenn man wieder abreist, fordert man rechtzeitig die nicht verkauften eigenen Hemden ein, zählt sie gemeinsam durch, rechnet ab und erhält ein paar von den offiziellen Festival-Shirts.

»Wer will eins?«, fragt Gerne in die Runde, aber niemand meldet sich.

Die Jungs müssen erst um 19 Uhr auf die Bühne, also bleibt vorher reichlich Zeit für eine der offiziellen Autogrammstunden am Visions-Stand. Ich streiche derweil über das weitläufige Gelände, schaue mir den Promotion-Unsinn an, den sich die Marketing-Abteilungen verschiedener Konzerne und Sponsoren für das Publikum ausgedacht haben, und nutze das großartige Licht für Foto-Aufnahmen.

Bereits ein Stündchen nach dem fulminanten Auftritt entern wir den Bus, weil wir los müssen. Während *Fanta Vier*, *Beginner* und jede Menge anderer Musiker sich um den Fernseher im Catering-Zelt scharen, versuchen wir mobil mit Philipps Micro-Fernseher das Fußballspiel zu sehen, aber wir scheitern grandios.

SCHEESSEL, 26.06.04

Morgens in Scheeßel: Der nächtliche Transfer hat uns vom Bodensee in die Norddeutsche Tiefebene geführt. Die Schwesterfestivals Southside und Hurricane tauschen an ebenjenem Wochenende ihre Künstler untereinander aus, was zu langen Fahrtzeiten mit knapp kalkulierten Reserven führt. Häufig kann das bedeuten, dass man einen mitauftretenden Künstler gar nicht zu Gesicht bekommt, obwohl er auf dem Plakat so nahe bei steht.

In Norddeutschland hat es gestern zum Auftakt böse geregnet. Der Himmel weint jetzt nicht mehr, hat aber eine trostlos wirkende Schlammwüste hinterlassen, die immerhin schon wieder festgetrocknet ist. Die Gummistiefel können im Bus bleiben.

Wir schlendern zum Toilettenzelt. Max entdeckt etwas in den Schlamm Getretenes und hebt es auf. Es ist der Backstage-Ausweis von David Bowie, der heute Nacht um eins noch hier auf der Bühne gestanden hat.

»Ich steck den mal ein, wer weiß ...«, meint Maxe, und ich muss noch tagelang an diesen Moment denken. Aus der Zeitung erfährt man später, dass David Bowie, den ich echt gerne live gesehen hätte, nach dem Konzert – so gegen eins, also keine zehn Stunden zuvor, von der Bühne gegangen ist, weil er über Brustschmerzen klagte. Bowie wurde nach Hamburg gebracht, wo ein leichter Herzinfarkt diagnostiziert wurde. Für lange Zeit wird er nun gar nicht mehr auftreten.

Vielleicht war das aber auch nur der heruntergefallene Backstage-Ausweis von David Bowies unterbeschäftigtem Merchandise-Mann, der sich vom T-Shirt-Verkaufs-Dienstleister längst sein Geldbündel abgeholt hatte und sich zu fein war, sich nach dem lästigen Ding zu bücken. Ausweise gelten immer für die ganze Crew und müssen keine biometrischen Daten enthalten. Bis jetzt zumindest noch nicht.

Im Duschcontainer habe ich eine weitere Begegnung, die mich noch wochenlang verfolgen soll. Nach der ausgiebigen Verschwendung heißen Wassers rubbele ich mich mit den bereitliegenden Handtüchern ab und justament, als ich die Klinke in der Hand habe, um durch die Tür hinauszutreten, wird diese aufgezogen, und der Dicke mit dem Schnurri von *The Hives* in seinem weißen Kunstfaser-Anzug sieht mir ins Gesicht. Nicht nur, dass er und seine Crew den ganzen Tag geschlossen wie eine Gang im gleichen Dress über das Gelände marschieren, nein, in den nächsten Wochen ziert diese Band fast alle Musikmagazin-Titelblätter. Auf allen Fotos tragen *The Hives* die weißen Anzüge, und jedes Mal, wenn ich den Dicken mit dem Schnurri erblicke, muss ich an den Moment denken, als wir uns die Klinke in die Hand gaben. Strange!

Mittags in Scheeßel: *Tomte* sind derzeit in Topverfassung und ziehen zur Mittagszeit schon eine gewaltige Menge vor die Bühne, die völlig zu Recht Zugaben fordert. Aber je früher am Tag eine Band auftritt, desto weniger Gewicht und Auftrittszeit wird ihr beigemessen. Zeitüberschreitungen werden gar nicht geduldet, das ist verständlich, da sich jede Verzögerung nach hinten hinaus potenziert. Unvorhersehbare Ereignisse würden noch gravierendere Tragweite erlangen.

Für die Band heißt der absolvierte Auftritt: Bahn frei für die unbeschwerten Stunden, Prominenz treffen – sei es die vorhandene, die selbst importierten Freunde aus Hamburg und Bremen, denen das Festival Arbeit gibt, oder gar das eigene Kind.

Nachmittags in Scheeßel: Mittlerweile hat sich die Sonne gegen die dichte Bewölkung, die am Vormittag noch dominant war, durchgesetzt und verschafft allen einen angenehmen Resttag. Die *Donots* rocken, und *Franz Ferdinand* burnen alles weg. Wir pendeln zwischen Bühne und Biergarten, der für die Auftretenden aufgestellt wurde. Zwei ehemalige Größen aus den guten Zeiten des Musikfernsehens hocken beieinander. Charlotte Roche war für mein Alter nun nicht mehr so stilprägend, aber der lustige ältere Herr an ihrer Seite, das ist doch, tatsächlich: Ray Cokes.

Der beste Fernsehmoderator, den Europa in den 90ern gesehen hat. Derjenige, der Unmengen höchst unterhaltsamen Unsinns in das Fernsehen gebracht – und von dem Harald Schmidt heute noch klaut. Der smarte Typ, der MTV zu dem gemacht hat, was es nun leider schon lange nicht mehr ist. Der mir allabendlich im Verbund mit Beavis & Butthead die besten Fernsehabende meines Lebens bereitet hat, wenn es so was gibt. Genau der Ray Cokes sitzt ganz entspannt an einem der Biertische und nimmt wohlwollend aufrichtige Props von *Kettcars* Erik, Thees und mir entgegen. Wir plaudern, und Ray erzählt, dass er sich immer noch jede Woche vier, fünf neue Alben im Plattengeschäft holt, nur um zu wissen, wie der neueste Stand ist. Und ohne sich von der Erfahrung beeindrucken zu lassen: »... eighty percent is crap«. Das Schönste daran, sich mit Ray Cokes zu unterhalten, ist, dass er ein Brite ist, der im Fernsehen aufgetreten ist. Das bedeutet, dass er ein verständliches Englisch spricht!

Nachts in Scheeßel: Nachdem wir den Rest des Abends im Biergarten verfeiert haben, nehme ich das Kind bei der Hand, und wir gehen zu Fuß am Zeltplatz vorbei über die Landstraße bis zum Bahnhof von Scheeßel. Über die Felder schallen uns die Lieder von *The Cure* hinterher. An sich schöne Songs, die ich zum ersten Mal gehört habe, da muss ich selbst noch Teenager gewesen sein. Merkwürdig. Endlich rollt der Regionalexpress ein und bringt uns von Scheeßel ins heimische Bremen.

HEMMOOR, 29.11.04

Wenn man die »Kulturpfanne« Hemmoor, wie *Goldene Zitrone* Schorsch Kamerun den ursprünglichen Herkunftsort von *Tomte* nannte, auf der Landkarte sucht, stößt man unvermeidlich auf einen anderen Punkt in der Nähe, dessen Name kreisförmig in die Landschaft gesetzt ist und der einen so schnell nicht wieder loslässt: »Deutscher Olymp« steht da. In der Mitte eine zweistellige Zahl, die die Höhe angibt. Wow, welch vielversprechender Name, was mag sich dahinter verbergen?

Das Zusammentreffen verschiedener Faktoren führt mich heute auf den Deutschen Olymp. Mal schauen, was für Deutsche Götter samt Gespielinnen dort so rumlungern und sich gegenseitig mit Weintrauben verwöhnen. Der Name hat meine Fantasie im Vorfeld gehörig angeregt.

Ich habe mich für zwei Wochen in Cuxhaven im dreizehnten Stock eines der Apartment-Hochhäuser, die in Sahlenburg unmittelbar am Meeressaum stehen, eingemietet, um in Ruhe meine Aufzeichnungen niederschreiben zu können. Dabei habe ich mich an Thees' Vorschlag erinnert, doch seine Eltern zu interviewen.

Mit einem Strauß Blumen in der Tasche fahre ich von Cuxhaven nach Hemmoor. Auf dem Weg dahin, zehn Kilometer vor dem Elternhaus Uhlmann, biege ich in die Wingst ein. Es geht für norddeutsche Verhältnisse tatsächlich bergauf, das trübe Wetter lässt mich einen Wegweiser übersehen, und ich lande auf einer Art Waldautobahn. Schnurstracks führt eine gut asphaltierte, dammartige Straße durch einen verlassenen Wald. 100 km/h auf dem Tacho, und man sieht den Wald vor lauter Bäumen nicht. Ich wende und finde doch noch zum Deutschen Olymp. Oben angekommen begrüßt mich ein Baby-Zoo – für jüngere Tiere, soll das wohl heißen. In einem von außen einsehbaren Käfig stapft ein hospitalistischer Tiger durch die hüfthohe schwarze Matsche, die sein weißes Bauchfell schon total eingesaut hat, ziellos von links nach rechts und wieder zurück. Wie deprimierend.

Ich nehme den letzten steilen Anstieg zu Fuß hinauf auf den Berg der Götter, den spirituellen, lichterfüllten Platz der Mythologie. Oben auf dem Gipfel haben die Deutschen auf ihren Olymp einen Obelisken aus Alabaster gesetzt. Beim Näherkommen entpuppt sich der Obelisk als roher Betonturm mit quadratischem Grundriss. Betonmischer und Pumpfahrzeug lehnen an dem Turm, um ihn offensichtlich vor dem Ruin zu bewahren. Das angeschlossene Ausflugslokal sieht tot aus. Die perfekte Szenerie für einen Stephen-King-Roman. Wie ich später erfahre, bleibt der Turm geschlossen, weil das Restaurant keinen Betreiber mehr findet und ohne Restaurant kein WC, ohne WC kein Betreten des Aussichtsturmes. Wie deprimierend.

Am Deutschen Zementmuseum vorbei rollt man in Hemmoor ein, wenn man von Norden kommt. Bei vorweihnachtlichem Gebäck und Tee unterhalte ich mich schließlich tatsächlich mit den Eltern. Über das, was früher war, wie der Junge war, was Eltern bewegt, wenn der Sohn sich entscheidet, ab sofort nur noch für sich selbst zu arbeiten, sprich, alles auf die Musik zu setzen.

Plötzlich, mittendrin wird mir alles zu nah, zu intim, zu persönlich. Ich lasse mir nicht das Kinderzimmer zeigen, ich möchte nicht die Fotos von früher sehen. Ich will mir nichts erheischen, um es ausschlachten zu können. Ich will keine Reportage schreiben, die auf Nachbohrungen beruht, kein Psychogramm, das Hinweise deutet, die heute verdrängt oder vergessen sind. Für einen Moment widert mich an, dass Menschen sich für andere interessieren, unbedingt mehr erfahren wollen über das, was hinter der Musik steckt. Es ist Unsinn, zu glauben, dass man mehr erkennt, wenn man hinter die Kulissen blickt. Es steckt alles in den Liedern, in den Texten und wie diese Band ihre Substanz rüberbringt. Die Haltung zum Leben spiegelt sich wieder in dem Verhalten von fünf Individuen auf der Bühne und daneben.

Der Rest geht niemanden etwas an.

»Das mit der Krankenkasse, das hat mich lange geärgert. Zwei Jahre lang war das ein Kampf für mich, da habe ich drunter gelitten. Dann haben wir ihn schließlich bei unserer Krankenkasse wieder mit angemeldet. Nun ist er, glaube ich, doppelt versichert, im Augenblick jedenfalls noch ...«, verrät mir die Mutter, die der Junge in seiner ersten ernsthaften Single-Auskopplung einfach in den Titel gehievt hat.

PLATENLAASE, 02.06.05

Es geht wieder los.

An dem großen roten Doppeldeckerbus hängt jetzt sogar noch ein zweiachsiger Anhänger. Das Gespann rollt zum Proberaum, der immer noch im gleichen Gebäude auf der gleichen Etage liegt, neuerdings aber wesentlich näher am Treppenhaus. Der stinkende Raum, der noch in *Keine Lieder über Liebe* zu bewundern ist, ist ebenso passé wie Uhlos Ein-Zimmer-Apartment auf der Reeperbahn, das übrigens auch im Film zu sehen ist. Olli in Berlin, Thees in Berlin, Maxe auch häufig dort, die Band hat sich räumlich ausgedehnt. Ollis Monster-Bassbox ist zum Glück wieder geschrumpft, das Equipment verliert sich ein bisschen in dem riesigen Anhänger.

Auf nach Platenlaase – »Kutscher, mache er die Zwerge heiß!« –, aber nichts geht mehr am Proberaum. Der Motor läuft, aber kein einziger Gang will ins Getriebe springen, nicht automatisch und auch nicht nach der Umstellung auf Handbetrieb. Etwas ist faul, aber nach einer Viertelstunde Leerlauf geht es doch noch los.

Thees erwartet uns in Platenlaase, er hat mit den Jungs von *Madsen* noch schnell einen FC-St.-Pauli-Tribute-Song eingespielt, der für den Fanladen erscheinen soll. Hier im Wendland beim Madsen-Clan findet Thees Rückzug, um Songs und B-Seiten zu schreiben. Deshalb an diesem Ort ein Auftakt-Gig beider Bands, die die nächsten vier Tage gemeinsam reisen werden.

Der Blick aus dem Busfenster lässt einen die gelben Kreuze in X-Form erspähen. Tausendfache Ikonen des Widerstandes, die überall entlang der Straßen, in Gärten und auf Höfen platziert sind. Man weiß sofort, dass man im Wendland ist. Ungebeugt hält die Bevölkerung jedem Besucher ihre Anti-Castor-Symbole entgegen. Das gelbe »X« ist, anders als beispielsweise das eingekreiste Anarcho-A, noch nicht zur Pose verkommen. Es spuckt jedem, den es in diese Gegend verschlägt, die Verachtung für die Atomindustrie und die von ihr unterhaltenen Atompolitiker entgegen. Man spürt sehr intensiv eine Atmosphäre von Macht und Widerstand, von Natur, Weite, Leere und unsichtbarer Bedrohung, wenn man versunken durch diesen Landstrich fährt, der viel Zeit und Raum für freien Gedankenfluss zulässt. Es ist, als ob eine ganze Region ihren Geist in die Luft haucht.

Unser Fahrer muss in Platenlaase den Reparatur-Service anfordern, da auch noch Probleme mit der Elektrik aufgetreten sind. Bis zum Anbruch der Dunkelheit wird am Bus gearbeitet.

Mit *Tomte* reisen dieses Wochenende Hardy als Mischer, Fotograf Ingo aus Wien und Klaus mit einer Videokamera.

Eine Botschaft von Philipp Styra hat das Café Grenzbereiche vor uns erreicht – ein zwölf Meter langes Fax für die morgige Weiterreise. Olli erkundigt sich nach der Waschmaschine, um seine schmutzige Wäsche zu waschen. Die Band hat gestern in Hamburg neue Lieder geprobt und ist voller Zuversicht und Vorfreude, weil alles so klingt, wie es gewünscht ist.

Madsen eröffnen den Abend in ihrer Heimat. Drei Brüder (Kandidaten für das »Musikalische Geschwister«-Spiel) stehen auf der Bühne, wo sie von zwei weiteren Weggefährten unterstützt werden. Mit ihrem Debütalbum haben sie mächtig Wirbel verursacht.

Neues Jahr, neue Saison, es gibt neue *Tomte*-T-Shirts, frisch aus der Druckerei. Für mich bedeutet Saisonbeginn, ähnlich wie damals in Kiel, dass viele randvolle Kartons Hemden zu falten und neu zu sortieren sind. Die grünen Modelle sind mit einem Anhänger versehen, der darauf hinweist, dass sie ökologisch wertvoll zu fünfzig Prozent aus Cellulose hergestellt sind. »T-Shirts aus Holz« – das habe ich ja noch nie gehört. Ich habe seither allerdings auch noch keinen Club erlebt, hinter dem ganz friedlich Tiere weiden und interessiert über den Zaun glotzen.

Neben mir am T-Shirt-Stand sitzt in gleicher Funktion das Familienoberhaupt, Vater Madsen. Wir schnacken über dies und das, bis er plötzlich einen Aktenordner hervorzieht und mir einen sauber in eine Prospekthülle eingeschlagenen Reisegewerbeschein präsentiert. »Ha ha, so etwas habe ich ja noch nie gesehen!«, fällt mir auf. Andererseits bin ich ja auch kein Däne und werde in die Heimat abgeschoben, oder wie lautet die Strafe für keinen Reisegewerbeschein zu besitzen?

Vater Madsen vertritt mich ein wenig am Stand, sodass ich auch in den Saal kann, um mir gut aufgelegte *Tomte* anzusehen. Drei der neuen Songs erleben heute ihre Live-Premiere. Wie das beim allerersten Hören neuer Stücke oft passiert, ist man zunächst überrascht, hat zunächst keine Meinung, dann setzt große Lust auf mehr ein, und man wird blöde, wenn man erfährt, dass sie theoretisch noch mehr neue Stücke hätten spielen können. Bastarde!

Nach dem Gig bestimmt geselliges Miteinander den Rest des Abends, Frontmann Sebastian Madsen hat Geburtstag. Es gibt Sekt und Tralala. Unten im Café hüpft ein Freak mit Thees herum und rezitiert lautstark und textsicher ganze Songs von *The Streets*, inklusive perfekt imitiertem Cockney.

Olli sammelt seine fast trockene Wäsche von der Leine, und der Bus rollt los in Richtung Süden.

NÜRNBERG, 03.06.05

Das andere große Schwester-Festival in Deutschland neben Southside/Hurricane nennt sich Rock im Park/Rock am Ring. Wir taufen es kurzerhand um und gleichen es an einen der Kampfnamen, die sich Dennis schon mal selbst verleiht – in Worten: Dr. Ock –, an. Ab jetzt heißt das Wochenende nur noch »Ock am Ring«.

»Macht euch das Geschaukel im Nightliner auch so horny?«, ist die erste Frage des Tages, mit der Thees aus der Koje gekrochen kommt, in die man sich des Nachts oft mehr hineinrollt oder -dreht und von Glück sagen kann, wenn man wenigstens die Schuhe vorher aus bekommt. Geschichten darüber, dass man sich gegenseitig schon ins Schlafregal schieben und drücken musste, sorgen wiederholt für Lacher.

In der Frühstückshalle treffen wir auf die *Kettcar*-Bande. Untereinander und gegeneinander werden sexuell explizite Witzchen auf Oberschüler-Niveau ausgeteilt, jeweils auf Kosten des anderen. Das mag primitiv klingen, passt andererseits in das Ambiente der merkwürdigen Gestalten, mitauftretende Musiker und deren Begleitungen, die um die Tische herumschleichen.

Da sind japanische Metalheads, bei denen die Frauen weiße Atemschutzmasken vor dem Gesicht tragen. Dort kann man kleine Gangs amerikanischer Riesenklopse beobachten. Zutätowiert wie Südsee-Insulaner, mit Dreadlocks, in denen ganze Mäusefamilien wohnen. In ihren knielangen Shorts mit ihren Anabolikagekrümmten Rücken und Kinnbärten ähneln sie Cro-Magnon-Höhlenmenschen, nach denen sich die Hardcore-Legende *Cro Mags* benannt hatte. *Silbermond*-Sängerin Steffi sieht dagegen richtig süß aus, wenn sie herüberlächelt. Zum Glück kann sie nicht hören, was bei uns am Tisch für schmutziges Zeug geredet wird.

Wir verbringen den Tag mit Warten unter Ausnutzung der bereitgestellten Entertainment-Apparate, die aber alle nicht wirklich der Bringer sind. Also fangen wir schon mal an mit Trinken, und Dr. Ock legt die Basis für einen herrlichen Tag.

15 Uhr ist Stagetime, und als die anderen schon fast auf der Bühne stehen, stürmt Ock aus dem Plastik-Toilettenhäuschen bei der Bühne. Er hat die Buchse nicht mehr um die Fußgelenke gewickelt, sondern rechtzeitig hochgezogen bekommen, aber den

Nietengürtel zu verschließen schafft er erst auf der Rampe, die er zur Bühne hochstürmt, um die anderen zu vervollständigen.

Den Rest des Tages verbringen wir hernach mit Trinken, Unsinn Machen und Trinken. Am Abend bringen wir ein bisschen Unordnung in die geregelte fränkische Artisten-Aufenthaltswelt. Ock zeigt sich über Stunden als köstlicher Entertainer. Sein Unterhaltungswert ist sehr gut. Er ist in Zigarettengeberlaune, als hätte es die Tabaksteuer nie gegeben, und sprudelt die großartigsten Wortwitz-Kaskaden hervor, ohne je dabei nervig zu werden.

Rechtzeitig greife ich mir den Ock und leite ihn zielstrebig nach Mitternacht zum Bus, der bereits mit laufendem Motor auf uns wartet.

Obwohl Hardy, von Beruf Elektriker, keinerlei Verpflichtung dazu gehabt hätte, hat er nachmittags über eine Stunde lang mit Bernd versucht, dem Kupferwurm beizukommen, der die Elektrik des Busses befallen hat und noch nicht eliminiert wurde. Die Fahrt durch die Nacht findet abermals bei ersatzweise eingeschalteten Nebelscheinwerfern statt und wird von Bernd, dem Fahrer, souverän gemeistert. Nicht auszumalen, wenn eine Polizeistreife den Mangel erkannt und den Bus zwangsläufig stillgelegt hätte. Zwei Bands samt Equipment hätten zur Erfüllung bestehender Verträge zu Fuß bis zum nächsten Auftrittsort marschieren müssen.

HILDESHEIM, 04.06.05

Kurz vor dem Etappenziel, zwischen Harz und Solling, halten wir auf einem Autohof. Gelegenheit, um eine persönliche Premiere zu erleben.

»Erst mal 'ne knackige Truckerdusche«, meint Gerne, und seine Betonung von »Trucker« klingt so, als wäre eine Truckerdusche mindestens so fies wie das Klischee, das den Duschcontainern auf den Festivalgeländen vorauseilt: »Na, gehste wirklich duschen? Schön mit zwanzig gesichtstätowierten englischen Backlinern nackt in einer Reihe drei Brausen teilen, hö hö hö?«

Die Sehnsucht nach frischem Wasser lässt die vagen Bedenken beiseite treten. Zwei Euro verlangt der schlechtgelaunte, ukrainische Truckerduschen-Wärter, der sich nur ungern bei der Lektüre seines BMW-3er-Magazins stören lässt. Danach weist er jedem eine separate Nasszelle zu. Einer heißen Dusche steht nichts mehr im Weg. Anschließend Frühstück im Burger-Schnellrestaurant. Danach fühlt man sich wie neugeboren. Dr. Ock bedankt sich für meine Fürsorge am Vorabend, und wir sind bereit, einen neuen Tag zu zerrocken.

Vier Linden in Hildesheim, das ist ein Ausflugslokal im Süden der Bischofsstadt, das seit mindestens vierzig Jahren seine Inneneinrichtung nicht mehr verändert hat. Seit bestimmt 15 Jahren werden hier Konzerte veranstaltet. In diesem morbid-charmanten Lokal, in dem, vor meinem geistigen Auge, Damen mit Hüten beim Kaffee sitzen – zumindest stelle ich mir vor, ihre geisterhaften Schatten zu erahnen –, habe ich schon Auftritte von *Helge Schneider* und *Poison Idea* gesehen.

Poison Idea, die fetteste HC-Band aller Zeiten, mit drei oder gar vier Musikern von je über einhundert Kilogramm Lebendgewicht hatten im Vier Linden ordentlich Feuer gespuckt. Brandspuren sind an der Decke allerdings nicht mehr erkennbar.

Die Umgebung des Clubs ist trostlos.

Wir schauen *Man in the Moon* in der Sofaecke hinten im Bus. Den fantastischen Film über das Leben des Andy Kaufman, der als Tony Clifton ganz Amerika zum Narren gehalten und ein herzzerreißendes Spiel mit Wahrheit und Illusion inszeniert hat.

Heike taucht aus dem Schwäbischen auf, wo sie gerade eine Dame aus einem vergangenen Jahrhundert spielt. Ingo hat aus

Wien reichlich Käsekrainer mitgebracht. Auf dem Flug nach Hamburg haben die Zöllner beim Röntgen seiner Tasche dumme Witze gemacht und gefragt, ob er Vertreter für Vibratoren sei. Okay, es mag nicht so oft vorkommen, dass jemand mit drei Packungen Wurst im Handgepäck ein Flugzeug besteigt.

Gerne hat wie verabredet einen Grill am Start, und so gibt es live am Bus in Hildesheim gegrillte österreichische Wurst für alle. Der Bus selbst sieht von vorne betrachtet etwas traurig aus, wie ein Teddybär, dem ein rüdes Kind beide Knopfaugen herausgerissen hat. Dem mächtigen Fahrzeug fehlen die Frontscheinwerfer, die auf die Schnelle bei einer Express-Reparaturwerkstatt überprüft werden.

Tomte spielen heute ein fantastisches Konzert, trotz Zwischenfall. Olli schlägt mitten im Song mit einem seiner »Hardcore-Moves« den Kopf seines Basses in Thees' Akustikgitarre. Ein hübsches Loch im Korpus ist die Folge.

Noch vor dem Ende des Konzertes laufe ich nacheinander zu allen Beteiligten, die nicht auf der Bühne stehen. Versichere ungefragt Gerne, Ingo, Klaus, Heike, Hardy und auch Petra, mit der ich damals die Helge-Show gesehen hatte, dass das die besten *Tomte* seit zehn Jahren für mich sind.

Ich weiß nicht, was mich überschwänglich mitteilungsbedürftig macht. Es ist ein diffuses Gefühl, ein Gespür, ein Instinkt. Nach über vierzig Konzerten überrascht zu werden von einer Magie, von neuen Liedern, die ergreifend schön sind. Ach, es gibt keine treffende Beschreibung für meinen Geisteszustand, und ich freue mich einfach, dass so viele Menschen, die Fan sind wie ich, mit mir diesen Augenblick erleben, von dem sie vielleicht gar nicht wissen, wie speziell er ist.

Später, als der Bus aus Hildesheim herausrollt, sitzt Gerne auf der Treppe und erbittet sich eine kurze Redezeit. Er legt los, und ich denke zunächst, noch beeinflusst von dem ergreifenden Kaufman-Film vom Nachmittag, dass Gerne scherzt und uns veräppeln will. Aber nein, er ist wahrlich bewegt und möchte sich bedanken. Dass diese Band ihm in den letzten drei Jahren eine sehr spezielle Zeit geschenkt hat. Große Worte von einem, der nach außen oft so tough erscheint und sich im Tour-Geschäft ständig kompromisslos verhalten muss.

»Es ist mir total egal, was im Frühjahr passiert, wenn das neue Album erscheint, ich wollte nur sagen, dass alles, was wir in den Jahren erlebt haben, wirklich einmalig für mich war.«

NÜRBURGRING, 05.06.05

Wenn man overnight, wie es so schön heißt, durch das dunkle Land fährt und einen Großteil davon auch noch verschläft, dauert es nicht lange, bis es einen nicht mehr interessiert, wo man ist, in welche Himmelsrichtung der Bus fährt und wo er einen wieder ausspuckt. Man befindet sich innerhalb einer Blase, die ein paar nahe stehende Figuren und Rituale enthält und praktischerweise mit einem mitreist.

»Gerne, die nächste Tour im Frühjahr fahren wir wieder als Sprinter-Tour!« – »Thees, das geht nicht, wir sind dann zu viele, das haut nicht hin.« – »Dann fahren wir eben mit zwei Sprintern ...« – »Das geht schon gar nicht, Thees, das wäre finanzielles Harakiri ...« – »Hhhhhhhhhhm...«

Ich stolpere frühmorgens durch den schmalen Gang des Busses, der im Oberdeck Zugang zu allen Schlafkojen gewährt. In der Fronttasche meiner Hose drückt das gerollte Bündel mit den Scheinen vom Shirt-Verkauf in Hildesheim. Die Münzen, die ich separat in der Gesäßtasche aufbewahrt hatte – eine Aufteilung, die nötig wird, wenn man mal wieder keine Geldkassette dabei hat –, sind auf meinem nächtlichen Weg ins Bett nicht dort geblieben, wo sie hingehören. »Scheiße, hier liegt überall Münzgeld auf dem Boden«, entfährt es mir. Olli zieht im Liegen den Vorhang seines Bettes beiseite und ruft mit einem Lachen: »So war es gedacht, so soll es sein!« Die neuen *Tomte*-Texte halten Einzug ins echte Leben.

Der Nürburgring. Nach einer Idee von Mussolini in den Zwanzigern gebaut, um Leuten Arbeit zu geben und die Region als Ausflugsziel zu etablieren. Hier oben, wo heute charakteristisches Eifelwetter – graue Wolken und ein kühler Wind, der unangenehm über die Höhe streicht – herrscht, wo sich Niki Lauda seine Ohren weggebrannt und Viva-VJ Captain Morgenlatte, bürgerlich Mola Adebisi, schon diverse Motorräder und beinahe sich selbst zu Schanden geritten hat, sollen heute mitten im Kiesbett *Tomte* auftreten.

Thees beginnt den Auftritt mit einer Frage ins Publikum: »Formel 1, gibt es etwas Überflüssigeres als Formel 1 auf der Welt?« Dann schlägt er eine gedankliche Brücke zur Weltmeisterin im Rauchen, Erna Buck, die zu Hause in Hemmoor die Straße hoch wohnt, »und selbst deren Wettbewerb ist so Top-fucking-mehr-1A als Formel 1. Das erste Lied heißt: ›Von Gott verbrüht‹.«

In winddichten Jacken spielen *Tomte* einen wahrhaft großartigen Gig, der vom WDR-»Rockpalast« aufgezeichnet und sogar live im Internet gestreamt wird.

Den Blick vom Bühnenrand in das Publikum gerichtet, fliegen die forty-something Konzerte der letzten Jahre an mir vorbei. Von dem Auftritt im Bremer Eisen, einer Kneipe, die definitiv kleiner ist als eine Fertiggarage, bis zu den Festivals mit den Dimensionen, die einen schwindelig machen. Ein Strom von Gedanken an eine gemeinsame Zeit rauscht mir durch den Kopf.

Warum wir uns verstehen? Weil wir alle zusammen, getrennt voneinander, dasselbe erlebt haben, die gleichen Stationen, die gleichen Emotionen. Eine Gruppe wie *Leatherface* zum Beispiel hat zu ihrer Zeit jeden von uns berührt und ein unsichtbares Band geknüpft, das uns schon zusammenhielt, als wir uns noch nicht kannten. Das schließt auch die mit ein, die meinetwegen *Leatherface* nicht mochten, weil sie gerade auf härteren Stoff aus waren, oder sich bei Musik anderer Provinienzen wohl fühlten. Trotzdem kam niemand umhin, sich mit *Leatherface* und deren Attitüde zu beschäftigen.

Dieser gemeinsame, zeitlich sehr begrenzte Geschichts-Slot verbindet uns wie die russischen Rekruten auf den U-Booten, die von ihrem Oberst zur Taufe ein Stuhlbein ohne Vaseline in den Arsch geschoben bekommen, oder die Studenten amerikanischer Elite-Universitäten, die ähnlich schikanöse Initiationsriten über sich ergehen lassen müssen. Doch während dort der Zusammenhalt durch gemeinsam erlebte Entwürdigung geschaffen wird, beruhte er im Punk immer auf Empowerment.

Was uns verbindet, ist der unsichtbare Teil von Punk – nicht die Haare. Derjenige Part, der unwiederbringlich verloren ist, weil er nicht zu revivalen ist. Der niemals im Feuilleton auftauchen wird, weil er nicht nachvollziehbar ist für die Klugschnacker, die ihr Wissen bei Jürgen Teipel bezogen haben. Wir sind gezwungen, unser kleines Geheimnis in unseren Herzen zu behalten und in unseren ganz eigenen Momenten melancholisch zu werden.

Im Bus schauen wir uns das VHS-Band vom heutigen Ock-am-Ring-Auftritt an. Es enthält meine zukünftige Lieblingsszene: Bei »Die Schönheit der Chance« fallen gegen Ende mit einem Schlag alle Gitarren aus, Dennis hebt ahnungslos die Arme, Olli dreht erfolglos am Verstärker, nichts geht mehr, nur das Gesangsmikro funktioniert noch. Timo schlägt den Beat weiter, während der Uhl ganz alleine, über eine Minute lang, den bis hierhin besten *Tomte*-Song aller Zeiten zu Ende singt. Das Mikro in der Hand, halb auf der Monitorbox liegend, bringt er den Schluss des Songs bravourös über die Bühne. Dennis Becker flankiert die Szene. Wie ein Lasso lässt er einen Dreier-Schuko-Stecker über dem Kopf kreisen. Wer dabei war, soll sich sagen lassen, einen ganz großen Moment erlebt zu haben.

Ich bedanke mich stillschweigend für die Chance, dass ich all die Jahre ganz nah bei dieser Band sein durfte. Es lag in jedem einzelnen Moment eine unbeschreibliche Schönheit – man könnte Bücher damit füllen. Und ich glaube, wir konnten Freunde werden.

POTSDAM, 26.01.06

Eigentlich war dieses Buch vor zwei Seiten zu Ende. Man hat mich überredet weiterzuschreiben. Machen wir also eine unendliche Geschichte daraus. Das *Tomte*-Tourtagebuch aller Zeiten unterwegs in alle Winkel der Erde bis zu ihrem Ende, Erster Teil. »Guten Tach. Auf Wiedersehn.« Hat Helge Schneider auf sein erstes Buch geschrieben: »Autobiographie, Teil I«. Mein Vorbild. Alberner Helge, mit dir würde ich gerne mal ein Bier trinken. Gesetzt den Fall, dass mir denn jemand mal diese Frage stellt: »Mit wem würdest du gerne mal ein Bier trinken gehen?« Meistens lautet die Antwort »Claudia Schiffer« oder »Günther Jauch«. Ich wähle Helge Schneider.

Nehmen wir also den Sexy Blutsommer 2006 noch mit. Und beginnen an meinem Geburtstag Ende Januar. Sprich: heute.

Nach drei Stunden Schlaf quäle ich mich zu unserem Vorstadt-Bahnhof, um via Hauptbahnhof nach Hamburg zu reisen. St. Pauli genauer gesagt. Ziemlich exakt an den Ort, an dem gestern Abend Drittligist St. Pauli den SV Werder aus dem Pokal geworfen hat. Auf skandalösem Untergrund. Was vor Jahresfrist bei den Bayern-Amateuren nicht funktioniert hat – den Bundesligisten aufs Eis zu führen, indem man Platzverhältnisse schafft, die übel und gefährlich sind – ist gestern voll aufgegangen. Pauli siegt, Werder fliegt. Pauli feiert. Meine kleine Pre-Birthday-Party vor dem Fernseher mit elf von meinen Freunden endet ohne rechte Freude. Und so spät, dass mir nur drei Stunden Schlaf bleiben.

Um Punkt sieben komme ich die Treppen U-Bahn Feldstraße, gleich unter dem schneebedeckten Millerntor gelegen, hochgeklettert, biege rechts ab für eine Laugenbrezel beim Bäcker, als mich eine Stimme begrüßt: »Endlich mal einer!« Wolle Geier versorgt sich gerade mit Kaffee und schaut besorgt auf sein Batterietelefon. »Was, wieso?« Ich bin noch nicht im Stande, vernünftig zu kommunizieren. Um 7 Uhr soll der Nightliner losfahren. Seit zwei Stunden steht der schon mit eingeschaltetem Warnblinker direkt vor dem neuen Grand Hotel und wartet. Meistens bin ich der letzte, der, aus Bremen kommend, reinschlüpft und los. Außer Wolle ist aber niemand aufgetaucht. Gerne geht nicht ans Telefon. Ungewöhnlich. Planlos und ohne Schlüssel fürs Grand Hotel telefonieren wir rum. Simon wird geweckt, wir gehen bei ihm zu Hause vorbei, holen den Schlüssel, stolpern durch die neuen Büros, in denen es noch kein elektrisches Licht gibt und raffen zusammen, was wir für notwendig halten. Alle Dinge, die vorbereitet und bereitgestellt aussehen. Schlidternd schleppen Wolle und ich Kartons über glatte Stahltreppen und die gefrorene Baustelle in Franklins silbernen Bus. Anschließend bringen wir den Schlüssel wieder bei Simon vorbei. Gerne ist immer noch nicht aufgetaucht, also fahren wir ohne ihn los, zu dritt.

Mit Franklin schnacken wir ein bisschen Benzin, wie Motorradfahrer sagen. Hier wird sechs Zylinder Diesel geredet. Über eine Million Kilometer hat der Bus schon Bands durch die Gegend kutschiert und ist für seinen Besitzer immer noch einträglicher als die schwarzen Sprinter, die er ebenso vermietet. Die werden, von den Bands selbst gesteuert, alle naselang irgendwo gegengesetzt, angedetscht oder falsch betankt.

Ich lege mich noch ein bisschen mit dem Polarschlafsack in die Koje. Im unruhigen Halbschlaf merke ich, dass mir wahnsinnig warm, ja regelrecht heiß wird, bin aber so gelähmt, dass ich es nicht schaffe, Strümpfe oder Hose auszuziehen. Schicksalsergebene Bewegungsunfähigkeit. Länger als zwei Stunden halte ich es nicht aus und krieche nach vorne zu den beiden anderen.

Wir erreichen Berlin bei Kaiserwetter und nehmen selbstverständlich den Kaiserdamm als Einfallstraße. Die zärtlich-dämlich Goldelse genannte »Freiheitsstatue« von Berlin leuchtet wie perfekt inszeniert. Die Wintersonne strahlt in einem tollen Winkel auf die Victoria, die mit Freiheit weniger zu tun hat als mit siegreichen Kriegen. Soll auch mal direkt vor dem Reichstag gestanden haben. Als ob man so einen massiven Stick verpflanzen könnte wie einen ausgewachsenen Baum.

Wir umrunden die Säule zu drei Vierteln, also 270 Grad auf dem Kompass und stoßen in eine Gegend von Berlin, in der ich noch nie gewesen bin. Links zieht Schloss Bellevue vorbei. Es sieht schön, aber unbelebt aus. Kein Bundespräsident schaut aus einem der zahlreichen Fenster. Überhaupt scheint hier keine Menschenseele unterwegs zu sein. Wir queren die Spree und machen einen engen Turn hinter den Bahngleisen, um die Band einzusammeln. Bemütztt und in angemessener Winterkleidung tauchen nacheinander Maxe, Olli und Timo aus der Tiefgefriergarage auf, die zurzeit der Berliner Proberaum ist. Wir laden zusammen mit Danny das Equipment in den Anhänger, der treu und willenlos hinter dem Bus herläuft. Thees kommt zu Fuß die Straße hochgeschlendert und will als Erstes Bewunderung für seine soeben gekaufte Jacke. Irritierenderweise trägt er zwei Jacken übereinander und im Zuge dessen geht sein Komplimente-Angeln nach hinten los. Dennis taucht auf und stellt fest, dass er sich aus Richtung Potsdam, aus der Villa von Olli Schulz kommend, den Weg zum Bus hätte locker sparen können, weil wir jetzt genau in diese Richtung wieder losfahren, beinahe an der Villa Schultzke vorbei. Im Bus soll erst mal eine gemeinsame Friedenszigarette angesteckt werden, aber niemand hat auch nur ein glutspendendes Feuerzeug dabei. Wie Crack-Raucher nach dem Genuss eines Pfeifchens werden alle Ablagen, Winkel und Schränkchen des Busses abgesucht, um ein bisschen nikotinspendenden Tabak zu verbrennen. Keine Chance.

Wir biegen auf das historische Filmgelände der Ufa in Potsdam-Babelsberg ein. Mittlerweile sind die ersten Wasserstandsmeldungen aus Hamburg eingetroffen. Gerne ist nicht unter-, sondern nur vorübergehend verschütt gegangen. Wegen St. Pauli. Die dummen Sprüche wegen des Ausscheidens von Werder halten sich in Grenzen. »Jetzt könnt ihr Paulianer wenigstens eueren Deckel bezahlen!«, werfe ich Thees gönnerhaft-ironisch vor die Füße. Mit dem Weiterkommen in die nächste Runde des DFB-Pokals können die notorisch klammen Hamburger einen Teil ihrer existenzbedrohenden Schuldenlast begleichen. »Jetzt kann Corny Littmann seinen Deckel bezahlen!«, antwortet Thees hämisch, während wir das Funkhaus von Radio Fritz betreten.

Ehrlich gesagt habe ich bis jetzt und auch den halben Abend noch fest daran geglaubt, dass Radio Fritz ein Privatsender ist. Der beknackte Name hat einfach keinen anderen Schluss zugelassen. Es hat einiges an Umherwandeln in dem Gebäude gebraucht, bis ich herausgefunden habe, dass Radio Fritz das Eins Live des Sender Freies Berlin ist. Überall laufen nette Leute herum und kümmern sich um einen und alles. Wir laden das Equipment aus. Im Sendesaal werden zwei Konfigurationen gleichzeitig aufgebaut. Die von *Blackmail* und die von *Tomte*.

Ich stehe am Kaffeeautomaten, drehe mich um und sehe in zwei dunkle Augen, die mich herausfordernd ansehen: Aydo Abay, der mit Thees die beiden Libertinen auf dem »Visions«-Titelblatt dargestellt hat. Ach ja, die Medien. Wer bis jetzt noch nicht über *Tomte* berichtet hat, wird es spätestens zur Tour im März erledigen. Gibt es eigentlich eine Zeitung, die über *Tomte* nicht berichtet hat? Von Hofbericht bis haarsträubend war alles dabei.

Zwischen beiden Bands wird es keine Umbaupause geben, sondern einen nahtlosen Übergang. Der Zuschauerbereich ist genauso klein wie die Bühne, die eine Teppichstärke höher ist als der Zuschauerraum. Am bizarrsten finde ich, dass man mitten in einem großen Radiosender hockt, die ganze Sendung aber über ein armdickes Kabel nach draußen läuft. Dort steht ein Übertragungswagen und sendet das Konzert über den Äther. Und ins Internet, wenn das etwas anderes ist. Ollis Mutter sendet eine SMS: *Blackmail* sind ihr zu rockig. Wir lachen und freuen uns über so viel elegante Medienkompetenz. Von wegen Digital Gap. Zwei Weblogleser stehen mit einer Benjamin-Blümchen-Eistorte am Hintereingang und erschleichen sich so den Eintritt zum Backstage-Bereich. Dazu dient die Kaffeeküche. Es dauert ein paar wirre Momente, bis sich herausstellt, dass die Eistorte für mich gedacht ist, schließlich habe ich immer noch Geburtstag. Von MC Lücke, dem überaus zuvorkommenden Host und Resident-DJ von Radio Fritz bekomme ich spontan eine Mentholzigaretten-Flatrate zum Geburtstag geschenkt. Soll heißen: Ich darf den ganzen Abend von seinen Menthol rauchen, unlimited supply. Eigentlich herrscht ja Rauchverbot im Sender. Wie selbstverständlich wird es ignoriert. Die unmittelbare Gefahr dieser Ahnungslosigkeit wird erst mit der Nachtschicht deutlich. Die strenge Aufseherin, die plötzlich alle Zigaretten in der Luft zerfetzt und damit einiges Erstaunen hervorruft, lässt durchblicken, dass eigentlich die Rauchmelder schon lange hätten anspringen müssen. Der Blick an die Decke gibt ihr Recht. Allerdings scheinen die Apparate nicht zu funktionieren, bei all dem, was von *Blackmail* und *Tomte* bis hierhin schon weggequarzt wurde.

Das *Tomte*-live-Radiokonzert präsentiert einige Momente, die ich sehr schön finde. Es lässt mich unbeeindruckt, dass mehr als einmal das unfeine Wort »Unprofessionalität« fällt. Thees ist aufgeregt, na und? Die ganze Anspannung der letzten Monate bekommt zum ersten Mal ein Ventil. Seine Ansagen sprudeln so sehr über, dass sie sich zerfahren. Na und? Am besten gefallen mir die Pausen. Sekundenlange Geräuschlosigkeit, in der Thees seine

Gedanken sortiert, nichts sagt, einfach Stille live über den Sender geht. John Cage – allerdings keine 4'33 lang. Ruhe ist so selten geworden in Zeiten, in denen längst alle ARD-Sender es den privaten gleichtun und sowohl Nachrichten als auch Verkehrsinformationen mit einem stampfenden Techno-Beat präsentieren. Umts, Umts, Umts, erneuter Selbstmordanschlag im Irak. Umts, Umts, Umts, fünf Kilometer Stau am Kamener Kreuz in alle Richtungen. Musikbett nennen die Radiomacher das. Extreme Noise Terror könnte man auch sagen. Ich freue mich, dass das Medium Radio, das nach minutiös formulierten Plänen funktioniert (ein paar von diesen minutiös formulierten Plänen hat jemand achtlos liegen gelassen) von Thees neu belegt wird. Vielleicht nicht mit Absicht, aber mindestens mit Intuition.

Olli Schulz ist im Publikum und funktioniert als Thees' Widerpart, als Resonanzkörper für die inhaltliche Qualität seiner Ansagen.

Nach dem Gig ist Dennis genervt. Nicht nur von den Leuten, die ihm in Augenhöhe mit Kameras vor der Nase rumfuchteln, sondern auch von technischen Unzulänglichkeiten. Mit Danny und Wolle werden diese Probleme sofort im Anschluss diskutiert und für die Zukunft aus dem Weg geräumt. Direkte Fehlerquellenbeseitigung, wenn doch alle Betriebe im Lande so gut funktionieren würden. Olli Koch verschwindet umgehend, Thees ist bald darauf weg und in kleiner Besetzung fahren wir ans andere Ende der Stadt. Ganz Potsdam ist mit einer fünf Zentimeter dicken Eisschicht überzogen und wir schlafen bei stehendem Bus direkt vor dem morgigen Ziel: dem Waschhaus in Potsdam.

POTSDAM, 27.01.06

Ich habe Angst vor Günther Jauch. Das muss man sich mal vorstellen. Jeden Abend hypnotisiert Günther Jauch ganz Deutschland mit einer Frage-Show. Die Hälfte aller deutschen Frauen würde sofort mit ihm ins Bett gehen und die andere Hälfte der deutschen Frauen wünscht sich Günther Jauch als Schwiegersohn. Als wäre ihm das nicht genug, gehört Günther Jauch auch noch die Hälfte vom Regenwald. Wegen Bier. Und nicht nur die Hälfte vom Regenwald, nein, ihm gehört auch noch die Hälfte von Potsdam. Wo er wohnt. Von wo er jede Woche bei jedem einzelnen Deutschen anrufen lässt. Wegen Losen für seine Klassenlotterie, ob man nicht welche kaufen möchte. Ich habe Angst vor Günther Jauch, der ist mir unheimlich. Hoffentlich begegnet er uns nicht!

Dennis sagt, wir müssen raus, was erleben. Zum Beispiel Tiere kucken, das habe er beim Touren von Olli Schulz gelernt. »Man muss sich beschäftigen, und wenn es Trinken ist. Nur nicht in der Koje verschimmeln.« Also ziehen Dennis, Max und ich die Kapuzen auf, stülpen die Fäustlinge über und schlittern bei herrlichem Sonnenschein und sibirischen Lufttemperaturen über die geschlossene Eisdecke durch Potsdam. Hoffentlich erkennt uns Günther Jauch nicht. Zu Fuß geht es durch die sonderbar zerschossen wirkende Stadt. Es scheint ihr an städtischer Geschlossenheit und Kompaktheit zu mangeln. Alles wirkt weitläufig, mit Lücken durchsetzt. DDR-Chic steht neben historischer Bausubstanz, aufwändig restauriert. Gleich davor ein Platz wie eine Kuhweide. Innenstadtrandale, die vom Stadterscheinungsbild selbst ausgeht.

Menschen begegnen uns kaum auf dem Weg zum Naturkundemuseum. Das Museum bietet ausgestopfte Tiere und ein paar lebendige Fische. Museale Präsentationsideen aus den 60er Jahren. Trostlos, deprimierend, aber immerhin scheint die Sonne. Also zurück auf das weitläufige Kasernengelände am Ufer des gefrorenen Sees. Zurück in das Waschhaus, in dem früher das Blut aus den Uniformen gekocht wurde. Thees und Olli sind aus Berlin eingetroffen. Thees zieht ein Gesicht. Die dicken Schlafsäcke in den Kojen sind ein unübersehbares Anzeichen für den Winter. Die wenigen Stunden Sonnenschein reichen nicht, um die Kälte aus den Knochen und den Gedanken zu verjagen. Wir gammeln rum.

»Olli, ich will neue Musik kennen lernen, zeig mir mal was«, fordert Dennis. Also zückt Olli seinen Klapprechner und spielt Musik vor. Gestern Abend haben wir schon die PSP kennen gelernt und den Sidekick II. Die PSP ist die portable PlayStation, mit der sofort jeder mal rumtüdeln will. Wie ist das Handling, wie ist der Bildschirm, wie sind die Spiele? Zeig mal her, kann ich auch mal? Internet kann das Gerät auch. Internet mit richtiger Tastatur kann der Sidekick II von Lucia. Jeder will mal ran, ausprobieren, ruckzuck ist das *Tomte*-Weblog aufgerufen. Beide Geräte machen auf den ersten Blick einen guten Eindruck. Nice to have, denkt man, aber müssen?

Gerne ist vom St. Pauli-Rasenheizungsfieber genesen und mit einem Leih-Pkw eingetroffen. Die Karre ist randvoll mit Merchandise-Kartons, all das Zeug, das Wolle und ich im dunklen Dachsbau Grand Hotel nicht gefunden haben. Philipp Styra und seine Bande kommen vorbei und bringen die Tourpässe mit. Mit Spannung erwartet, weil Philipp immer ein besonders peinliches Foto auswählt und laminiert. Hohe Erwartungen, wen hat es diesmal erwischt? Doch dann nur ein kollektives »Oooooah, langweiliges Foto, Philipp …«. Es dauert Minuten, bis der erste gerafft hat, dass Styras Humor feiner geworden ist.

»Heute wird spitzenmäßig abgeliefert!«, lautet die bandinterne Losung. Jörn Morisse kommt zum Konzert. Und Florian Lukas. Hauptsache Günther Jauch kommt nicht. Dafür eine Mutter, deren Kind stundenlang am Merchandise-Tisch rumwuselt, während drinnen im pickepackevollen Saal der Uhlo nur so übersprudelt.

Alles muss raus: die Gedanken, die Ideen und die Assoziationen, die dabei stante pede entstehen. Stand-up-Entertainment, das in Echtzeit neue Grenzen ausloten will.

In New York brauchst du eine Cabaret-Licence, wenn die Leute in deinem Schuppen oder in deiner Bar tanzen möchten. Du kannst Musik spielen, aber es darf dazu keiner tanzen. Auch nicht ein bisschen. Es sei denn, du hast die Cabaret-Licence. Als ich das höre, muss ich spotten: Haha, in New York gibt es bestimmt auch eine Comedy-Licence. Du darfst Witze machen und Anekdoten erzählen, aber es darf keiner darüber lachen. Es sei denn, du hast die Comedy-Licence. Zum Glück sind *Tomte* »fully licenced«.

Ausgestattet mit Cabaret-Licence und Comedy-Licence darf bei jedem *Tomte*-Konzert getanzt und auch gelacht werden. Außerhalb von New York City ist Vergnügen garantiert.

Wir essen noch ein Stück von Mutters Geburtstagskuchen und rollen uns in die Säcke. Günther Jauch ist nicht aufgetaucht.

LEIPZIG, 28.01.06

Aufgewacht bei Sonnenschein im Hinterhof einer weiteren Industrieruine. Nichts gegen die Schönheit alter Industriearchitektur. Es ist eher der Anblick des Abgewrackten, von dem man beim Einschlafen noch keine Vorstellung hatte, der einen verstört. Die obligatorischen Graffiti sind das Erste, was man morgens sieht, wenn man den Vorhang zum Außenfenster beiseite schiebt, um herauszufinden, wo man eigentlich ist. Ein Kontrollblick zum Realitätsabgleich. Ist schon Tag? Steht der Bus lediglich an einer Tankstelle? Lohnt es sich, wach zu werden? Der zweite Kontrollblick geht unter dem Vorhang durch in Richtung Gang: Sind schon viele Kojen leer? Dann ist es schon später Vormittag. Wie viele Schuhe liegen mitten im Gang? Jetzt steht die erste Entscheidung des Tages an: Auch aufstehen? Das heißt, aus der Koje rollen und herausfinden, wo am Vorabend Hose, Strümpfe etc. gelandet sind. Obwohl ich es mir zur Regel gemacht habe, alles einfach ans Fußende zu stopfen, heißt das nicht, dass man alles auf Anhieb auch wiederfindet. Rein in die Klamotten, raus aus dem leergeatmeten Bus. Draußen erst mal strecken. Die Hände zum Himmel. Frische Luft einatmen und einen Ort zum Pinkeln finden.

»The Sitzpinkelrule« nennen männliche Amerikaner die Toilettenanforderungen in Deutschland. Die Herren aus dem Land der stets randvoll mit Wasser gefüllten Toiletten berichten einander in Internetforen von der in Deutschland geltenden Sitzpinkelrule. Es wird geraten, sich an diese zu halten, da sonst Ärger droht. Auch bei mir zu Hause, in einem Haushalt mit zwei Frauen, herrscht die Regel, dass man im Sitzen pinkelt. Wann immer das anderswo gefordert wird, meist durch mehr oder weniger humoristische, selbstgemalte oder erworbene Schilder, folgt man der Anordnung. Selbst unter Inkaufnahme der Gefahr, dass sich nach dem Aufstehen vom Imsitzenpinkeln Tropfen verspätet lösen. Ich habe meinen Hausarzt befragt, was das zu bedeuten hat. Vielleicht habe ich Nierensteine und deswegen tröpfelt es nach. Nein, hat er mich beruhigt und darauf hingewiesen, dass dies beim Pinkeln im Stehen deswegen nicht vorkommt, weil der Mensch dereinst dazu übergegangen ist, auf zwei Beinen durchs Leben zu gehen. Dementsprechend hat sich der Körper darauf eingestellt.

Das männliche Sitzpinkeln ist vom heutigen Standpunkt der Evolution folglich unnatürlich.

Kann man sich drauf einstellen, ist nur halb so wild. Wie bereits erwähnt, nehme ich diese Krux auf jedem privaten Lokus in Kauf. Es gibt allerdings eine Ausnahme: fahrende Toiletten. Sei es in der Bundesbahn oder im Tourbus. Auf überhaupt gar keinen Fall setze ich mich in diesen Örtlichkeiten auf die Brille, um meinen Urin abzuschlagen. Lieber tariere ich mit geschmeidigen Knien jede Unebenheit in der Fahrbahn aus, als dass ich mich auf eine dieser Kunststoffschalen setze, die grundsätzlich viel zu klein konstruiert sind. Unvorstellbar, daran zu denken, dass man mit dem Interieur in direkten Kontakt gerät. Auf keinen Fall und auch nicht bei noch so flehentlichem Bitten des Busfahrers werde ich meine Nudel in eines dieser Behältnisse hängen. Ich weiß, um welche Dimensionen eine leichte Bodenunebenheit einen Bus schwanken lässt. Vollkontakt ist keine Option. Die Frauen dieser Welt werden das verstehen.

Jetzt gilt es eine offen stehende Tür zu finden und dem Instinkt folgend den Backstage-Raum ausfindig zu machen. Hinter Vorhänge schauen, Türen versuchen, Treppen finden. Am besten ist es, auf Stimmen zu lauschen, denn Danny oder Uhl sind meist die Ersten, die morgens wach sind und schon den Weg zum Frühstück gefunden haben. Danny kennt sich für gewöhnlich aus, weil er meistens mit *Kettcar* in der Vorwoche am gleichen Ort gewesen ist.

Zum Frühstück gibt es sehr leckere Frikadellen und Lektüre, die Max besorgt hat: das 25-Jahre-Sonderheft der »Spex«. Ich lese als Erstes den *Madonna*-Artikel:

»›I know I'm not the best singer and I know I'm not the best dancer‹, erklärt Madonna nüchtern und ohne Demutsgehabe [...], ›but I'm not interested in that. I'm interested in pushing people's buttons.‹«

Zum wiederholten Male fallen mir die Parallelen ins Auge. Es ist nicht vermessen, zu sagen, dass genau das die unterbewusste Uhlmann-Schiene ist. Und meiner Meinung nach der Schlüssel zum Erfolg. Wie oft hat und wird sich Thees noch beschweren, dass *Eminem* oder *Morrissey*, um nur die bekanntesten zu nennen, dass anglophone Musiker seit Jahrzehnten ihren ganzen privaten Shit in ihren Songs unverschlüsselt verarbeiten. Nur er, der seine deutsche Muttersprache verwendet, wird gedrängt, sich zu rechtfertigen. Ich verstehe, dass er zürnt. *Madonna* ist immer dann am stärksten, wenn sie einen ganz nah ran lässt an ihre Privatsphäre. Damit meine ich nicht Fotos aus dem Schlafzimmer, sondern die künstlerische Umgehensweise mit Gefühlen und Geschehnissen aus ihrem Leben.

Als Nächstes halte ich eine gepflegte Sitzung auf der Toilette, die aus drei Kabinen sowie einem Vorraum mit dem obligatorischen Waschbecken besteht. Während es unter mir plumpst (Oh, ein amerikanischer Tiefspüler), bin ich gezwungen, eine laut geführte Diskussion anzuhören. Ein Was-auch-immer-Manager und ein örtlich Verantwortlicher reden über einen Haare-Event. Über die Möglichkeiten, die es zum Haarewaschen in genau dieser Toilette gibt, die Warmwasserversorgung, wo die Haar-Models herkommen, wie sie gecastet werden und wie sie dann bei dem Event frisiert werden sollen. Scheinbar mit dem kalten Wasser aus dem Waschbecken, das zwei Meter Luftlinie von mir an der Wand hängt. »Ja, merken die denn gar nichts«, denke ich und zögere noch mit dem Fertigsein. Es ist mir ein kleines bisschen unangenehm, genau jetzt mein Geschäft mit dem Brüllen der Spülung zu beenden und zwischen die beiden merkwürdigen Vögel zu treten, die nun schon fünf Minuten lang angeregt in der Toilettenluft diskutieren. »Guten Tag. Entschuldigung, dass ich gelauscht habe. Ich wollte nicht mitten in Ihrem Geschäftsmeeting gesessen haben.« Kopfschüttelnd mache ich mich von dannen.

Der lokale Koch liefert auch zum Abendessen eine Spitzen-Performance ab und ich zolle ihm Extra-Props. Er weist mich auf seine widrigen Arbeitsbedingungen hin. Dass er zum Beispiel kein fließendes Wasser zur Verfügung hat und für jeden Tropfen die dreißig Meter bis zu dem eben erwähnten Haarwaschbecken laufen muss.

Langsam füllt sich die Halle und es werden heute mehr als eintausend zahlende Zuschauer kommen – absoluter *Tomte*-Rekord! Um 19 Uhr soll die Vorband *Rogue Wave* zum Soundcheck eintreffen. Alles, was kommt, ist der Anruf, dass sie unweit des Veranstaltungsortes mit ihrem Sprinter liegengeblieben sind. Gerne macht sich auf den Weg, die Band an den Ort zu leiten. Ohne Soundcheck stehen kurz danach vier verwirrte Amis auf der Bühne, während Jamie, der fünfte im Bunde, neben mir seine fein gerollten T-Shirts aus fünf aufklappbaren Hightech-Reisekoffern pellt. *Rogue Wave* spielen ihr Set, anschließend liefern *Tomte* spitzenmäßig ab. Das Leipziger Publikum entfesselt schon beim ersten Lied eine grandiose Stimmung in Festivalhöchstlaune. Es wird gesungen, gesprungen, geklatscht und getanzt. Von der Balustrade hat man einen großartigen Blick auf die Feierei vor der Bühne. Mit Jamie, der Manager, Tourbegleiter, Fahrer und Merchandise-Händler von *Rogue Wave* ist, freunde ich mich schnell an. Als Erstes lerne ich, dass es in Amerika niemals Girlie-Shirts in größe L oder XL geben würde. »We call'em Blaze-Medium«, das nimmt den Mädchen die Bürde, nach Größe XL zu fragen. »You Americans, always one step ahead in business!«, bescheinige ich Jamie und freue mich über die Akkuratesse meiner wirtschaftswissenschaftlichen Analyse.

Schon kurz nach dem Konzert kommt Dennis angetanzt und freut sich, dass *Rogue Wave* so eine Spitzenvorband sind. Seine Begeisterung ist gewiss nicht gespielt, nur kann ich sie jetzt noch nicht nachvollziehen, da ich mich kaum auf den Auftritt konzentrieren konnte. Zumindest heute noch nicht.

AUGSBURG, 29.01.06

Bayerns drittgrößte Stadt, 270.000 Einwohner, alt, römisch. 2000 Jahre alte Bauwerke, wunderschön, in fußläufiger Entfernung. All das erzählt mir der örtliche Promoter spät abends, als das Konzert läuft. Besser, er hätte schon früh morgens für seine Stadt geworben. Unwissend sind wir auf dem verlassenen Kasernengelände bei dem Club geblieben und haben den ganzen Tag regelrecht vergammelt.

Die eisige Kälte erfordert, dass der Bus ausreichend beheizt wird, was wiederum zur Folge hat, dass die Luft nicht nur sauerstoffarm, sondern auch extrem trocken ist. Mit Anflügen von Erstickungsgefühlen stürzt man morgens aus dem Bus und japst nach Luft. Eine Belastung insbesondere für die Stimmen von Max und Thees. Es gibt ein kleines Pensionszimmer die Straße runter, in dem wir nacheinander die Dusche benutzen. Währenddessen liegt Olli in dem schmalen Einzelbett und genießt mit großer Freude einen Bud-Spencer-Film. Den Rest des Nachmittags verbringen wir mit Nichtstun in dem gemütlichen, aber fensterlosen Barbereich, der als Aufenthaltsraum, später als Merchandise-Ecke dient.

Rogue Wave kommen abermals sehr spät. Nach dem Leipzig-Gig wurde ihr Sprinter durch die halbe Stadt in eine Werkstatt geschleppt, um noch in der Nacht repariert zu werden. Währenddessen sitzen die Jungs in den Sesseln der Verkaufshalle des Händlers und sehen Gruselfilme im Nachtprogramm, überrascht von so viel Service und Entgegenkommen. Mit einer neuen Lichtmaschine schaffen sie es um sechs in der Früh ins Hotel. Nach einer Stunde Schlaf geht es nach Augsburg. Sie kommen an, spielen ihr Set und belegen anschließend die Sofas in der T-Shirt-Ecke. Es dauert keine fünf Minuten, bis der Schlaf sie holt. In den unmöglichsten Haltungen schlafen ein paar Amerikaner wie Babys in der Sofalandschaft. Besser kann man einen Merchandise-Stand kaum dekorieren. Das muss ich morgen wieder genauso arrangieren.

Thees möchte sein eigenes Oktoberfest eröffnen. Heute, Ende Januar, genau hier in Augsburg. In Geberlaune ordert er von der Bühne herunter im Gegenwert von schlappen 100 Euro Bier für die Zuschauer.

HEIDELBERG, 30.01.06

Aufgewacht und durch den Vorhang gelinst: »Ah, schon wieder Graffiti und nicht mal Sonne ...«. Aber weit getäuscht, das grüne Durcheinander ist Unterholz und die Sonne hat es noch nicht über den Hügelsaum geschafft. Eine Polizei-Patrouille passiert den Bus. »Wo zum Teufel?« Wir stehen auf einem der Parkplätze des Südwestrundfunks in Baden-Baden. Der Interview-Marathon der letzten Tage erfährt heute Morgen einen kleinen Zwischenhöhepunkt, es gibt ab 10 Uhr mehrere Termine hier im Sender zu erledigen. Also rein in das »Haus des Hörfunks«, eines der unzähligen Gebäude, die hier in die steile Felswand hineingeschlagen sind. Vorbei an der Schnatterliese, die am Empfang sitzt und nur ungern ihr Gespräch unterbricht, kommen wir in das Untergeschoss. Nur um, wie eigentlich ständig in dieser Woche, in einem fensterlosen Raum zu landen. Die Thermoskanne mit dem Kaffee ist leider schon alle, die dazugehörige Maschine befindet sich in einem anderen Sendehaus, der Kaffeeautomat auf dem Flur ist defekt. Ich komme mir vor wie bei »Kottan ermittelt«. Die Rettung steht eine Etage höher, dort gibt es einen funktionierenden Kaffeeautomaten. Vorausgesetzt man studiert die Bedienung. Einwurf 40 Cent, oder 45 Cent, oder 50 Cent – mit dem Geldeinwurf reguliert man die Konzentratstärke. Spätestens als ich die geriffelten braunen Becher entdecke und mir im Kopf ausmale, dass die Getränkequalität allein über die Verdünnung reguliert wird, habe ich keine Lust mehr auf Kaffee und auch nicht mit zu den Interviews zu kommen. Ich muss raus an die frische Luft, strebe durch die langen Gänge, die nach Beamtentum miefen, vorbei an Aushängen, die hinter Glas Urlaubsangebote und Renteninfos offerieren. Ein grauer Kittel schiebt einen riesigen Abfallcontainer vor sich her und hat schon ganze fünf CDs zur Entsorgung eingesammelt. Unzählige Büros und Studios verbergen sich hinter unzähligen Türen, von denen manche offen stehen und Einblick gewähren. So wie beim Arbeitsamt, wenn Sachbearbeiter Offenheit demonstrieren möchten. Das Sendehaus wirkt wie die reine Bürohölle. »Hier steckt also unsere ganze GEZ-Kohle!«, denken Bodo, Thees und ich gleichzeitig.

Martin, der seit neuestem als Lichtmann mit zur Crew gehört, hat auch Interesse, den Ort zu wechseln, und begleitet mich hinaus. Wir nehmen den Wanderweg durch ein Wäldchen, vorbei an drei Weibern, die, zwei zu Fuß und eine mit dem Auto, den Hund suchen, der hier vor Minuten vorbeigelaufen ist. Zehn Minuten später haben wir den schlecht ausgeschilderten Eingang zur Kantine gefunden. Im Foyer steht Heike Makatschs Rollstuhl. Zumindest derjenige, der als Requisite in dem Fernsehspiel gedient hat, in dem Heike Margarete Steiff darstellt. Bizarr, einen historischen Rollstuhl auf einen Sockel mitten in den Raum zu stellen. In der Kantine zahlen wir den erhöhten Gästepreis und müssen uns anpupen lassen, weil wir Besteck genommen, uns beim Essen aber lediglich für Croissants entschieden haben. Southern hostility.

Beim Wiederaufstieg nach dem Kaffee versuche ich Martin auszuquetschen über die anderen Bands, mit denen er schon unterwegs war: *Tocotronic*, *Blumfeld* und sonstige. »Ach weißt du«, sagt der mehrfache Vater Martin, »das ist wie mit den Kindern zu Hause. Die sind verschieden voneinander und man hat sie alle gleich lieb.«

Ich schaue mir nun doch die Aufzeichnung eines Interviews an, das Thees und Timo der charmanten Christiane Falk geben. »Die hat sich schon für *Tomte* interessiert, als noch niemand anderes von uns überhaupt Notiz genommen hat«, raunt Thees mir zu. Er absolviert die folgende Mix-Tape-Moderation wie das anschließende Akustik-Set mit Dennis so sicher, als wäre es Routine. Riesige alte Tonbandmaschinen zeichnen alles auf. Als könnte moderne digitale Technik nicht ohne ein analoges Rückgrat.

Nach der Weiterfahrt Richtung Heidelberg geht die Pressearbeit für Thees weiter. Ich kann mittlerweile schon zwei Tage vorher hören, wenn Thees' Stimme zu kratzen anfängt. Tatsächlich angegriffen und schonungsbedürftig ist sie heute. Dessen ungeachtet wird keines der Interviews abgesagt oder gekürzt. Egal ob Schülerzeitung oder Arte-TV. Die Aufzeichnung für Arte findet direkt vor dem T-Shirt-Stand statt, sodass ich alles verfolgen kann. Gutes Interview, denke ich und runzele die Stirn, als ich den darauf beruhenden Bericht im Fernsehen sehe. Aus dem zwanzigminütigen Dreh haben sie einen Satz im Originalton gesendet. Thees Uhlmann sagt: »Musik ist das Größte!« Na prima, wie sinnig. Die Verhältnisse verschieben sich. Während Thees an Sat.1-Teams Komplimente verteilt und ihnen Fragen auf

Arte-Niveau bescheinigt, machen die einstigen Träger der europäischen Kulturfackel Murx.

Damals in Pforzheim, als wir Wolle Geier zum ersten Mal getroffen haben, wurde bekanntlich noch heftig einer geraucht. *Soulmate* hat es an dem Abend gar nicht gestört, dass ihr Sänger zu dem Zeitpunkt bereits wegen öffentlichen Haschens verhaftet war. »Let him rot in jail« hatten *The Damned* früher solche Spiele genannt, soll doch jeder zusehen, wo er bleibt. Die Verhaftung hatte am frühen Abend stattgefunden und weil unser Wolle Geier, der mittlerweile fester *Tomte*-Mischer ist, daneben saß, hatten ihn die beiden Zivilbeamten gleich mit verhaftet. Als ich die komplette Story über besagten Nachmittag jetzt höre, lache ich mich schlapp. Wolle muss nur müde grinsen, noch vor Tagesanbruch war er wieder auf freiem Fuß. Jetzt hört Wolle, dass das Tourtagebuch verlängert wird. Messerscharf prognostiziert er: »Jetzt passiert doch eh nichts mehr, da brauchst du ja nur noch die Städtenamen auszutauschen.«

Tatsächlich sind die wilden Jahre des Strampelns und der Unsicherheit wohl vorbei. Die Spannung, die jeden, der dabei ist, antreibt. Die Neugier, einfach sehen zu wollen, wie dieses Spiel ausgeht. Und doch ist gar nichts vollendet, alles ist im Fluss. Aufwühlend bleibt die Frage, ob unsere Lieblingsband es schafft, in die Liga aufzusteigen, in der eine Band zum Perpetuum Mobile wird. Denn es gibt sie, diese Bands, die Perpetuum Mobile sind. Die immer weiter laufen und auch noch Energie nach außen abgeben. Angetrieben durch sich selbst und dieses Four-Letter-Word. Eine Lybe zur Musik. L.Y.B.E.

DÜSSELDORF, 31.01.06

Ich bin nicht auf Zack im Zakk. Viel nächtliches Gerumpel, ausgekocht von der Heizungsluft im Bus, nur eine Dusche, die schon besetzt ist, und der Kaffeekochbehälter macht nur ein lauwarmes Gebräu (weil diese spezielle Maschine gerade erst gestartet wurde, wie ich später feststelle). Aber was hat meine persönliche Misere mit der Hochstimmung in der Band zu tun? Nichts. Heute mache ich auf Jogginghose, die bleibt den ganzen Tag an. Du trägst, was du fühlst. Ich fühle mich etwas ausgebeult.

Die Kiefernstraße liegt direkt um die Ecke. Ich biete Olli eine Sightseeing-Tour an. Zu Fuß erkläre ich die Historie der einstmals besetzten Straße: Hier findest du Deutschlands höchste Bordsteinkante (circa vierzig Zentimeter), an der früher die größte Dichte geparkter Kfz mit 6-KM-Schildern zu beobachten war. Man musste aufpassen, denn aus den Fenstern zur Rechten flogen damals Mülltüten und TV-Geräte. »Wir wollen unsern alten Kaiser Wilhelm wiederhaben« steht immer noch an die Wand geschrieben, seit nunmehr zwanzig Jahren. An der Ecke, wo die Kiefernstraße einen rechten Winkel macht, liegt das AK 47. In dem Schuppen, nicht größer als eine Doppelgarage, habe ich *Fugazi* gesehen, neben vielen anderen Bands. Bei jedem Konzert stand Hardcore-Rudi im Publikum und hat seine ruppige Luftgitarren-Show abgezogen. Olli ist beeindruckt, einen Ort mit Szene-Geschichte kennen zu lernen. Er erzählt seine eigenen Erinnerungen an die Gegend. »Hier muss irgendwo das ›Tor 3‹ in der Nähe sein.« Wir schlendern an Backsteinmauern vorbei durch ein Industriegebiet älteren Datums. »Ich kann mich noch erinnern, als es auf der Tour mit *Element of Crime* hieß: Mit dem Tourpass kommt ihr nachher ins Zakk. Das war ein großer Abend, weil das tatsächlich alles funktioniert hat. Man kam überall hin und bekam, was man bestellte. So etwas kannten wir vorher nicht.«

Die Gegend ist nicht mehr ansprechend und wir kehren um. Im kleinen Saal gibt es eine *Tomte*-Akustik-Session als Probe für die anstehenden Akustik-Auftritte. Das Schlagzeug imponiert mir am meisten. Die Fußmaschine schlägt anstelle der Basstrommel gegen deren pappene Transporthülle, die von einem Betonklotz an ihrem Ort gehalten wird. Ein Schellenkranz liegt, von einem Geschirrhandtuch gedämpft, auf der Snare. Ohne Gesang plätschern die Songs ganz ruhig und angenehm, bedächtig schön durch den Raum. Sonntags-Matinee an einem Dienstagnachmittag.

Endlich sind *Rogue Wave* einmal mit Freizeit gesegnet. Endlich die Möglichkeit, sich gegenseitig auf die Schulter zu klopfen und zu mögen. *Rogue Wave* werden aufgerufen, einen Teil der März-Tour als Support mitzufahren. Dennis hockt sich mit Zach Rogue in eine Ecke und studiert einen *Rogue-Wave*-Song ein. Die anderen Amis reden über Heiraten und Verheiratetsein. Evan resümiert: »I loved the idea of being married, but than I didn't love my wife anymore.«

Dann ist Showtime. Ich schlürfe mir den leckeren portugiesischen Rotwein rein, den mir Frank aus Düsseldorf generöserweise extra vorbeigebracht hat. Hinterm Verkaufstisch taucht Kochbuchverleger Manfred Hiller auf. »Dicke Backen hasse gekricht, Junge«, denke ich, »gibt's jeden Abend was Kalorienreiches aus den eigenen Rezeptheftchen?« Hiller kennt mich nicht, aber ich weiß, warum Gerne ihn verbal hart rannimmt in der Diskussion, die die beiden direkt neben mir führen. In drei Tagen erst erscheint das *Tomte*-Album »Buchstaben über der Stadt«, seit Wochen kann man es im Netz downloaden. Obwohl jede vorab verschickte Promo-CD durch eine teure technische Behandlung eindeutig identifizierbar ist, war jemand so doof, alles ins Internet zu stellen. Interessant ist jetzt, den Verursacher zu finden. Ein Hund kam in die Küche und stahl dem Koch ein Ei? Thees nimmt die Sache auf der Bühne mit Humor. Freuen sich die Leute bei der Ankündigung eines der neuen Songs, stellt er lapidar fest: »Wer gerade gejubelt hat, hat sich strafbar gemacht.« So geht das jetzt fast jeden Abend. Andererseits bockt es ihn als Künstler insgeheim an, dass die Leute nicht darauf warten können, seinen neuen Stoff zu bekommen.

Bevor *Tomte* »spitzenmäßig abliefern«, gibt es noch ein Extra-Bonbon für *Rogue Wave*. Erst wagt sich Dennis auf die Bühne und spielt den eben erst eingeübten *Rogue-Wave*-Song mit. Im Sitzen, wie B.B. King es macht. Dann folgt als letztes Lied die Hymne »Love's Lost Guarantee«. Wie heimlich abgesprochen stehen auf einmal alle fünf *Tomte* auf der Bühne und singen den wunderbaren Lala-Chorus am Ende des Songs mit. Eine einmalige Gelegenheit, Olli und Timo am Mikrofon zu erleben. Der Saal flippt jetzt schon aus. Und womit? Mit Recht!

BERLIN, 01.02.06

Die Kurztour ist beendet und bekommt noch einen Termin angehängt. Es geht direkt ans Spreeufer in die Hallen von MTV für einen Live-Auftritt bei TRL. Wir sind früh dran und sitzen bei klirrender Kälte lieber in der Eingangshalle an der Kaffeebar. Teenager wuseln umher, werden von Leuten, die wie Museumsführer wirken, in Empfang genommen und irgendwo hingeleitet. Ständig fahren Taxis oder Limousinen vor, aus denen Menschen steigen, die man nicht erkennt. Ganz unscheinbar hockt Sarah Kuttner an einem Kaffeetisch. Sie ist tatsächlich so klein, wie sie immer behauptet, jedoch im Fernsehen gar nicht wirkt. Abhängen und die Zeit totschlagen ist in einem Fernsehsender genauso langweilig wie in den Katakomben eines Clubs. Soundcheck machen und wieder abwarten. Thees inhaliert und gurgelt, um die von Busluft und Sabbelei angegriffene Stimme zu beruhigen. Die Nervosität vor dem Auftritt überspielt er, die Gitarre schon umgehängt, mit Gegoogle am bereitstehenden PC. Die wenigen Sekunden vor dem Live-Stück werden von ihm, mit der Regie nicht abgesprochen, für eine Gedenkansage an einen der Großen des Musikfernsehens, Rocco Clein, dessen Todestag sich gerade jährt, genutzt. Nach dem Stück wird Thees live interviewt. Wenn er angespannt ist, kann er sehr gut aussehen. Das Adrenalin strafft ihm die Haut. Die Hochstimmung der letzten Tage strömt aus ihm heraus. Die Freude vor dem Release lässt ihn forsch werden: »Das wird jetzt hier eine ›Spex‹-Diskussion? Aber mach ruhig, finde ich gut …«. Da war wieder der Trick mit dem Niveau-Kompliment. Ich sitze mit Olli und Max im Nebenraum, wo wir uns alles live auf einem Fernseher ansehen. Olli schaut perplex in den Raum: »Das ist doch der Wahnsinn, dass wir jetzt hier sitzen!« und bleibt für eine Sekunde alleine damit, das jetzt verarbeiten zu müssen.

HAMBURG, 03.02.06

Offizieller Plattenerscheinungstermin. Recordrelease viertes *Tomte*-Album. Amazon-Vorbesteller haben es schon seit ein paar Tagen ausgeliefert bekommen und eine Bonus-DVD dazu erhalten. Ich hatte die Ehre, als Stichwortgeber Thees durch den Ursprungsort dieser Band, Hemmoor, zu begleiten.

Einige der neuen Songs hat Thees per E-Mail an Produzent Swen Meyer vorbei aus dem Studio geschmuggelt. Obwohl der böse werden kann, wenn unfertige Stücke rausgehen, bevor er sein Okay gibt. Während Fans lange warten müssen, um dann ein komplettes Album zu erhalten, finde ich das Privileg, allmählich und doch nicht vollständig neue Songs meiner Lieblingsband zu erhalten, spannender als die übliche Komplett-Praxis. Sollte man sich überlegen, ob das eine interessante Release-Politik sein könnte.

Jetzt lümmeln wir zur Feier des Tages auf den Sofas im Wohn- und Tanzzimmer des Grand Hotels, im Grünen Jäger. Dennis wird mit Thees ein Akustik-Set geben, obwohl dessen Stimme schon fast unbrauchbar ist. Dennis sieht durch ein Fenster nach draußen: »Oh wie ätzend«, entfährt es ihm beim Anblick der langen Schlange von Wartenden, die sich in der Kälte bereits eine Stunde vor Einlass gebildet hat. Er meint diese Bemerkung im Sinne von: »Wenn ich der Club wäre, würde ich alle sofort reinlassen. Selbst die, die nicht mehr hineinpassen«, denn es ist offensichtlich, dass nicht alle, die Zutritt begehren, in den kleinen Schuppen passen werden. Ich mache einen Platz frei und wandere zur Reeperbahn. Mit Timo nebst Gattin will ich mir *Rogue Wave* im Molotow ansehen. Ein feines beseelendes Konzert, eine schöne persönliche Neuentdeckung, diese Band. »We love you, too!« brüllt Timo in Richtung Bühne, weil er entdeckt hat, dass *Rogue Wave* von unterwegs aus auf ihrer Homepage »We love *Tomte*« hingekritzelt haben.

ROSTOCK, 07.03.06

Von null auf vier in den Charts. Der Winter hält das Land fest im Griff, aber die Menschen brennen für diese Band. Zehn lange Jahre hat sie an sich selbst geglaubt und unbeirrbar daran festgehalten. Es soll ihr Schaden nicht sein.

Olli findet es ganz gut, dass er meistens nicht erkannt wird. Heute freut er sich darüber, dass ihn jemand anspricht, als er aus Richtung des Busses kommt: »Hallo, du bist auch mit dem Fanbus gekommen?«

Ein anderer Bursche erkennt Olli sehr wohl und trägt einen Wunsch vor, der sich sehr schnell zu einer Bürde entwickelt. Gerne würde er heute von der Bühne herab einen Heiratsantrag machen. Den ganzen Nachmittag wird dieser Wunsch hinter der Bühne diskutiert. Von allen und zwar heftig und intensiv. »Das kann nur nach hinten losgehen.« »Was ist, wenn die Angebetene nicht will, während 800 Leute sie umzingeln?« »Der soll zu Kai Pflaume gehen.« »Mit 21 ist man viel zu jung.« Fünf Musiker, ein Tourmanager, ein Backliner, ein Mischer, ein Monitormischer, ein Lichtmann, ein Merchandise-Verkäufer, zwei Freundinnen und meine Wenigkeit können sich nicht entschließen. Die Entscheidung wird vertagt.

Thees und ich gehen einkaufen in der Innenstadt. Apotheke, Post, Marktstand und Schuhgeschäft. Telefonische Erkundungen führen dazu, dass Thees zweimal das gleiche Paar Wildlederschuhe ersteht. Eins für sich und eins für Maxe zum Geburtstag. Wir runden das Shopping ab mit einer »Rostocker« am Kröpeliner Tor. Eine wahrlich hässliche Wurst ist so eine »Rostocker«, aber sie schmeckt vorzüglich mit der hausgemachten Currysoße. Wer dort vorbeikommt, halte sich an den einsamen Imbisswagen. Der Blick auf die Tafel verrät, dass man richtig ist, wenn man »Currysoße (Geheimrezept)« liest.

Thees und Dennis besprechen die Setlist für die nächsten vier Wochen. Machen wir die Amerikanische Eröffnung? »Walter & Gail« gefolgt von »New York«? Was kommt in den Zugabenteil? Machen wir überhaupt einen Zugabenteil? »Bei *Kettcar* gibt es zwei Zugabenblöcke«, meint Danny, »die Leute raffen das sonst nicht, halten das ansonsten für unhöflich.« – »Früher beim Punk und selbst bei der *Tomte*-Tour im Herbst 2003 gab es auch keine

Zugaben«, werfe ich ein. »Weil keiner wollte«, versucht Danny zu sticheln. »Ja, von wegen ...« – »Ich bin ja auch der Meinung, dass die Leute das raffen würden«, ist Thees überzeugt, beugt sich dann aber doch der Mehrheit und selektiert mit Timo Songs für den Zugabenteil.

Abgesehen von einem guten Auftaktkonzert bietet der Abend noch jede Menge Emotionen. Hinter der Bühne verfolge ich den Tagesschau-Live-Ticker im Internet (auf Empfehlung von Martin und der ist tatsächlich besser als alle anderen). Dreimal in der Sekunde drücke ich in der Schlussphase auf »Aktualisieren« und muss doch erleben, wie Werder Bremen in der Champions League ausscheidet, weil der Bremer Torhüter nach einer Kunstrolle den entscheidenden Ball verliert. Das Lesen einer unbeschreibbaren Szene erzeugt Bilder im Kopf, die einen überfordern.

Ich frage Thees: »Wann ist ein Held denn noch ein Held? Er kann ein tragischer Held sein, wenn er selbst für das Wohl der anderen leidet. Aber wenn sein Leichtsinn eine ganze Mannschaft in den Abgrund reißt, dann ist er doch kein Held mehr. Streng genommen eher ein Verlierer, oder?« – »Das ist bestimmt mit der griechischen Tragödie ...«, bekomme ich zur Antwort, die mich darin bestärkt, mich eines Tages doch noch mal mit griechischer Mythologie zu beschäftigen.

Dass es bei dem Heiratsantrag nicht zur Tragödie kommt, ist dem Bräutigam selbst zugute zu halten. Es hat an Ollis Nerven gezerrt, dass er keine konkrete Rückmeldung auf den an ihn gerichteten Wunsch geben konnte. Schlussendlich gibt es eine Ansage auf der Bühne: »Jeder, der heute einen Antrag stellen möchte, tue dies jetzt oder möge für immer schweigen!« Tatsächlich drängelt sich jemand bis zum Bühnenrand durch und klettert hinauf. Erst eiert der Kandidat ein wenig rum, kommt dann zum Punkt und löst die Situation mit Geschick. Er fragt nicht wie bei Pflaume de Mol mit dem Druck der Öffentlichkeit in seinem Rücken, sondern sagt: »Ich werde jetzt da runtergehen und jemanden fragen.« Ich bin ganz gerührt von so viel holpriger Eleganz.

Die Mutter am Telefon im Sizilien-Urlaub anrufen und den ganzen Saal ein Ständchen singen lassen, das gibt es vor Mitternacht. Als der Zeiger die Zwölf passiert, gibt es einen weiteren Geburtstag. Max Schröder bekommt eine Torte auf der Bühne überreicht. Und bedankt sich mit einer kleinen Performance. Gerade er, der doch so wenig wie möglich im Bühnenlicht stehen will. »Martin, mach mal bitte Licht!« Jetzt hat Thees noch eine kleine Waffe in der Hand, mit der er seine Bühnenregie erweitern kann.

HANNOVER, 08.03.06

Der Bus ist frisch eingerichtet und hat eine neue, ungewöhnliche Aufteilung. Zuvor war er als Büromobil der Bundesversicherungsanstalt für Angestellte im Osten unterwegs. Jetzt hat ihn Bernd direkt unterhalb des Ihme-Zentrums, Hannovers ganz spezieller Geisterstadt, geparkt. Vor der Tür des Capitol lauern seit Stunden Autogrammjäger, die sogar über selbst gebastelte Legitimations-Ausweise verfügen. »Das sind echte, harte Jäger«, Gerne hat sich informiert, »die arbeiten bei Conti und sind nach der Nachtschicht gleich hierher gekommen.« Geduldig warten die nicht mehr ganz jungen Jäger mit ihren Mappen, bis sie alle fünf Bandmitglieder, die peu à peu aus dem Bus kommen, erwischt haben. Auch Heike muss ein paar eilig besorgte Papiere unterschreiben, für die Jäger vermutlich ein unerwarteter Extra-Fang.

Unbehelligt von den Waidmännern betrete ich das altehrwürdige Capitol und verirre mich mit Freude in den zahlreichen Gängen. Alles ist schön hell, freundlich, weitläufig, ein Beispiel interessanter Architektur. Das blaugekachelte Badezimmer mutet arabisch an. Selbst hier gibt es Tageslicht, was mich sofort zu einem ausgiebigen Frischmachen verführt.

Anschließend Langeweile. Frische Langeweile. Thees versucht, mir die Mundharmonika anhand der Blues-Pentatonik zu erklären. Ich verstehe wie jeher nichts von Tönen und Harmonien.

»Hillu, was soll ich jetzt machen?« – »Keine Ahnung«, mir fällt auch nichts ein, »lass dir doch von Bodo eine Sponge-Bob-Maske schenken …«.

Nachmittags gibt es Kuchen und Sekt. Max hat schließlich immer noch Geburtstag. »Stellt euch vor, ich wäre noch der alte Uhl, der hier die ganze Zeit wie wild durch die Gegend rennt!« Olli und Timo grinsen süffisant und wissend zu Thees' Reflexionen.

»Ja! Und die Kneipen, in die wir wie die Heuschrecken eingefallen sind und alles kaputt gesoffen haben.« Olli nickt: »Echt! Aber man muss fairerweise sagen, dass die Leute auch vorgewarnt waren. Die wussten, worauf sie sich einlassen.« Mit Stolz und Wehmut erinnert sich die Runde daran, wie man früher einmal war. Kopfnicken. Das war das. Farewell to Vergangenheit. Mal sehen, was die Zukunft bringt. »Aber Thees, ehrlich gesagt haben wir uns nie ernsthaft Sorgen gemacht«, schließt Olli das Kapitel. Dann wird wieder über Zugabenblöcke diskutiert.

Beim Soundcheck gibt es eine Premiere. Thees klemmt die Mundharmonika, die er sich hat besorgen lassen, in das um den Hals zu tragende Gestell. Nach einigen Versuchen fliegt alles in die Ecke. »Sieht zwar gut aus, klingt aber nicht gut.« Somit ist das Kapitel Harp zu Ende, bevor es begonnen hat.

Nach dem Gig wird eine Tür weiter zur Party geladen. Simon ist schon vorher enttäuscht, dass die After-Show-Party nicht auf der anderen Flussseite in der Glocksee stattfindet. »Das war so toll dort nach dem *Kettcar*-Konzert.« Warum heute alles anders ist, weiß niemand. Einen schönen Abend im schlechtesten Club der Welt zu beenden, in dem außer der Band kaum Leute sind, war eine tolle Idee. Wessen eigentlich? Aus purem Stumpfsinn werden derart Gin Tonics geschüttet, dass mir vom Tonicwater schlecht wird. Der ganze Magen scheint zu schäumen, während die Wirkung im Kopf ausbleibt. Mit Streichhölzern versuchen wir noch die Stimmung anzufeuern, brennen eine Schachtel nach der anderen ab. Ich beginne brennende Streichhölzer mit dem Mund zu fangen, verbrenne mir dabei das Fleisch unter der Zunge. Das Schlimmste jedoch ist, dass bei dem »Kunststück« nicht mal jemand hingeschaut hat.

BREMEN, 09.03.06

Wenn mein iPod mich siezt, warum duzt mich dann Ikea? Das hat nichts damit zu tun, dass in Schweden jeder jeden duzt. Vor zwei Jahren wurde man bei Ikea nämlich noch gesiezt, das weiß ich genau. Es gibt viele Rätsel im Leben, die man nur langsam löst. Wo ist meine Heimat, wo ist mein Zuhause. Seit zehn Jahren wohne ich in Bremen, nur warum fühle ich mich dann seltsam fremd, wenn ich in meinem Bett – gut, es ist nur meine derzeitige Koje – aufwache, in meiner Stadt?

Ich nehme die Straßenbahn nach Hause für eine Dusche, ein paar Küsse von der Liebsten und ein leckeres Mittagessen. Frühaufsteher Olli sieht mich aus der Tram aussteigen. Er sitzt im Gegenzug und kommt vom Hallenbad zurück: »Ich wollt erst an die Scheibe klopfen, aber dann habe ich es doch sein gelassen.« Als Thees zum Sender Bremen 4 fährt, fordert Timo, er möge unbedingt Burghard Rausch und Axel P. Sommerfeld aus dem Radio mitbringen. Zwei Radiolegenden, die Thees' und Timos Jugend geprägt haben, aus einer Zeit, als es noch Radiolegenden gab. Typen, die für etwas standen und sich einen Namen gemacht haben.

Ich höre Thees zu Hause sitzend im Radio ab, um gleich wieder zum Schlachthof zu stoßen. Rumgealber, ein Wort gibt das nächste. Ich verliere den Krampfadern-Contest um Längen gegen Dennis Becker. Hätte nie im Leben gedacht, dass es jemanden schlimmer erwischt haben könnte als mich.

Walter Schreifels spielt die ersten Gigs der Tour im Vorprogramm. Mister Schreifels ist für die Hardcore-Oldschool unter uns ein Begriff. *Gorilla Biscuits*, *Quicksand* und, wie wir herausfinden, sogar bei *Youth of Today* war Walter dabei. Die Crème de la Crème der New Yorker Hardcore-Historie. Zwei gekreuzte Striche, vier Buchstaben: N Y H C. Jetzt ist Walter mit zwei Jungs unterwegs, neuer Sound.

Walter wird von Thees gehuggt. Amerikanisch freundlich lässt Walter alles über sich ergehen, bis er erwähnt, dass sein Geburtstag erst morgen ist, also frühestens um Mitternacht. »Come on, Thees, let's hug again.« – »Wie alt wirst du sein?«, frage ich – »Eigentlich 38, aber heute Nacht werde ich mich in 34 verjüngen.« – »Ist gut«, schlage ich vor, »kannst ja sagen, das wäre bei der Umstellung auf die europäische Zeit passiert.« Das Verhältnis zu den Amis ist unkompliziert. Schon bald spricht Dennis nur noch davon, dass Walter doch bitte auch nach Berlin ziehen möge, damit sie beide eine *Quicksand*-Reunion lostreten können. Später verführt Walter meine Frau zum Haschen, was ihr nicht bekommt. Walter ist total peinlich, dass ich ihm vorwerfe, er hätte meine Frau zerstört, zumindest für den Abend. Ich sage es mit einem Lächeln, weil nichts Schlimmes passiert ist.

»I Bet You Look Good On The Dancefloor«. Vor ein paar Tagen hat Thees die *Arctic Monkeys* in Berlin gesehen und sich amüsiert, wie selbstverständlich die Band den Bierbecherhagel des zur Hälfte aus Briten bestehenden Publikums hingenommen hat. Nachdem er die weißen Lilien, die er selbst gekauft hat, ins Publikum geworfen hat, fordert er einen Bierbecherhagel auf sich. Nach den zögerlichen ersten zwei, drei Bechern, die immerhin mit einem Euro Pfand belegt sind, folgen noch sehr viele weitere. Da lacht der Uhl und steht nur kurz darauf mit einem Ivan-Klasnić-Trikot in Werder-Bremen-Grün-Orange vor dem Publikum. Sichtlich genießt er das kleine Rock'n'Roll-Theater, das er heute in den Auftritt seiner Band einflicht.

Bis spät in die Nacht sitzen wir in der Schlachthof-Kniep und unterhalten uns. Ich tausche mit Mutter Schröder Gemeinsamkeiten aus. Wurzeln und Erlebtes zwischen Ostfrieslands ländlichem Leben und Duisburgs proletarischer Arbeiter- und Kioskkultur. Und alles, was man generationsübergreifend besprechen kann, wenn man füreinander offen ist und sich nicht doof anstellt.

BIELEFELD, 10.03.06

Der Ringlokschuppen ist das Modernste, was man bislang an Veranstaltungsörtlichkeit gesehen hat. Fast neu, hell, nichts stinkt, nichts ist mit dummen Sprüchen dekoriert. Am Eingang finde ich sogar ein Sicherheitspanel mit roten Lämpchen, die im Falle eines Falles anzeigen, an welcher Tür in dem großen Komplex eine Kernschmelze droht beziehungsweise Homer Simpson bei der Arbeit eingeschlafen ist.

Dennis rennt seit Tagen mit Kopfhörern rum. Er nennt sich jetzt »Le Gabel« und komponiert elektrische Lieder an seinem Klaprechner. »Ich brauch noch Promofotos für den Sampler, auf dem der Song erscheint«, meint er. Da wir eh nichts zu tun haben, übernimmt Max die Regie und ich fotografiere, was er anordnet. Schnell ist ein Hand-Gabelstapler gefunden. Schnell sind ein paar lustige Bilder entstanden. Ob die Qualität reicht, wird sich zeigen.

Anschließend gibt es wieder mal WLAN-Party im Backstage. Fast jeder hat einen Klappcomputer vor sich aufgebaut und funkt im Internet rum. Was vor nicht allzu langer Zeit noch Ausnahme war, ist mittlerweile Standard. Wir schicken uns gegenseitig Unsinn zu und schauen immer wieder das »Flat Beat«-Video von Mr. Oizo. Flat Eric ist der Coolste. Die Ludwig-Erhard-Pose mit der Wurst-Zigarre ist so köstlich.

Erstmalig wird in der Runde über die GHvC-Festivals diskutiert, die ersten Planungen laufen an. Wieviele Busse, wieviele Techniker, wer macht Zweifach- oder Dreifach-Jobs bei den vielen Schnittmengen, die es unter den GHvC-Bands gibt.

Alle lachen mich aus wegen meiner Idee, dass Simon sich für die Dauer der drei Festivals einen Fischverkaufswagen mietet. So könnte er, genau wie Helge Schneider in seinem Film *Jazzclub*, hinter dem mobilen Tresen stehen und die Kundschaft bedienen. Abends klappt er den Wagen zu, fährt zur nächsten Location. Dort geht die Klappe auf, und ohne Aus- und Einräumen wäre alles perfekt für den Tag. Das wäre bestimmt ein Hit, die Leute würden es lieben. Stattdessen bekomme ich Sprüche serviert und werde verarscht. Gerne will mich ärgern: »Dein Verleger hat mich eben angerufen und wollte wissen, ob du überhaupt schon etwas geschrieben hast.« Nur weil ich diesmal ohne Aufgabe, wie das fünfte Rad am Wagen, mitfahre, heißt das doch noch lange nicht, dass ich im Kopf nicht alles mitschreibe.

Simon legt nach: »Wie? Ich denke, das Buch ist schon fertig.«

Ich sehe Simon in die Augen und sage nach kurzem Überlegen, ob ich ihm jetzt »the shit« geben soll: »Wird verlängert.« Lakonie ist mein Schwert!

Jetzt meldet sich auch noch Danny Simons: »Wenn mein Name nur einmal auftaucht ..., öh, dann, dann ... dann will ich dafür GEMA-Gebühren haben ...« Keine Sorge. Niemand wird erwähnt, den Rest denke ich mir aus.

Dass die Laune im Bus euphorisch ist, lässt sich stets daran messen, dass nachts noch gute Musik gespielt wird. Ausgewählte Hymnen der besten Bands. Heute laufen *Hüsker Dü* und *Oasis*. Die Mitfahrenden reißt es von den Sitzen. Mit weit gestreckten Armen werden die Klassiker lautlos im Stehen mitgesungen. Sich an Gemeinsamkeiten berauschen. Stadionatmosphäre bei Tempo 100 auf der Autobahn. Danach schläft man wie ein Baby.

KÖLN, 11.03.06

Die Live Music Hall stinkt streng nach Alkohol und Pisse. Das ist hart, fast schon atemberaubend, wenn man gerade aufgestanden ist.

»Interviews kannste alle absagen, ist mir scheißegal, ich fahr auf jeden Fall zum Spiel!«, war bereits gestern Thees' Ansage Richtung Gerne. St. Pauli spielt in Leverkusen. Timo möchte auch mit, kann aber nicht, weil der Schlagzeug-Soundcheck für 16 Uhr terminiert ist. Heute ist starker Zeitdruck, weil um 22 Uhr schon wieder Disco, Disco angesagt ist. Konzerte am Wochenende drohen unter der Knute der Discoveranstaltungen langsam zur Farce zu werden. Mittlerweile ist es halb zwei. Die ausgetüftelte Bus- und Bahn-Verbindung in das kleine Haberlandstadion wird knapp werden. »Nehmen wir ein Taxi, Hilmar?« – »Von mir aus«, zucke ich die Schultern und es dauert seine Zeit, bis wir eines aufgetrieben haben. »Ist das eigentlich dekadent, mit dem Taxi von Köln nach Leverkusen ins Stadion zu fahren?«, fragt mich Thees, nachdem wir in einem dieser seltsamen Mercedes Vaneos Platz genommen haben. Alles billiges, hartes, graues Plastik um mich herum. »Finde ich nicht. Höchstens angenehmer Luxus.« – »Was war das Luxuriöseste, das du dir je geleistet hast?« Mir fällt trotz Nachdenkens nichts ein. »Mit dem Taxi von Köln nach Leverkusen ins Stadion zu fahren«, halte ich für eine doofe Antwort. Exakt zum Anpfiff sind wir da.

Mit der »BayArena« hatte der unselige Trend angefangen, Fußballstadien umzuwidmen und umzugestalten. Fährt man mit dem Taxi in Leverkusen vor, meint man, bei einem riesigen McDonald's mit angeschlossenem Möbel-Discounter anzukommen. Unser Ziel, das »Kleine Haberland-Stadion«, ist der Trainingsplatz hinter der »Arena«. Wir gesellen uns zu Heini und den anderen Paulianern, die den weiten Weg von Hamburg in die rheinische Kälte gemacht haben. Der Platz ist so zugig, dass einem die Hand am Bierbecher gefriert. Jemand leiht mir einen St. Pauli-Fleece-Handschuh für die Zeit, die es dauert, ein Kölsch zu trinken. Das Spiel ist mies und Pauli verliert gegen Leverkusen II. »Wieder Taxi?«, fragt Thees. Durchgefroren nicke ich: »Auf jeden Fall!« Draußen vor dem Fußballplatz gibt es keine Taxis. Ich frage den Beamten der Mobilen Wache nach einer Leverkusener

Taxi-Nummer. Die, die er mir gibt, ist falsch. Wir kommen hier nicht mehr weg. Unterdessen hat Thees ein Pärchen angesprochen. Wie das so ist, antwortet Er: »Bist du nicht Thees von *Tomte*?« In kürzester Zeit erklären sich die beiden bereit, uns nach Köln zu fahren, obwohl sie eigentlich nach Duisburg müssen. Sie fährt einen heißen Streifen. Trotz mieser Beschilderung, die die beiden schon zu spät zum Spiel hat kommen lassen, finden wir den Weg aus Leprakusen raus. Schneller als die Polizei erlaubt sind wir wieder an der Music Hall in Köln. Thees bedankt sich für so viel exzellenten Service – es gab für uns sogar Light- und Mentholzigaretten zur Auswahl – bei den Pauli-Fans und *Tomte*-Freunden mit Gästelistenplätzen für den kommenden Krefeld-Gig. Kaum ausgestiegen folgt der nächste Programmpunkt. Norbert und Tobias von *Hammerhead* interviewen wie verabredet Thees für ihre *Hammerhead*-Band-Dokumentation. *Hammerhead* aus Bonn und Troisdorf sind ein schwer in Worten zu erklärendes Phänomen. *Hammerhead* waren die härtesten, diejenigen, die die Limits gepusht haben. Keine deutsche Band hat so viele Kontroversen hervorgerufen wie *Hammerhead*. Dabei muss man sie einfach mögen. Als Einstieg sollte man sich die im September erscheinende Band-Doku gönnen, schon allein, um noch einmal »Tobias Scheiße« auf MTV tönen zu sehen: »Ich bin Punkrocker, ich schmeiße Mülltonnen.«

Obwohl heute ein schlechter Tag für den Fußball war, ist die Stimmung groß. Schon wieder ausverkauft, 1600 Leute. Gestern in Bielefeld, mitten in Ostwestfalen, waren es sogar 1700 – absoluter Rekord bis dato. Nach dem Becherregen von Bremen probiert Thees spontan etwas Neues aus. Mit kleiner Vorgeschichte kommt er zu der Aufforderung »Auf 1, 2, 3 ruft ihr mich alle ›Arschloch‹. Also: 1, 2, 3« Der ganze Saal brüllt ihm ein ›Arschloch‹ entgegen. Ein ziemlich breites Grinsen zieht sich über Thees' Gesicht. »Ich muss gestehen, das macht mich ein bisschen horny. Noch einmal! 1, 2, 3 …«. Nach dieser Einlage folgen weitere. Es ist in diesen Tagen nicht mehr unbedingt das Tagesgeschehen, das in seine Bühnenunterhaltung einfließt. Es ist auch das, was seit Jahren im Kopf ist, was ihn mit jeder Stadt verbindet. Auch wenn es heute nur Loser-Geschichten von der Universitätszeit in Köln sind. Immerhin kann Thees seine Matrikelnummer wie aus der Pistole geschossen heute noch aufsagen.

Der rote Bus schiebt sich ohne mich an Bord an mir vorbei, während ich über das frisch entstandene Kölner Glatteis Richtung Hauptbahnhof schlittere. Wer in dieser Nacht noch unterwegs ist, muss mit den Armen rudern, um das Gleichgewicht zu halten. Die U-Bahn bringt mich sicher zum Zug. Ich nehme eine Auszeit von der Tour für einen lange gebuchten Trip nach New York.

MAGDEBURG, 07.04.06

Der erste Frühlingstag des Jahres in Ruby's Old Time Bar and Grill an der Strandpromenade von Coney Island. Dieser Ort ist ab sofort mein persönliches »Jacqueline Kennedy Onassis Reservoir«. Stichwort gleißendes Licht und verliebte Herzen. Jeder wird sein »Reservoir« woanders finden, man muss es ja nicht in New York vermuten.

Zurück aus Staten Island, NYC, stoße ich wieder zur noch laufenden Tour. Zu *Tomte* zurückzukehren ist wie nach Hause zu kommen. Womit sich die Frage erübrigt, was besser ist: in einem schönen Haus zu wohnen oder auf ein schönes Haus zu schauen.

»Was ist passiert in den letzten zwei Wochen?«, erkundige ich mich. »Alles spitzenmäßig gelaufen, alles ausverkauft, Salzburg war das Allergrößte, die *Kilians* spielen sich in die Herzen der Zuschauer. Sonst? Timo war total tot in München, hat sich nur für das Konzert aus dem Bett geschleppt und Gerne hat's zerhauen. Rainer G. Ott hat seinen Part übernommen, Stimme war zweimal leicht angegrippt, sonst alles super!«

Die Creative-Talent-Booker-Bande um Philipp zieht aus einem riesigen Karton für jeden aus der Band einen großen goldenen Rahmen. Zur Goldenen Schallplatte hat es noch nicht gereicht, aber zu einer persönlichen Auszeichnung: »Rock'n'Roll bis zum Ende! Danke für die erfolgreiche Tour im Frühjahr 2006!« steht auf goldenen Schildern unter Glas. Thees ist mehr als gerührt: »Am liebsten kuck ich mir Bilder von meiner Freundin an, aber gleich danach das hier.«

Das *Tomte*-Gebilde ist zwar ein schönes Haus, aber es ist auch eines ohne Privatsphäre. Wenn man weinen muss, weil einen die Gefühle übermannen, kann man es nicht verbergen. Thees findet spät in der Nacht Simons Schulter, um sie mit seinen Tränen zu nässen. Nach dem Trösten lässt Simon sich dazu hinreißen, einen Elfentanz aufzuführen. Mit Klopapierfahnen in beiden Händen schwebt er von rechts nach links über den Hof zur Freude und Belustigung aller. »Wahnsinn« ist ein oft gewähltes Wort in den letzten Wochen. Es ist so schön, weil es so viele Nuancen haben kann.

HAMBURG, 08. UND 09.04.06

Morgens aufgewacht vom Glockengeläut der Kirche auf der Großen Freiheit. Vorbei an lächerlichen Vampirsexfotos in den Vitrinen des Safari. Menschen sind zu dieser Zeit anscheinend keine unterwegs. Die ganzen Animierläden wirken unbeleuchtet und im Tageslicht denkbar unattraktiv. Vorbei an Uhlos ehemaliger Reeperbahnwohnung, die im *Hansen*-Film niemand erkannt hat. Ein Spaziergang runter zur Elbe für ein paar windige Momente, die den Kopf freiblasen.

Es herrscht typisch Hamburger Dreckswetter. Das dauert, bis wir im strömenden Regen eine Premiere Sportsbar gefunden haben, um Bundesliga zu schauen. Manche, die das offizielle Schild tragen, haben einfach gar nicht auf. Andere zeigen Tottenham aus der englischen Liga, wieder andere, die gar kein Schild tragen, zeigen, vermutlich unlizensiert, die Konferenz. Im Reitclub, einer winzigen Kiezkneipe, werden wir fündig.

In der Halbzeit erzählt Erik Langer von den zahlreichen Jobs, in denen er in Amerika gearbeitet hat. Am lautesten lachen wir über den Flughafenjob, bei dem Erik eines Abends im »Tower« saß, weil die Kollegen schon Feierabend machen wollten. Ganz alleine musste er noch ein angekündigtes Flugzeug »runterbringen«. Hat er natürlich bravourös gelöst, die Aufgabe.

Auf meine Frage hin versuchen Erik und Dennis zu beschreiben, wie beide Bands, sowohl *Kettcar* als auch *Tomte*, ihre Songs schreiben und die Texte dazu entstehen. Es fällt ihnen schwer, den komplizierten Prozess, der immer wieder variiert, zu erläutern. »Da sollte man ein Buch darüber schreiben, wie Bands so etwas machen. Da würde man bestimmt verzweifeln. Das ist eine Aufgabe, an der sich vielleicht mal jemand versuchen sollte.« Ich glaube, jetzt haben sie mich gerade aufgezogen.

Hamburg bedeutet Anspannung. Der Backstage-Keller füllt sich mit jeder Menge Girls, Freunden, Verwandten, Eltern, Angehörigen und Bediensteten. Das erhöht den Druck auf die Musiker. Timos Sprössling soll auf Mutters Wunsch etwas für Thees singen. »Ich sang die ganze Zeit von dir«, so wie er es zu Hause so gerne tut. Abgeklärt antwortet Edgar (zwei Jahre alt): »Ich esse gerade«, und nimmt sich noch Chips, weil er nicht so recht möchte.

Gerne ist geknickt, weil er seine für morgen geplante Liverpool-Reise abhaken kann. Einmal im Leben an die Anfield Road, bevor der FC Liverpool im Sommer in das neue Stadion nach New Anfield umzieht. Das war der von langer Hand vorbereitete Plan. Tickets sind gekauft, Flüge gebucht, alles ist perfekt arrangiert, wie es sich für einen guten Manager gehört. Bis Gerne die Nachricht erreicht, dass das Spiel wegen der Fernsehübertragung eine Stunde vorverlegt wird. Mit einem Handstreich ist alles hinfällig. »Das Ding kann ich knicken«, konstatiert ein sichtlich betrübter Gerne, »Über fünfhundert Miese habe ich dabei auch noch gemacht …«.

Pale aus Aachen machen das Vorprogramm im letzten Tourabschnitt, weil *Rogue Wave* es leider nicht hinbekommen haben. Sänger Holger spackt reichlich ab auf der Bühne. Weil er sich schüttelt wie ein zuckerkranker Robbie Williams hat er schnell die Bezeichnung »Joe Cocker des Indie« weg. Und das alles auf Socken.

Während Thees sich vor dem Auftritt mit der Akustikgitarre warmsingt, bittet er mich um ein großes Glas heißes Wasser, »Oder ist das asozial, dich jetzt loszuschicken? – »Asozial? Asozial ist, mit dem Taxi ins Stadion zu fahren!«, versuche ich mich an einer etwas schiefen Replik und hole wie schon so oft direkt vor dem Auftritt das gewünschte Wasser. Die stimmbandberuhigende Wirkung wird schließlich auch von Bremens Ex-Bürgermeister Henning Scherf geschätzt.

Das Hamburger Publikum ist anfänglich verhalten, ganz ungleich dem, das noch im Dezember im Knust vor Euphorie übergesprudelt ist. Spätestens mit der Überraschung des Abends, der ersten Zugabe, hat die Zähigkeit ein Ende. Die *Hansen Band* steht in Original-Vollbesetzung auf der Bühne und feuert einen Song ab. Da freuen sich die Leute und klatschen die Hände über den Kopf bis an den hinterletzten Thekenplatz.

Gleich nach den Zugaben geht es rüber in das Kurhotel. DJ *Home of the Lame*, der unlängst in Bielefeld an drei Abenden hintereinander sein DJ-Gesellenstück abgeliefert hat, dreht die Platten zur After-Show-Party. Sein Motto lautet: »Ich spiele nichts, was jünger ist als zwanzig Jahre!« Die Mädchen tanzen trotzdem alle.

Nach einer kurzen Nacht entschließe ich mich früh aufzustehen, den Zug, der sich Metronom nennt, nach Bremen zu nehmen, um mit meinem Fußballteam um 11 Uhr auf dem Platz zu stehen. Gesagt, getan, nach zwei mal 35 Minuten einen Sieg eingefahren und gleich wieder zurück nach Hamburg. Ich kaufe zwei Sträuße rote Rosen für die Band, stelle sie in eine Vase. Ich möchte Danke sagen. Danke Band und Danke für die wunderschönen Tage mit euch auf Tour.

PÜTTLINGEN, 26.05.06

Dieses Mal erwartet mich niemand, als ich die Treppen der U-Bahn Station Feldstraße hochstürme. Keine Band, keine Crew, keine Vermissten. »Dein Bus ist rot und wartet vorm Grand Hotel, wir sehen uns um Mitternacht in Berlin, Hilmar.« So lautet der Plan. Es steht aber kein warnblinkender Bus auf der Straße, so leicht ist der ja nun nicht zu übersehen. Hamburg ist noch vollgepflasterter als Bremen mit Fußball-WM-related Quatsch. Jeder Bäcker muss seinen Beitrag zur WM leisten. Groß mit Tintenstrahl ausgeplottet hängen dümmliche Angebote in wirklich jedem Ladenfenster. Was machen eigentlich Bettler zur WM, frage ich mich, als Letzte in der Kette der kommerziellen Vermarktungslinie? Lassen die sich auch was einfallen? Vielleicht tragen sie neckische Fußballmützen, oder sie sammeln im Juni Geld in schwarz-rot-goldenen Bechern. Da fällt mir ein, dass Bettler ja ein Berufsverbot von der Stadt bekommen haben. Diesen Teil vom Kuchen streichen Blatter und seine Bande wohl auch noch ein.

Immer noch Ausschau haltend passiere ich die Jet-Tankstelle und genau in diesem Moment biegt ein großer roter Bus beim Walmart um die Ecke. Für mich heißt der Walmart an der Feldstraße eigentlich noch wie früher: St. Pauli Hypermarché – Deutschlands schäbigster Supermarkt. Früher sind da die Tauben knapp unter der Decke durchgeflogen. Sie mussten irgendwo in der dünnen Blechhülle Schlupflöcher gefunden haben. Das assigste Supermarktrestaurant soll es hier auch gegeben haben, haben mir Anwohner erzählt. Keine Ahnung, ob das stimmt, ich esse nicht in Supermarktrestaurants. Die mal wieder viel zu schwere Tasche über der linken Schulter winke ich ausladend mit der rechten Hand. Der Bus hält vor meiner Nase, ich springe quasi noch im Ausrollen hinein, die Tür schließt sich zischend hinter mir und weiter geht's. Trotz zahlreicher Redcar-Fahrten kenne ich den Fahrer nicht. Wir stellen uns kurz vor und ich verschwinde nach hinten.

Ein ganzer großer Bus mit Hänger nur für mich allein. Besser kann man in dem ach so schnellen ICE auch nicht nach Berlin reisen. Hinter einem Grauschleier versucht nach einer Woche Regenwetter die Sonne durchzudringen, mehr als ein Zwielicht will ihr aber nicht gelingen. Gummistiefel habe ich keine eingepackt, weil ich keine besitze. Ich hoffe, die beiden Festivalorte sind nicht zu derbe verschlammt, denn, gelinde gesagt, hasse ich Schlamm wie die Pest. Bislang bin ich von Schlammfestivals verschont geblieben, mal abgesehen von dem Kurzbesuch bei Omas Teich im letzten Jahr. Nur für *Olli Schulz & der Hund Marie* waren wir für zwei Stündchen nach Ostfriesland gebraust. Nach einer Viertelstunde hatte ich bereits richtig schlechte Laune alleine von dem schmatzenden Geräusch unter meinen Schuhen. Das Balancieren auf ausgelegten Bohlen, das Hüpfen von einer weniger durchweichten Insel zur nächsten: schlimm. Und der Anblick junger Mädchen, die unbekümmert fröhlich mit hochgekrempelten Jeanshosen barfuß durch zehn Grad kalten Schlamm staken, macht mich genauso wenig an wie die Internetfilmchen von Carstuckgirls. Ganz egal wie wenig Kleidung die Damen tragen oder tragen würden. Danke, aber nein danke!

Es kommt, wie es kommen muss: Regen im Saarland. Das Festivalgelände liegt in einem Wäldchen auf einer Hügelkuppe. Essen und Trinken werden im Naturfreundehaus, einen Siebenminuten-Waldspaziergang entfernt, serviert. Die *Kettcar*-Bande ist schon da und hat sich die Hosensäume schon mit Schlamm eingefärbt. Notdürftig werden die Busse, die als Rückzugsräume dienen, mit Zeitungen ausgelegt. Der graue Himmel, der rot eingeschlämmte Zeitungsmatsch, alles wirkt ziemlich traurig. Aber »gude Laune« ist angesagt. Olli Schulz hat das Sven-Väth-Tondokument dabei. Ein Zusammenschnitt von Ansagen, die der DJ kürzlich an einem Abend, offensichtlich »randvoll«, gemacht hat: »The Message is: Gude Laune, Alder!« Sobald es zu traurig wird, legt Olli die CD ein und spielt sie im Bus ab. Man muss einfach mitlachen, bei so viel geballter Dummheit in nur zwei Minuten.

Hat es eigentlich den Tag über einmal aufgeklart? Beim *Tomte*-Auftritt regnet es stark. Der Wind bläst den Regen schräg in die Bühne rein. Nicht nur das komplette Publikum wird nass, sondern auch unsere drei an den Saiteninstrumenten in der Frontrow. Nichtsdestotrotz (was für ein schönes Wort) wird spitzenmäßig abgeliefert. Und vom Publikum zurückgeliebt. Noch siegt der Trotz über die Resignation. Anschließend bei *Kettcar* lichten sich die Reihen. Es pisst jetzt richtig. Da selbst die übergezogenen Mülltüten durchweichen, geben die Ersten auf. Aber es gibt ja noch das Zelt, den letzten Rückzugsort. Um Mitternacht treten

Olli Schulz & der Hund Marie auf. Einmarschmelodie: Sven Väth mit »Feierei, Alder!« und der Film beginnt. Hundert Prozent Luftfeuchte, eintausend Menschen und eine aufgekratzte Band. Wenn etwas Indie-Ballermann ist, dann *Olli Schulz & der Hund Marie* an solchen Abenden, wenn nicht, ja wenn sie nicht zwischen Show und Halligalli ihre melancholisch-traurigen Lieder hätten. Die Mischung aus Gaga und Soul macht diese Band so groß. Und ihre Gesten. Da schleudert Schultzke das Mikro am Kabel derart in die Luft, dass es in fünf Meter Höhe an der Lichttraverse hängen bleibt. Schulz ab. Jubel. Schulz kehrt zu einer Zugabe zurück, bedankt sich klatschend, zieht an dem Kabel, schnappt das Mikro und singt weiter, als wäre nichts gewesen.

NEUSTRELITZ, 27.05.06

Gegen sieben aufgewacht. Ich wanke kurz nach unten, alles ist zerfeiert. Schlammige Schuhe überall, zentimeterhoch steht das Bier auf den umrahmten Tischen, mittendrin schwimmt Manfred Krug (sein Buch – das ich gerade lese). Keiner mag ihn. »Die Leute ham geschrieen«, sagt Jörn. Ich habe nichts gehört. Nach Bodos Kippe hatte ich alles gesehen gestern Abend.

Kurz vor der Abfahrt haben Thees und Olli Koch Timo Bodenstein so lange angestachelt, bis der sich tatsächlich eine Zigarette angezündet hat.

»Wie gut das ist, dass du endlich rauchst«, ruft Olli und wir grölen. Dann aber, kurz vor dem Filter, macht Timo einen Haps und verschluckt den glühenden Stummel. Einfach mit eingesogen und weg. »Bodo, das ist das härteste, was ich je gesehen habe«, schnappt Thees nach Luft und wir grölen noch lauter. Der helle Wahnsinn, hier fährt er durchs Land.

Fahrer Ralf macht die ganze Zerstörung sauber, die die Schultzkes mit Unterstützung von Erik angerichtet haben.

Ich muss wieder ins Bett, versuchen zu schlafen. Die schlimmsten Dämonen bekämpft man im Schlaf. Wenn sie gewinnen, liegt man wach, wälzt sich, hat den Kopf voll mit den dümmsten Gedanken, Befürchtungen, Problemen. Alles schwimmt in Bier, die Birne dröhnt.

Auf der Autobahn bringt mich eine Truckerdusche (inklusive Kaffee Zweifünfzig) wieder in Ordnung. Mit Freedøl sehe ich mir *Riding Giants*, einen Große-Wellen-Surffilm an. Das bringt gleich den Soul zurück in den Körper, das stärkt für den ganzen Tag. Immer mehr Mitreisende gesellen sich dazu und schauen gebannt auf den Schirm.

Endlich erreichen wir das Festivalgelände Neustrelitz.

Christoph berichtet von Menschen, die erfurchtsvoll auf den Nightliner zeigen und tuscheln, dass gerade *Tomte* einreisen. Wenn sie sehen könnten, wie unglamourös Erik Langer unter den Füßen von Dennis vorne im Gang, den Körper der Krümmung angepasst, schlummert. »Das ist der einzige Schlafplatz mit frischer Luft«, meint Erik, »war sehr erholsam, dort zu liegen.«

Kaum hält der Bus tatsächlich, geht die Tür auf und Becker brüllt schon wieder: »Guude Laune!«

Das Immergut hat nach wie vor seinen legendären Ruf, das Wetter ist gut, ein paar Nörgeleien wegen ein paar Tropfen wischen wir so weg. Wir kommen aus dem Monsun, Mann, ist doch alles spitze hier. Das Gelände sieht exakt so aus wie vor zwei Jahren. Als ob es das Jahr über in einer Lagerhalle aufbewahrt werden würde. Alles steht an seinem Ort, als hätte es niemand angerührt. Selbst die Bändchen-Klemm-Maschine, an der dieses mal kein Gerne festgeklemmt wird. Nicht zuletzt weil Jörn heute den Tourmanager macht. Der wichtigste Tourbegleiter heißt heute allerdings Autan. Hat mir doch schon nach drei Minuten die erste Mücke in den Kopf gebissen.

Was kann man tun? Rumhängen in den schnuckeligen DDR-Bauwagen. Dennis gönnt sich einen Seitenblick auf Leslie Feist, ist ganz verliebt. Dreimal steht die Dame heute auf der Bühne. Erst mit Jason Collett, dann solo im Zelt und zum Ende des großen kanadischen Abends mit *Broken Social Scene*. Deren Auftritt beschert uns auch die Anwesenheit von Tait, Jason Tait, von den *Weakerthans*. Er spielt heute Percussions und seine Freundin Julie Penner die Geige. Sofort haben wir transatlantischen Gesprächsstoff im Bauwagen. Kanadier auf berittene Mounties anzusprechen, funktioniert stets auf Neue, damit kriegt man sie immer. Julie ist verwundert, dass ihr Name »bum« bedeuten würde. Die beiden können nicht glauben, dass Thees ein ganzes Semester lang eine Vorlesung besucht hat, die sich allein um die richtige Verwendung des Adverbs »apparently« drehte. Wer ganz genau aufgepasst hat, wird bemerkt haben, dass er »apparently« später auf der Bühne benutzt hat.

Ein dankbarer Uhl steht auf der Bühne, ein overwhelmter Uhl. Die Emotionen zerpflücken ihn heute, obschon er sie selbst heraufbeschworen hat. Nach der Ansage für seinen »sterbenden« Vater dauert es eine geschlagene Minute, bis das Intro von »Mit dem Mofa nach England« halbwegs in tune ist. Ich denke: »It's alright. Wenn man sich so auszieht, kann man auch schon mal öffentlich eine Gänsehaut bekommen.«

Einige Lieder zuvor fallen beide Gitarren gleichzeitig aus, was eigentlich nie vorkommt. Selbst so eine Situation erschüttert mittlerweile niemanden mehr. Timo hält den Beat und Ollis Bass läuft weiter wie immer. Unzerstörbar, wie ein alter Russendiesel.

Jesus, was haben *Mia* sich davor mit dummen Ansagen verabschiedet: »Wir wollen noch, aber wir dürfen nicht mehr ...«. Wie kleine Kinder, die noch fernsehen wollen, obwohl Bettzeit ist. »Aber es sind ja noch so viele Festivals, wir sehen uns bestimmt ...« – »Oh weia, wie dumm«, entfährt es mir, »wenn man Ansagen macht, sollte man entweder halbwegs in der Gedankenwelt des Gegenübers stecken, um verstanden zu werden, oder hat at least freundlich und nett zu sein. Von mir aus auch vollkommen desinteressiert, betrunken, bedrogt oder arrogant. So ein selbstbezogenes Ego-Geweine geht gar nicht, finde ich.«

Die Zigeunertruppe von *Broken Social Scene* entfacht ein reines Gewusel auf der Bühne, es geht miteinander durcheinander. Ganz schön hippie, aber auch ganz schön gut.

Feist steht auch wieder auf der Bühne, erinnert an ihren Solo-Auftritt von vorhin. Ihr Gehauche wirkt divenhaft zickig, arrogant in the good way. Ganz klar ein Spiel mit dem Publikum, wie ein Dompteur mit einem Hund. Zu jeder Zeit die Oberhand. Was schwach wirken soll, ist tatsächlich die Beherrschung des Gegenübers. Ich kann verstehen, warum Männer das mögen, but I don't fall for Beschützerinstinkt.

LINGEN, 01.06.06

Flughafen Hannover. Trotz einiger Verluste in Form von Brillenglas, EC-Karte, Bargeld und Eiweiß kehren unsere Leningrad Boys strahlend und verstrahlt aus St. Petersburg von ihrem Kurzausflug zurück. Wodkafahnen wehen voraus. Von wegen »Wodka macht keine Fahne«, diese Behauptung ist ein für allemal widerlegt. Allerdings riechen Wodkafahnen nicht abstoßend, nicht mal schlimm, eher klinisch steril.

Noch auf dem Flughafen fallen die Jungs in den Nightliner, der über Dreifachstockbetten verfügt, um den Schlaf nachzuholen, den die beiden weißen Nächte am Finnischen Meerbusen nicht zugelassen haben. »Russland hat zwei zu null gewonnen«, resümiert Dennis trocken und froh darüber, dass er über Nacht von Rainer Ott eine alte Ersatzbrille besorgt bekommen hat.

»Du hättest die ganze Zeit nur geschrieen«, wendet sich Thees an mich. Alle bedauern (wie ich selbst), dass ich nicht mit dabei sein konnte. »Das wäre was für dich gewesen!«

Leider kam der Auftritt für das Goethe-Institut sehr kurzfristig und nur deshalb zustande, weil *Wir sind Helden*, die eigentlich eingeladen waren, wegen Krankheit absagen mussten und *Tomte* als Ersatz vorgeschlagen haben. So findet der erste *Tomte*-Auftritt im nicht deutschsprachigen Ausland vor 150 deutschen Zuschauern statt, zuzüglich 150 russischer, neu gewonnener Freunde, die, wie sie es sonst im Eishockeystadion tun, »Ihr seid Prachtkerle« skandieren.

In Kürze sind wir in Lingen, wo bereits die Tourpässe auf uns wartet. Das zentrale Motiv ist ein Flughafenfoto vom Zwischenstopp in Riga. Thees und Timo laufen über das Rollfeld und besteigen eine Propellermaschine. Es riecht nach Rock'n'Roll-Ikonographie der 60er Jahre. Wahnsinn, was der Styra da schon wieder hingezaubert hat. Und dieses Mal auch noch in Rekordzeit. Alle sind baff und begeistert. Das sind kleine Freuden unterwegs.

Die Wartezeit überbrücken wir mit einem PlayStation-Buzzer-Spiel. Bis zu vier Personen haben einen speziellen Controller mit einem roten Alarmknopf in der Hand und müssen Fragen aus der Musikhistorie beantworten. Ich nehme den *Snoop-Dogg*-Charakter als Spielfigur, Thees einen Axl Rose mit Anarcho-T-Shirt, GHvC-Praktikant Philip wählt den *Oasis*-Darsteller. Es wird hart gekämpft, am Ende gewinnt Thees, weil er bei der letzten Frage alles riskiert und auf das richtige Pferd setzt.

Als Vorband hat sich Thees *Black Rust* aus Ahlen eingeladen. »Die wollen's richtig wissen«, stellt Olli fest, während wir beobachten, dass *Black Rust* mit Kontrabass und Blechinstrumenten angereist sind.

Das Bühnenentertainment ist wie immer nicht ganz einfach im Emsland. Es dauert seine Zeit, bis der viel zitierte Funke auf das Publikum überspringt. In Anlehnung an das anstehende, über die Stadtgrenze bekannte Abifestival ruft Thees die Abiturnoten auf der Bühne ab. Das ganze Spektrum wird zur Belustigung aller genannt. Von Einskommanochwas bis Dreikommasechs.

An Abenden, an denen die Begeisterung nicht bedingungslos ist, kann der Ansagensalat zu einer Gratwanderung werden. Muss aber nicht, depends on the singer. Stolz auf seine morgendlichen Schwimmsessions bei 17 Grad in Berlin witzelt Thees (wie immer bestens über das Lokale informiert), dass die Lingener ja zum Baden immer schönes warmes Wasser haben – dank Atomkraftwerk. Im Bruchteil einer Sekunde merkend, dass sich wohl niemand ein AKW in seiner Nähe gewünscht hat: »Okay, wir können auch wieder Berlin-Witze machen. Berlin, die Hauptstadt der Verlierer ...«.

Jemand hat die für uns entscheidenden Verkehrsschilder abgeschraubt. Ich kenne die malerische Landstraße entlang der Ems. Hinterm AKW kommt erst die einspurige Metallbrücke, kurz danach eine Eisenbahnunterführung mit 3,20 Meter Durchfahrtshöhe. Da passte der Wein-Lkw, den ich früher vom Ruhrgebiet kommend nach Lingen gesteuert habe, gerade so durch. So ein Nightliner misst aber auch als Singledecker 3,95 Meter in der Höhe, also muss Michael die rote Wurst wenden und einen Riesenumweg fahren. Hinweisschilder waren definitiv keine zu sehen. Navi-Geräte wissen auch nicht alles zuverlässig. Wir finden dennoch die Autobahn nach Süden und rumpeln in die Eifel. Ich habe in Echtzeit geträumt, dass der Bus einen Schlammlöhrer macht und umkippt. Das ist strange, im Unterbewusstsein zu wissen, dass man in einer Koje in einem Bus liegt, und spürbar zu erleben, dass der sich sanft an einem schlammigen Hügel auf die Seite legt, weil der Fahrer unbedingt durch die Matsche sliden wollte. Ich wache bei stillstehendem Motor auf, ganz waagerecht, im Nebel. Es ist gar nichts passiert.

NÜRBURGRING, 02.06.06

Unter der Nebeldecke ist es kalt. Deutscher Juni heißt: Mütze auf. Langsam kommt die Sonne durch, dann wird es erträglich. Vorbehaltlos glaube ich der Wettervorhersage, die durch einen großen Lautsprecher über das Gelände gespielt wird. Wolken: ja! Kühl: auch. Niederschlag: keiner!

Thees hat 50 Euro gewonnen, weil die *Babyshambles* nicht spielen werden. Pete Doherty ist der Wackelkandidat der Saison. Die Umkleidekabine direkt neben dem *Tomte*-Abteil bleibt also unbenutzt. Weitere Mitauftretende auf der so genannten Alternastage sind: Paul Weller, der noch nicht da ist, und Nelly Furtado, die auch noch niemand gesehen hat. *Morrissey* hat den Frankensteinflipper ausschalten lassen, weil der unmittelbar an seiner Garderobe stand. Niemand kennt David Gray.

Statt Flippern und elektronischer Unterhaltung schlurfen wir über das Gelände. Zig Buden, Wagen und Stände buhlen um Aufmerksamkeit und Portemonnaies der Festivalbesucher. Es gibt Zelte, Werbesäulen und jeder der größeren Hersteller hat sich noch etwas »Besonderes« ausgedacht: Geländewagen, die auf eigenen Rädern Achterbahn fahren. Oder Waschmaschinenfronten als »Knastfernsehen« bei einem Zigarettenhersteller. Muss man nicht verstehen, Hauptsache ballaballa.

Wir kommen bis an die echte Boxengasse des Nürburgrings, dort sind zwar keinerlei Luder anzutreffen, wohl aber Zapfsäulen. Super Plus kostet Einsvierundvierzigneun. Auf dem ganzen Gelände ist nirgendwo Erholung zu finden, drei Bühnen, ein DJ-Zelt und obendrüber kreist der Polizeihubschrauber. Noise, Noise, Noise – geben wir uns ihm hin.

Kurz vor dem Auftritt erfährt Olli, dass jemand die Gästeliste nicht abgegeben hat, das macht ihn noch angespannter, als er eh schon ist. Sowas sagt man einem aber auch nicht zwei Minuten, bevor es beginnt. Und dann geht es los. Rotweinbewaffnet wird die Bühne geentert. Für neun Songs ist heute nur Zeit.

Ich stelle mich in die Menge und nach der Hälfte des Sets entscheiden die Wolken, dass wir die Sonne sehen. Wie kalt es hier oben auf dem Ring bis eben war. Leichte Alkoholwirkung setzt ein. Der Anfangsturn, der am schönsten ist und im Laufe eines Gezeches nicht wiederkommt, so sehr der Alkohol es auch suggeriert und dafür sorgt, dass man weitertrinkt. Die Sonne blendet mir in die unbebrillten Augen, es ist ergreifend schön. Wie decodierte Chiffres ziehen die neuen und die alten Texte an mir vorbei. Alles offenbart heute seinen Sinn. Alles ist näher am Leben, an der Wirklichkeit, am Erlebten, je genauer man hinhört. Alle Geheimnisse legen sich offen dar.

»The torch I hold is always aflame, I'm still in love with Emily Kane, there's a beast in my soul that can't be tamed, I'm still in love with Emily Kane ...«, baut Thees in das Ende von »Du bist den ganzen Weg gerannt« ein. Man muss nicht überall und allwissend sein, um die Connections und Querverweise so scheinbar unterschiedlicher Bands zu verstehen. Aber es hilft. Wenn *Tomte Art Brut* zitieren, werden die den Ball zurückspielen, später auf der kleinen Bühne. Eddie Argos wird sich seinen britischen Arsch abfreuen, dass die Vision aus seinem Song »Moving to L.A.« heute amalgiert: Geradeaus, auf der großen Bühne, Axl Rose. Zu seiner Linken auf der mittleren Bühne *Morrissey*. Jener *Morrissey*, auf den »Wilhelm, das war nichts« zurückzuführen ist. Unsichtbare Energieströme peitschen durch die Luft. Dicker als jede DSL-Leitung. Warum sich Bands und Musiker, die nur scheinbar nichts miteinander zu tun haben, aufeinander beziehen? Die Erklärung lautet, um es billig zu machen: »Es ist die Leidenschaft die treibt«.

Neben mir schreit ein nicht mehr schulpflichtiges Mädchen die ganze Zeit »Marry me!« in Richtung Bühne.

Thees sieht heute tatsächlich sehr gut aus auf der gestochen scharfen Leinwand. Mein Kompliment wird von Daniel Lieberberg unterstrichen: »Das fand ich auch, mein lieber Thees.«

Olli, Dennis und Timo dagegen sind besorgt, dass die Leinwand so gute Qualität liefert. Alle sind nass geschwitzt und haben doch gefroren. »Hoffentlich sieht man nicht die Schnotten, die von meiner Nasenspitze getropft sind.« – »Nein, sah alles gut aus«, versuche ich zu beruhigen, »die Bildregie hat bei jedem Tröpfchen umgeschaltet.«

Damit es nicht wie letztes Jahr zum »Stromausfall« kommt, wird »Die Schönheit der Chance« heute gar nicht mehr angestimmt, auch wenn es auf der Liste stand. »Das war das erste Mal, dass wir den Song nicht gespielt haben, seit der im Repertoire ist«, konstatiert Olli bedauernd.

Immer noch angesäuselt schaue ich mir anschließend den gesamten Paul-Weller-Auftritt an. Die Sonne scheint jetzt – es ist gegen 19 Uhr – voll ins Publikum, kommt von schräg rechts neben der Bühne, blendet, macht angenehm benommen. Bei Weller steht nur noch die Hälfte der 10.000 Menschen, die für *Tomte* gejubelt haben, dort. Ich weiß bis heute nicht, ob ich das gut oder schlecht finden soll.

»Aber kuck mal«, meint Timo, als ich ihm davon erzähle, und fährt mit dem Finger über eins der bunten Plakate, das alle Bands auflistet, »außer uns hat doch hier keiner einen Hit, aktuell.«
»Stimmt auch wieder«, muss ich zugeben, »Bedauerlich.«

Bei Nelly Furtado, diejenige, die neuerdings in jedem ihrer Interviews erzählt, wie sexy sie sich fühlt und wie sexy ihre neue Platte ist und dass sexy überhaupt *der* Begriff in ihrem neuen Leben als Mutter ist (und sie in der Tat in ihrem aktuellen »Maneater«-Video nicht unattraktiv ausschaut), hampelt ein Backgroundsänger auf der Bühne herum, der mich sofort verjagt. Wursthaare und Brille wie Edgar »Pitbull« Davids, der Holländische Fußballer, der gerne mal seine Verlobte verprügelt, dazu ein langes, helles Baumwolljacket, darunter ein weißes T-Shirt. Die Witzfigur rennt die ganze Zeit von links nach rechts über die gesamte Breite der Bühne, als müsste Axl Rose sich noch etwas abkucken. So etwas Abtörnendes habe ich lange nicht gesehen. Länger als zwei halbe Songs kann ich mir das beim besten Willen nicht antun. Abmarsch.

Vorbei am lustigen *Art-Brut*-Auftritt, die lästigen *Guns'n'Roses* um zwei Uhr morgens links liegen lassend, trolle ich mich zum Bus und wir fahren los.

Bis das Tageslicht wieder anbricht, hören wir traurige Lieder von der kanadischen Band, schwelgen in Melancholie und halten uns die Hand.

JENA, 03.06.06

Wer schläft, sündigt nicht. Wenn der Bus schon steht, schläft es sich am besten, völlig unabhängig von der Hand des Fahrers. Michael, der Fahrer, hat eine sehr ruhige Hand, fährt sich damit jede Menge Lob ein. Um 12 Uhr mittags rolle ich, nahezu vollständig bekleidet, aus der Koje. Mehr als die Hose habe ich beim Zubettgehen nicht mehr ausgezogen bekommen. Gar nicht wahr: die Schuhe. Linker Schuh und rechter Schuh.

Jetzt eine Dusche und eine Zigarette mit dem immerrauchenden Dennis Becker. Dennis sitzt auf einem Sofa inmitten bunt bemalter, ausrangierter Eisenbahnwaggons. Hört über Kopfhörer Songs aus seiner Playse (umgangssprachlich für tragbare PlayStation) und versucht sie auf der Akustikgitarre nachzuspielen. Die Vögel zwitschern. Eine unbeschreibliche Ruhe. Es ist eine Idylle. Krasser könnte der Kontrast nicht sein: von den 80.000 Menschen mit dem ganzen Halligalli unmittelbar zu (erwarteten) 800 (wenn überhaupt so viele in den Schuppen reinpassen). Eine entspannende Atmosphäre, wie ein Urlaub ohne Erlebnisnot. Zeitung lesen, auf einem riesigen Sofa unter freiem Himmel gammeln (bis leider ein paar Regentropfen einsetzen), nichts tun. Tour-Langeweile kann sehr schön sein, wenn die Kulisse es ist. Das Abendessen im Turmzimmer des Kassablanca gestattet einen Rundumblick auf die nette Landschaft: Hügel und grüner Wald. Nie zuvor bin ich in meinem Leben in Jena gewesen.

Der *Tomte*-Auftritt ist so relaxed wie der ganze Tag. Die Stimmung eines Ortes färbt also tatsächlich auf das Verhalten der Menschen ab. Gerne hatte ich diese Theorie bis eben als Unfug abgetan. Heute ist der Beweis so spürbar, dass man ihn mit Händen greifen kann. Kenner Uhlmann weiß natürlich, dass in unmittelbarer Nähe der Bahnhof »Jena Paradies« liegt, was er beim Auftritt nicht unerwähnt lässt. Wie schön, wenn es einem eine Stadt so einladend einfach macht, Komplimente zu verteilen. »Jena Paradies, ich zieh hier hin«, entfährt es Thees in relaxtem Überschwang. »Genau das habe ich heute auch schon gedacht«, ertappe ich mich selbst. Städte können so sympathisch sein, auch wenn der Radius, in dem man sich bewegt hat, unter fünfzig Metern liegt. Check das mal, Polyglott.

Mit unserer Monitormischer-Legende Freedøl Weizendusch plaudere ich über Konzerte vergangener Zeiten. Irgendwie kommen wir auf die *Lemonheads*, »Jaja, mit *Bullet LaVolta* damals, das waren tolle Gigs zusammen. Ich hab die zweimal auf der gleichen Tour gesehen, großartig war das!« – »Das war eins meiner ersten Konzerte, 15 war ich da, Berlin Ecstasy ...« – »Was? Da war ich auch. Da war Kirchentag in Berlin, 1989. Mein Vater hat da teilgenommen und ich hab mich abends rumgetrieben. Wahnsinn, Freedøl, wir beide auf dem gleichen Konzert, wieder mal ein Beweis, dass man sich immer mehr als zweimal sieht im Leben. Weil mindestens einmal davon kennt man sich noch nicht.« Ich erinnere mich sogar an Bela B., der stand damals am Eingang rum. Fledermaus-Frisur, Kajalstift an den Augen und ich dachte noch »Bah, watt is der hässlich.« Später setzt Max Schröder noch einen drauf: »Kirchentag Berlin, *Lemonheads* und *Bullet LaVolta*? Da war ich auch, bei dem Konzert!«

Hinterher tausche ich mit Olli Schoten von früher aus. Wir reden nicht über Konzerte, sondern über miese Jobs, die man so gemacht hat. Ob man schon mal die Putze war und in welcher Umgebung. Ich habe im Hauptbahnhof Hannover die Deckenverkleidung gereinigt. Was da für ein Siff runterkam. Der blöde Subunternehmerhund von einem Auftraggeber wollte anschließend nicht bezahlen, erst nachdem man bedrohlich geworden war. »Und du, Olli?« – »Bei den Stadtwerken, wo ich die Personalduschen putzen musste, da haben die original in die Duschen geschissen, das muss man sich mal vorstellen!« Kopfschüttelnd lachen wir über so viel Widerlichkeit. Olli findet den Flyer für ein Crust-Festival. Wir lachen uns schlapp über die aufgedruckten Zugangsbedingungen: »Keine Hunde!« steht in allen europäischen Sprachen drauf und dass es keine Gruppenermäßigungen gibt. »Keine Diskussionen am Einlass!« und das bei einem Ticketpreis von zehn Euro. Olli will hin: »Ich kenne den Veranstalter, das ist so 'ne Kruste. Jemand meinte zu mir: ›Das wird hart für dich, Olli!‹« Wir lachen noch lauter. Ich hab normalerweise nicht viel für Grind-Geknüppel übrig. Ich gestehe, dass mich eine Band, die sich »Pisschrist« nennt, aber locken würde. Mal sehen.

Ein Fuchs zeigt uns seinen hochaufgerichteten Schwanz, während er längs des Busses entlangschleicht, just in dem Moment, als Michael den Motor anlässt. »Gute Nacht, Hase. Gute Nacht,

Beschaulichkeit« Nach dem entspanntesten *Tomte*-Abend aller Zeiten rollen wir am Bahnhof »Jena Paradies« vorbei, um selbiges zu verlassen. Unsere Fahrt führt zurück in den Rock-Zirkus.

NÜRNBERG, 04.06.06

Was wie ein Amphitheater viele, viele Meter hoch im Rücken des geparkten Nightliners emporragt, ist keine römische Hinterlassenschaft, sondern vom Hitler her. »Wie geil«, werden sich Ami-Bands denken, »unsere Bühne stand direkt vor einem alten Nazi-Theater. Deutschland hat sich in 65 Jahren doch nicht geändert.« Es handelt sich tatsächlich aber um Hitlers Kongresshalle, den größten erhaltenen nationalsozialistischen Monumentalbau in Deutschland. Wegen Fußball-WM und aus sonstigen Gründen ist das Festivalgelände von Rock im Park dieses Mal anders gelegen. So kommt es, dass man nur wenige Meter von dem Kongresszentrum, aus dem unentwegt Grüppchen von schlagstocktragenden Polizisten strömen (scheint ein Nest zu sein), einen Frühstückskaffee am Dutzendteich genießen kann. Während es bei der Ankunft, laut Busfahrer, noch geregnet hat wie Teufel, kommt langsam die Sonne durch. Wir besetzen die Stühle am Seeufer und beobachten ein Gänsepaar. Auf der gegenüberliegenden Seite schimmern bunte Zelte durch die ufernahe Vegetation, es wirkt wie in einem 50er-Jahre-Film. Fehlt nur noch ein Hauptdarsteller-Pärchen, das auf einer Vespa angerollt kommt und laut lachend seinen hölzernen Dialog vorträgt. Er im Anzug, sie mit kariertem Kopftuch.

Stattdessen zerreißen kreischende, moderne Plastikroller die Ruhe. Auf so einem Hobel kommt Fabsi vorbeigeknattert und erzählt von seinem Job aus den letzten fünf Tagen. Wie ein Wasserfall reißt er in 15 Minuten runter, was er alles erlebt hat an den Food-Ständen, die er zu betreuen hat. Vom Papp-Chines, der nicht zahlen kann, dem Met-Mann mit dem Moppen unterm Hemd, dem Woodstockfreak, der alle Viere von sich in den Lakritzstand gesegelt ist, den Panneköppen, die in die umgetretene Stromversorgung gepinkelt haben und dem scharfen Sekretärinnen-Teil, das bei Bela B. auf der Bühne stand: »Da war aber Stangenfieber angesagt in den ersten zehn Reihen!« Wir lachen uns halb schlapp, und so schnell unser Bremer Freund aufgetaucht ist, ist er auch schon wieder im Gewühl verschwunden. Henn, henn und ward nicht mehr gesehen.

Heute spielen die *Babyshambles* pünktlich, nicht wie am Ring mit neun(!)stündiger Verspätung, sondern planmäßig direkt vor *Tomte*. Während Amanda von den *Dresden Dolls* nach ihrem Auftritt, in ein Badetuch gehüllt, wartend vor den Dressing Rooms steht, ist noch kein *Babyshamble* in Sicht. Just in time entern sie die Bühne. Das Publikum bekommt seinen Pete Doherty. Macht aber keinen guten Eindruck, der Junge, den ganzen Auftritt lang huscht nicht ein Ausdruck über sein Gesicht. Plötzlich hat Doherty ein Musikmagazin in den Händen, blättert übertrieben interessiert darin herum, beginnt es zu zerreißen und wirft die Fetzen ins Publikum. Genau in diesem Moment beginnt man zu zweifeln: Was ist Inszenierung, was ist tatsächlich kaputt? Hat jemand, der so fertig wirkt, noch einen Sinn für feine Symbolik? Gegen Ende, als der ziemlich verwirrte, gitarrespielende Backliner »Fuck Forever« anstimmt, brechen die *Babyshambles* ab. Unversehens schleudert Doherty sein drahtloses Mikro in hohem Bogen ins Publikum. Es dauert eine Weile, bis es zurückgeflogen kommt. Nur damit es der herumstaksende Pete abermals in hohem Bogen wegfeuert. Was bis hierhin wie Show aussieht und einen glauben lässt, es geht gleich weiter, wird erst ganz langsam deutlich: Die dürfen nicht mehr, Feierabend! Keine weitere Chance. Wie skurril Auftritte enden können. Coitus interruptus. Wie eine Reise ohne Zielankunft. Man fühlt sich um die Schlusspointe betrogen.

Thees kommt auf die Bühne und startet mit einer Ansage gegen die ekeligen Papparazzi, die hinter der Bühne auf einen scheußlichen Shot eines bekanntermaßen Drogenabhängigen gelauert haben. Menschenverachtung, die er so nicht hinnehmen kann.

Sich von technischen Bühnenfehlern nicht irritieren lassend spielt die Band abermals ein schönes Konzert, trotz knallendem Gesangsmikro. Es endet mit »Die Schönheit der Chance«. Die fehlenden zwei Minuten hat Gerne der Diktatur des Stage-Managers abgerungen.

»Wer hätte das jemals gedacht? Wir mit Paul Weller und *Morrissey* auf der gleichen Bühne!« ruft der Uhl zum Abschied mit geballter Faust in die Menge, fällt auf die Knie und küsst deren Bretter.

Anschließend direkt Heimfahrt. Zwischenstopp Hauptstraße, Berlin. Die Band steigt aus und muss das ganze Equipment alleine zu dem Aufzug schleppen, der bis in den Proberaum hochfährt. Ich verschlafe die ganze Aktion, nehme nicht mal eine Notiz von dem nächtlichen Unternehmen, bis ich in Hamburg aufwache. Tut mir leid, ich wollte nicht nur mitfahren. Ich wollte doch auch was tun.

ANHANG

CLUBS UND ORTE, DIE IM TAGEBUCH EINE ROLLE SPIELEN

Hamburg, Honigfabrik, 21.11.97
Bremen, Tower, 15.05.03
Hannover, Blickpunkt Pop Open Air, 29.05.03
Graz, Freibad Eggenberg, 30.06.03
Wien, Chelsea, 02.07.03
Feldkirch, Poolbar, 03.07.03
Saarbrücken, Kyus, 04.07.03
Pforzheim, Marktplatzfest, 05.07.03
Freiburg, Zeltmusikfestival, 07.07.03
Bingen, Open Air, 18.07.03
Hoyerswerda, Populario, 19.07.03
Dortmund, Visions Westend, 26.07.03
Remscheid, Open Air, 22.08.03
Rügen, Prora 03, 23.08.03
Kiel, Hansa 48, 01.10.03
Lingen, Alter Schlachthof, 02.10.03
Bad Gandersheim, Palaver Hall, 03.10.03
Kaiserslautern, Kammgarn, 04.10.03
Münster, Gleis 22, 05.10.03
Essen, Zeche Carl, 06.10.03
Darmstadt, Centralstation, 07.10.03
Nürnberg, Hirsch, 08.10.03
München, Backstage, 09.10.03
Halle, Turm, 10.10.03
Dresden, Starclub, 11.10.03
Köln, Gebäude 9, 12.10.03
Berlin, Maria am Ufer, 13.10.03
Hannover, Faust, 14.10.03
Oldenburg, Amadeus, 15.10.03
Hamburg, Schlachthof (Knust), 16.10.03
Münster, Jovel, 15.11.03
Oldenburg, Amadeus, 17.02.04 (Hansen)
Bremen, Tower, 24.02.04 (Hansen)

Köln, Live Music Hall, 02.03.04
Hamburg, Stadtpark, 26.05.04
Münster, Skaters Palace, 27.05.04
Neustrelitz, Immergut, 28.05.04
Kiel, Kieler Woche, 23.06.04
Würzburg, AKW, 24.06.04
Neuhausen ob Eck, Southside, 25.06.04
Scheeßel, Hurricane, 26.06.04
Platenlaase, Café Grenzbereiche, 02.06.05
Nürnberg, Rock im Park, 03.06.05
Hildesheim, Vier Linden, 04.06.05
Nürburgring, Rock am Ring, 05.06.05
Potsdam, Radio Fritz, 26.01.06
Potsdam, Waschhaus, 27.01.06
Leipzig, Werk 2, 28.01.06
Augsburg, Kantine, 29.01.06
Heidelberg, Karlstorbahnhof, 30.01.06
Düsseldorf, Zakk, 31.01.06
Berlin, MTV, 01.02.06
Hamburg, Grüner Jäger, 03.02.06
Rostock, Mau Club, 07.03.06
Hannover, Capitol, 08.03.06
Bremen, Schlachthof, 09.03.06
Bielefeld, Ringlokschuppen, 10.03.06
Köln, Live Music Hall, 11.03.06
Magdeburg, Factory, 07.04.06
Hamburg, Große Freiheit 36, 08.04.06
Hamburg, Große Freiheit 36, 09.04.06
Püttlingen, Rocco del Schlacko, 26.05.06
Neustrelitz, Immergut, 27.05.06
Lingen, Alter Schlachthof, 01.06.06
Nürburgring, Rock am Ring, 02.06.06
Jena, Kassablanca, 03.06.06
Nürnberg, Rock im Park, 04.06.06

TOMTE DISCOGRAPHIE

Blinkmuffel – 7″ EP, 1996
Aufgenommen im braunen Salon im April 1996 auf acht Spuren von Stemmi. Gemischt etwas später in Uhlmanns Keller von *Tomte*. Veröffentlicht in einer Auflage von knapp 1000 durchnummerierten Exemplaren.
Lunis Seite:
1. In Köln und dann in meinem Zimmer
2. Die Insecuritate hat meinen zuversichtlichen Bruder erschossen

Andere Seite:
1. Blahblahblah
2. Getriebe

Der Egoistê – Song, 1996
Aufgenommen im Rahmen der Aufnahmen zur Blinkmuffel-EP im April 1996 auf acht Spuren von Stemmi. Erschienen auf der Heft-CD zum »Komm Küssen«-Fanzine #1

Du weißt, was ich meine – Album, 1998
B.A. Records (BA003)
1. Pflügen
2. Schwitze
3. Reality TV
4. Doof vorkommen
5. Regenzeit
6. Ich lerne schwimmen
7. In Köln und dann in meinem Zimmer
8. Stille Wasser sind tief
9. Pantera
10. Träume
11. z. Zt.

Eine sonnige Nacht – Album, 2000
Hotel van Cleef
1. Korn & Sprite
2. Wilhelm, das war nichts
3. Gorillas im Küstennebel
4. Die Nacht in der ich starb
5. The Rick McPhail Song
6. Theestube
7. Passt zu meinem Kalender
8. Eine sonnige Nacht
9. Yves, wie hältst du das aus
10. Ich habe eingesehen
11. Mit dem Mofa nach England
Andere Reihenfolge auf Vinyl,
Hidden Track Adam + Steve nur auf CD

Schreit den Namen meiner Mutter
– Maxi-CD, 2003
Grand Hotel van Cleef (GHvC 003)
1. Schreit den Namen meiner Mutter (Radio Edit)
2. Schreit den Namen meiner Mutter (Akustik Version)
3. Wilhelm, das war nichts (Akustik Version)
4. Schreit den Namen meiner Mutter (Album Version)

Hinter all diesen Fenstern
– Album, 2003
Grand Hotel van Cleef (GHvC 004)
1. Für immer die Menschen
2. Schreit den Namen meiner Mutter

TOMTE DISCOGRAPHIE

3. Die Bastarde, die dich jetzt nach Hause bringen
4. Du bist den ganzen Weg gerannt
5. Endlich einmal
6. Neulich als ich dachte
7. Von Gott verbrüht
8. Insecuritate
9. Das war ich
10. Die Schönheit der Chance

Es gibt Vinyl mit einer anderen Reihenfolge, da A- und B-Seite vertauscht sind.

Die Bastarde, die dich jetzt nach Hause bringen – Maxi-CD, 2003
Grand Hotel van Cleef (GHvC 006)
1. Die Bastarde, die dich jetzt nach Hause bringen (Radio Edit)
2. Eine sonnige Nacht (Album Version)
3. Pflügen (Album Version)
4. Die Bastarde, die dich jetzt nach Hause bringen (Album Edit)

Plus Videos
1. Wilhelm, das war nichts (zeigt Timo, Thees, Olli)
2. Korn & Sprite (zeigt Timo, Thees, Olli)
3. Schreit den Namen meiner Mutter (zeigt Timo, Thees, Olli, Dennis)

Behind The Wall Of Sleep – Song, 2004
Millipede Records (milli 014)
Coverversion des The Smithereens Songs Behind The Wall Of Sleep auf dem Benefiz Maxi-CD Sampler There's A Light That Never Goes Out, eingespielt von Thees und Stemmi

Ich sang die ganze Zeit von dir
– Maxi-CD, 2006
Grand Hotel van Cleef (GHvC 029)
1. Ich sang die ganze Zeit von dir
2. Wir fragten deinen Dealer
3. Das hier ist Fussball

Plus Video
Ich sang die ganze Zeit von dir (zeigt Timo, Thees, Olli, Dennis, Max)

Buchstaben über der Stadt
– Album, 2006
Grand Hotel van Cleef (GHvC 027)
1. Ich sang die ganze Zeit von dir
2. So soll es sein
3. Was den Himmel erhellt
4. New York
5. Walter & Gail
6. Norden der Welt
7. Warum ich hier stehe
8. Auf meinen Schultern
9. Sie lachen zu Recht und wir lachen auch
10. Geigen bei Wonderful World

Erstauflage mit Bonus-DVD

DANKE

Titanischer Dank gebührt: Helene Hecke und Rainer Sprehe

Kolossaler Dank geht an: Timo, Olli, Dennis, Max, Thees, Gerne, Marcus, Reimer, Simon, Jan, Micha, Wolle, Hardy, Friedel, Stemmi, Felix, Danny und Familie, Uta und Michael Uhlmann, Almut und Klaus Bender, Philipp Lampert, Ingo Pertramer, Jörn Morisse, Rainer Ott, Stefan Ernsting, Aenne Glienke, Frank Schütze

Danke: André, Jan, Olli, Erik, Lars, Swen, Fabsi, Heike, Jürgen, Rasmus, Philipp Styra, Klaus Westermann, Madsen (alle sechs), Peter Praschl, Pop Pohlmann

Sorry für die vielen schlechten Scherze – der nächste Witz geht auf meine Kosten.

BEI SCHWARZKOPF & SCHWARZKOPF GIBT ES VIELE WEITERE MUSIKBÜCHER